U0685427

与领导干部谈权力

刘玉瑛 马正立 ◎著

新 华 出 版 社

图书在版编目（CIP）数据

与领导干部谈权力 / 刘玉瑛，马正立著. —北京：新华出版社，2017.8

ISBN 978-7-5166-3376-2

Ⅰ. ①与… Ⅱ. ①刘… ②马… Ⅲ. ①领导权—研究 Ⅳ. ①C933.3

中国版本图书馆CIP数据核字（2017）第177041号

与领导干部谈权力

作　　者：	刘玉瑛　马正立		

选题策划：	黄春峰	责任编辑：	赵怀志　沈文娟
责任印制：	廖成华	责任校对：	刘保利
封面设计：	书艺设计		

出版发行：	新华出版社		
地　　址：	北京市石景山区京原路 8 号	邮　　编：	100040
网　　址：	http://www.xinhuapub.com		
经　　销：	新华书店		
	新华出版社天猫旗舰店、京东旗舰店及各大网店		
购书热线：	010-63077122	中国新闻书店购书热线：	010-63072012

照　　排：	李尘工作室		
印　　刷：	河北鑫兆源印刷有限公司		

成品尺寸：	170mm×240mm		
印　　张：	16	字　　数：	200千字
版　　次：	2017年9月第一版	印　　次：	2017年9月第一次印刷

书　　号：	ISBN 978-7-5166-3376-2		
定　　价：	38.00元		

图书如有印装问题，请与出版社联系调换：010-63077101

目　录

前　言 // 1

第一章　领导权力与权力本质

　　一、领导权力的本质 // 2

　　　　（一）领导权力及其基本点 // 2

　　　　（二）领导权力的内在属性 // 3

　　二、领导权力的来源 // 7

　　　　（一）权力来源的几种观点 // 7

　　　　（二）权力来源的基本事实 // 9

　　三、领导权力的构成 // 11

第二章　领导权力与领导权威

　　一、领导权威的内涵 // 14

　　　　（一）以领导客体自愿性为基础 // 14

　　　　（二）以领导活动正当性为保障 // 17

　　二、领导权力与领导权威 // 21

　　　　（一）领导权力与领导权威相联系 // 21

　　　　（二）领导权力与领导权威相区别 // 25

三、领导权力转化为领导权威的实践艺术 // 26

（一）领导权力转化为领导权威的重要意义 // 26

（二）领导权力转化为领导权威的基本要素 // 28

（三）领导权力转化为领导权威的主要方式 // 38

第三章　领导权力与领导责任

一、领导责任的层次体系 // 46

（一）领导责任的立体分析 // 46

（二）领导责任的剖面解析 // 53

二、领导权力与领导责任 // 58

（一）领导权力与领导责任相对应 // 59

（二）领导权力与领导责任相背离 // 63

三、领导责任对领导权力的约束保障 // 64

（一）领导责任约束领导权力 // 65

（二）领导问责保障领导权力 // 66

第四章　领导权力与权力运用

一、把好用人权，严守财务权 // 72

（一）把好用人权，谨防权力"苏丹化" // 72

（二）严守财物权，防止权力"扑满化" // 79

二、节制决策权，把牢事项权 // 87

（一）节制决策权，避免"拍脑袋"行为 // 87

（二）把牢事项权，警惕权力"互花米草" // 93

三、善用执行权，用好监督权 // 97

（一）善用执行权，提升政策执行力 // 98

（二）用好监督权，规避链条式腐败 // 104

第五章　领导权力与用权艺术

一、用权广纳群智，规避不当心态 // 114

（一）勤政作为，不可独断专行 // 114

（二）绝嗜禁欲，不可心态失衡 // 117

二、用权怀民于心，常思变革创新 // 122

（一）薄身厚民，不可特权错位 // 122

（二）变革创新，把握正确航向 // 126

三、掌握工作方法，审势量权务实 // 132

（一）调研摸真，创果赢实 // 132

（二）审时度势，量权揣情 // 138

第六章　领导权力与科学授权

一、科学授权的目标导向 // 144

（一）根据领导角色科学授权 // 144

（二）依据领导内容科学授权 // 147

二、科学授权的观念基础 // 151

（一）科学授权与正确权力观 // 151

（二）科学授权与正确人才观 // 154

三、科学授权的实践过程 // 157

（一）科学授权的基本原则 // 157

（二）科学授权的主要方式 // 163

（三）科学授权的实践艺术 // 166

第七章　领导权力与权力监督

一、家风传承，培养主体权责意识 // 174

（一）家风不良祸患无穷 // 175

（二）莫让亲情绑架公权 // 178

（三）以身作则管好家人 // 181

（四）营造温馨家庭氛围 // 183

二、文化传播，奠定政治精神根基 // 185

（一）潜移默化植入廉政文化 // 186

（二）率先垂范传播廉政文化 // 187

（三）积极营造健康官场文化 // 188

三、教育引导，打造优良政治生态 // 190

（一）加强道德教育，培养领导干部对廉洁
操守的信仰 // 191

（二）强化法纪教育，提升领导干部对党纪
国法的敬畏 // 192

（三）建设廉政文化，增强领导干部对伦理
规范的尊重 // 194

四、法治规约，打牢权力制度之笼 // 196

（一）弘扬法治精神，增强依法办事意识 // 197

（二）打造良政善治，提升依法治权能力 // 198

（三）自觉守法守纪，强化主动监督自觉 // 200

（四）健全制度体系，加强制度执行力度 // 202

五、群众监督，织造权力密封之网 // 204

（一）正视群众监督，培育人民监督意识 // 204

（二）拓宽监督途径，保障人民监督权利 // 206

六、舆论监督，巩固权力治理围墙 // 208

（一）认识舆论监督力量 // 208

（二）培育舆论监督环境 // 210

（三）引导舆论监督方向 // 211

第八章　领导权力与领导素养

　　一、凸显公仆身份，坚定理想信念 // 214

　　　　（一）发扬优良作风，凝心聚力显身份，

　　　　　　　规避权力错位 // 214

　　　　（二）坚定理想信念，心清如水保名节，

　　　　　　　警惕权力异化 // 218

　　二、坚定本色初心，克服权力诱惑 // 226

　　　　（一）把好人生关口，坚定本色镌初心，

　　　　　　　防止权力越位 // 226

　　　　（二）克服官场贪欲，思想规范重领先，

　　　　　　　拒绝权力诱惑 // 232

　　三、锤炼务实品格，提升法治意识 // 237

　　　　（一）锤炼务实品格，攻坚克难肯吃苦，

　　　　　　　防范权力庸俗 // 237

　　　　（二）提升法治意识，恪尽职守强敬业，

　　　　　　　避免权力失控 // 241

美国经济学家、新制度学派的主要代表人物加尔布雷斯说过："很少有什么词汇像'权力'一样，几乎不要考虑它的意义，而又如此经常地被人们使用。"这句话把权力的流行程度和使用频率概括得非常到位。

的确，权力是人类社会生活中无处不在的一种复杂现象。对这种复杂现象，从古希腊的先哲到近现代的专家学者、领袖领导，都从不同角度对权力的来源、权力的使用、权力的制约、权力的监督等，进行过不懈地追问与探索，提出过许多精辟的见解和对策。

尽管这样，作为权力的使用者——领导干部这个"关键的少数"，并非都对有关权力的直接或相关问题，有着清醒而正确的认识。也正是因为如此，领导干部队伍出现了滥用权力、以权谋私、以权寻租等不正常的现象。这种不正常现象的存在，直接影响着党群关系和干群关系，影响着党和人民事业的发展，影响着党的执政地位的巩固。

　　基于这样的认知，我们撰写了《与领导干部谈权力》，与领导干部这个"关键的少数"谈谈领导权力的来源、领导权力的本质、如何正确而科学艺术地使用领导权力等问题。

　　在撰写本书的过程中，很多专家、学者所撰写的专著和论文给了我们许多启示和启迪，同时，本书也引用了一些古代典故、历史事件以及现代书籍叙述的典型案例和网络媒体报道的真实资料，在此我们谨向这些作者致以诚挚的谢意。

　　本书在出版的过程中，新华出版社黄春峰给予了鼎力的支持和帮助，在此，我们也向他表示衷心的感谢！

刘玉瑛　马正立

2017年5月16日

1

第一章
领导权力与权力本质

<<<<<<<<<

美国经济学家、新制度学派的主要代表人物加尔布雷斯说过："很少有什么词汇像'权力'一样，几乎不要考虑它的意义，而又如此经常地被人们使用。"这句话把权力的流行程度和使用频率概括得非常到位。

权力，是一种非常复杂的事物。这种"非常复杂的事物"根据不同的观察角度和内容标准，可以划分为若干种类。比如，从社会领域的角度，可以把权力划分为经济权力、政治权力和宗教权力；从国家政治的角度，可以把权力划分为行政权力、司法权力和立法权力。本书所讲的权力是从组织管理的角度划分出来的权力——领导权力。

>>>>>>>>>

一、领导权力的本质

什么是领导权力？领导权力来自何处？领导权力有哪些作用？领导权力如何构成？这是首先需要我们回答的一系列问题。

（一）领导权力及其基本点

什么是权力？对于权力，古今中外历来有着不同的解读和释义。美国政治学者彼德·布劳认为，权力是指"一个人（或一群人）按照他所愿意的方式去改变其他人或群体的行为以及防止他自己的行为按照一种他所不愿意的方式被改变的能力"。[①] 德国著名政治学家马克斯·韦伯（Max Weber，1864—1920）认为，权力是指一个人或一些人在某一社会行动中，甚至是在不顾其他参与这种行动的人进行抵抗情况下实现自己意志的能力。[②]

这些著名哲学家、政治学家界定的定义虽然文字表述不同，但却都指向了权力的本质，权力是一种强制、支配和控制的力量。

尽管上述的解读和释义各有其道理，但我们还是愿意引用商务印书馆出版的《新华词典》的释义："职责范围内的支配和指挥权。"这个解释简单明了。

[①] ［美］彼德·布劳：《社会生活中的交换与权力》，张非，张黎勤译，华夏出版社，1988年版，第135页。

[②] 马克斯·韦伯：《社会和经济组织理论》，芝加哥：自由出版社，1947年版，第152页。

"权力"这个概念既然解释清楚了,"领导权力"也就不难理解了。所谓领导权力,就是领导者在职责范围内的支配和指挥权。这个定义虽然简单,但却包含有三个基本点:

第一,支配和指挥权的主体是"领导者",而不是一般的群众;

第二,权力是有边界的——"职责范围内",这种边界是不能逾越的;

第三,这种权力既可以支配物,也可以指挥人。

(二)领导权力的内在属性

所谓内在属性,就是事物本身所固有的内在本质。领导权力的内在属性是什么?了解权力的内在属性,有益于领导者增强对权力的认识。

第一,权力是领导的原动力。所谓"原动力",就是原始动力。领导的原始动力就是领导权力。如果没有领导权力,再高的职务级别也只是一个摆设。这就像一辆汽车,即使品牌再好,没有发动机就是一堆废铁。换一句话讲,在领导活动的过程中,领导者要实施领导职能,必须拥有一定的领导权力,否则,你无法支配物,也无法指挥人。

春秋时期,有一位著名的政治家,名字叫管仲。管仲曾经辅佐齐桓公成为"春秋五霸"中的第一个霸主。据说,诸葛亮隐居隆中的时候,曾经以管仲自比。由此可见,管仲的才智、能力非同一般。但是,就是这样一个管仲,在齐桓公请他协助治理齐国时,还特地向齐桓公要了三种权力:

据刘向《说苑·尊贤》记载:齐桓公使管仲治国,管仲对曰:"贱不能临贵。"桓公以为上卿而国不治,桓公曰何故?管仲对曰:"贫不能使富。"桓公赐之齐国市租一年而国不治,桓公曰何故?对曰:"疏不能制亲。"桓公立以为仲父。齐国大安，而遂霸天下。孔子曰："管仲之贤，不得此三权者，亦不能使其君南面而霸矣。"

这段话的意思是说，齐桓公请管仲帮助治理齐国，管仲说："地位低的人不能管理地位高的人。"齐桓公封他为上卿，这是文官中最高职位的官，但国家并没有治理好。齐桓公问管仲为什么？管仲说："贫穷的人不能差遣富有的人。"齐桓公把齐国一年的税收交给了他，但国家依然没有治理好。齐桓公又问管仲为什么？管仲说："跟君主关系疏远的人不能控制跟君主关系亲近的人。"桓公马上封他为仲父。于是，齐国大治，成了春秋五霸中的第一个霸主。

对于管仲要"三权"的事情，孔子评论说，即使管仲贤能，如果没有"三权"，也不可能使齐桓公南面称霸。

圣人就是圣人，一句话就说到了关键处。一个人即使是本领再大，能力再强，但如果他没有一定的职位权力，也是无法在组织中实施领导的。在我党的历史上发生的一件事情就说明了这一点：

1932年10月3日至8日，苏区中央局在宁都小源召开全体会议，史称"宁都会议"。在这次会议上，由于毛泽东同志与"左"倾冒险错误领导人在军事上存在的分歧，他被解除了在红军中的领导职务。

1960年12月25日，毛泽东同志曾经谈到过他被解除军权的事情。他说："我就受过压，得过三次大的处分，被开除过党籍，撤销过军职，不让我指挥军队，不让我参加党的领导工作。我就在一个房子里，两三年一个鬼也不上门。"[1]

1964年，他在接见外宾时又谈道："宁都会议后，啥人也不理我，就剩我一个孤家寡人。我说，有一个菩萨，本来很灵，但被扔到茅坑里去，搞得很臭。后来，在长征中间，我们举行了一次会议，叫遵义

---

① 杨会清：《毛泽东在"宁都会议"前后》，《党史文苑》，2009年3月上半月。

会议，我这个臭的菩萨，才开始香了起来。"

毛泽东同志的领导才能举世皆知，但当他被解除了军权之后，只能到福建长汀的福音医院进行休养，后来，又根据组织的安排才回到后方领导政府工作。

可以说，在领导活动过程中，权力始终是领导活动的核心问题。

第二，权力是领导的支配力。权力是人类社会生活中特有的现象。这种现象通常被理解为支配与服从的关系。德国著名的政治经济学家、社会学家马克斯·韦伯就认为："权力意味着在一种社会关系里哪怕是遇到反对也能贯彻自己意志的任何机会，不管这种机会是建立在什么基础上。"[①]

作为支配与服从关系的权力，意味着权力客体即使不愿意服从权力主体的支配，权力主体也能干涉其行为，迫使其服从。

支配力量是权力的内在属性。因此，权力主体会凭借着这种内在属性来支配和控制权力客体。当然，权力主体需要具有控制权力客体的能力资格，如果没有这种控制权力客体的能力和资格，作为支配的权力关系就不可能继续存在；反过来看，权力客体如果拥有了否定或者不服从权力主体支配的能力和资格，作为支配的权力关系也必然会趋于衰落或解构。

在作为支配的权力关系中，权力主体为什么能拥有支配权力客体的能力？其根源主要在于，"不同社会群体与社会成员掌握的资源是不对称的和不平等的，那些在资源占有上具有比较优势的群体与成员能够更多地影响、干预与支配那些不具有优势的群体与成员。换句话说，社会资源的不对称分布使人们在动员资源的能力上存在差异，因

[①] 马克斯·韦伯：《经济与社会》，林荣远译，北京：商务印书馆，1997年版，第81页。

而导致人们之间形成支配与服从的权力关系"①。

权力不仅可以支配人，还可以支配物。尤其是在官本主义体制下，"权力支配着包括物质资源和文化资源在内的所有社会资源的配制，只要拥有权力，就意味着拥有社会资源。在官本主义条件下，拥有金钱和财产，可能但不一定拥有权力；反之，拥有政治权力，则必定会拥有经济特权，只要掌握权力的官员愿意，这种经济特权可以直接变换成其个人的金钱和财产"②。

所谓官本主义，"就是指以权力为本位的政治文化和社会政治形态，在这种政治文化和社会政治形态中，权力关系是最重要的社会关系。官本主义严格来讲是一种权力本位主义"③。

第三，权力是领导的强制力。权力不仅是一种支配力量，还是一种可以强制他人服从的强制力量。这种力量可以迫使权力客体去做或不去做某事。国家所拥有警察、军队、监狱等合法的暴力机关，法院、检察院等司法机关，其权力的强制性特点是最为明显的。

而在一般的组织中，权力的强制力量并非时时处处使用，它常常运用于特殊情况下。"这里有必要提一下泰尔柯特·帕森斯的比喻，他认为，正如黄金来自货币一样，强制来自权力。只有在危机时期才采用金本位制，货币的价值主要是建立在以信用为主的其他基础之上的。同样，权力也是在特殊情况下才使用强制权"④。

---

① 彭斌：《作为支配的权力：一种观念的分析》，《浙江社会科学》，2011年，第12期。

② 俞可平：《什么造成社会的官本文化？》，《凤凰大学问》，2013年5月31日第53期。

③ 俞可平：《什么造成社会的官本文化？》，《凤凰大学问》，2013年5月31日第53期。

④ （法）莫里斯·迪韦尔热：《政治社会学——政治学要素》，华夏出版社，1987年版，第109页。

尽管权力的强制力量常常运用于特殊情况下，但其内在蕴含的强制属性却无时不在提醒权力客体，要服从权力，否则将会受到停职、降级、降薪等惩处。

二、领导权力的来源

我们在前面说过，领导权力是领导最为核心的要素。那么，这种"最为核心的要素"从何而来？这是必须回答的一个问题。因为政治学上的一个基本的原理就是：权力只对权力来源负责，或者说，谁授权向谁负责。

（一）权力来源的几种观点

对于权力的来源，向来是有着不同的观点和看法的。比较有代表性的观点主要有以下几种：

第一，权力来源于天神。权力由神授予的观点主要产生于古代奴隶制君主国家。如古埃及法老（国王）自称为"太阳的儿子"（埃及崇拜太阳神）；如中国古代的统治者自称"天子"。

君权神授在中国古代典籍中的最早记载，见于《尚书·召诰》："有夏服（受）天命。"这话的意思是说，夏王朝是受天之命来统治万民的。

事实上，夏商周三代的君主都声称自己统治天下与天神有关，是由神赐天命。商汤在讨伐夏朝桀时就说："你们各位百姓都给我听着，不是我小子敢于犯上作乱，实在是因为夏国犯下了许多罪行，天帝命令我去诛杀它。"（原文："格尔众庶，悉听朕言。非台小子，敢行称

乱；有夏多罪，天命殛之"，出自《尚书·汤誓》）

第二，权力来源于契约。权力契约是针对"权力神授"而提出来的，是对权力神授的直接否定。契约说认为，人类根据自身的需要，通过契约建立了国家，国家是需要管理的，于是，人们把自己手中的天赋权力让渡出来，给予统治者。

这种观点是17世纪和18世纪最有名的政治理论，其主要代表人物是霍布斯、洛克、孟德斯鸠、卢梭。他们认为，国家是人类根据自己的需要，通过订立契约而建立起来的，人民是制订契约的主体。因而，国家的权力来自人民，而人民的权力则是天赋的。

第三，权力来源于智慧。智慧说认为，权力来源于智慧。古希腊著名思想家柏拉图就是这种观点的代表。柏拉图在《理想国》中将人分为三等。第一等是治国的贤哲；第二等是卫国的武士；第三等是农夫、手工艺者、商人，统称民间艺工。他们分别代表着智慧、勇敢和欲望三种品性。贤哲们依靠自己的哲学智慧和道德力量治理国家；武士们用忠诚和勇敢保卫国家的安全；民间艺人则为全国提供物质生活资料。三个等级各司其职，各安其位。在这样的国家中，治国的贤哲都是德高望重、具有完美的德行和高超的智慧的哲学家。

其实，早在荷马史诗——《伊利亚特》和《奥德赛》这些最早的古希腊文献中，便反映了这种观点。

在荷马时代（公元前11世纪至前9—8世纪），国家还没有产生，社会的组织单位是父系氏族部落。氏族部落中有军事首领、长老会议和民众会。军事首领是公选出来的部落领袖，称为"巴西列斯"。由于"巴西列斯"不是世袭，而是公选的结果，因此，超群的勇力、非凡的智力，就构成了合格的军事首领所具有的素质。荷马史诗的许多情节都反映了当时的人们对战斗英雄的崇拜。

在《伊利亚特》中，曾有这样一段描述：以足智多谋著称的奥德赛，每当看到属下争吵，就会对他们说："老乡，安静地坐下，听着别人的话，他们比你优秀；而你是不勇敢的，是一个弱者，作战既不配，议事也不行。"

作战不配，是因为没有勇力；议事不行，是由于没有智慧。合格的军事首领必须是勇敢的，具有为本阶级集团的利益而献身的精神，具有超群的谋断智慧，这样，才能获得他人的追随。否则，就应该"安静地坐下，听着别人的话"。

（二）权力来源的基本事实

上面我们简要介绍了关于权力来源的几种观点。那么，我们党和国家的各级领导干部的权力从哪而来，我们党和国家的各级领导干部的权力来源的主张是什么？这是必须要搞清楚的一个基本事实。

对于领导权力的来源，并非所有的领导干部都很清楚，一些人对此并不明白。因为他们常常以管理者的面目出现，于是，忽视了手中权力的来源。比如有的领导者认为，手中的权力是上级给的，也有的领导者认为，手中的权力是自己凭本事获取的。

对权力来源的认知，决定着对待权力的态度和行使权力的目的。

焦裕禄为什么能全心全意为人民服务？就是因为他对手中的权力的来源有着清醒的认识和正确的认知。他说："我们不是百姓的父母，而是老百姓的儿子，还要做听人民群众话的孝子，我们不是为民做主，人民才是主，人民要自己做主人，我们就是长工，是给人民扛长活的。"

正是因为有了这种正确的认知，焦裕禄从来不用手中的权力为自己和亲属谋取私利。

海南省海口市地税局龙华分局局长陈小涛为什么在2010年4月2日因犯行贿受贿罪被海南省第一中级法院判处无期徒刑？就是因为他对

权力有着错误的认知。他在忏悔其所犯罪行时称:"这些年来,我头脑里产生了一个误区,错误地认为我被提拔为海口市地税局龙华分局局长,我手中的权力,是上级个别领导给的,是自己奋斗来的。对于社会上流传的'生命在于运动,当官在于活动'的说法,自己觉得挺有道理。因此,我将公权变为了私权。"

这正反两方面的事例告诉领导干部,弄清自己手中权力的来源非常重要,也十分必要。因为政治学上有一条重要的原理——谁授权向谁负责。

我们党和国家的各级领导干部手中的权力来源于人民,我们关于党和国家的各级领导干部手中的权力来源的主张是"委托论"。

马克思主义认为,在社会主义国家里,一切权力属于人民,领导者是人民权力的委托行使者,而不是权力的所有者。

《中华人民共和国宪法》第二条明确规定:"中华人民共和国的一切权力属于人民。"执政党执政、领导干部执政,都源于人民授权。

授权,实质上就是一种委托权。人民把治理国家、管理社会的一部分权利委托给领导干部。领导干部受人民委托并代表人民来治理国家、管理社会。各级领导干部不管是委任的、选任的、考任的,抑或是聘任的,都是受人民的委托,代表人民来行使公共权力。

当年,有个美国记者曾经问毛泽东:"你们办事,是谁给的权力?"毛泽东回答:"人民给的。""人民要解放,就把权力委托给能够代表他们的、能够忠实地为他们办事的人,这就是我们共产党人"①。

毛泽东同志的这段话有两层含义,一是说,我们共产党人的一切

---

① 《毛泽东选集》第4卷,人民出版社,1964年4月第1版,第1026页。

权力都是人民委托给我们的，我们党自己没有权力。二是说，人民之所以把权力委托给我们，是因为我们共产党人能够代表他们的利益和要求、能够忠实地为他们办事。

这些话表述的都是领导干部手中的权力是人民授予的，"人民是权力的主体"。为什么说人民是权力的主体，简单说来，一句话：党的执政地位，是通过革命斗争获得的，归根结底，是在人民群众的支持下得到的。当然，毛泽东曾经说过，枪杆子里面出政权。但是，没有人民群众的支持，枪杆子里面也是出不了政权的。

在电影《风雨下钟山》里，有这样一个镜头：以周恩来为首的中国共产党代表团与以张治中为首的国民党代表团在北平举行谈判。在谈判接近尾声的时候，广播里传来了人民解放军占领南京的消息。张治中低头叹道："这是天意如此！"听了张治中的话，周恩来立即予以严肃地更正："不，是民意如此！"

"权为民所授"，这是领导干部行使公共权力所必须搞清楚的一个最基本的事实。

三、领导权力的构成

剖析一个抽象事物的构成，可以有很多角度，而从各个角度出发，又可以进行分类。角度不同，分类就不同。角度越多，对该事物的认识就会更全面。我们对领导权力的构成的认识，也是一样的，首先要择取一些角度，然后进行分类。

第一，从领导权力与领导权威的关系角度看。领导权力和领导权威都是一种影响力，领导权力是一种职责范围内的硬实力，而领导权威是一种在时空范围上更加广阔的软实力，领导权威也可以看成是一种隐性的领导权力。从这个角度，我们可以把领导权力分为硬性领导权力和软性领导权力。

第二，从领导权力与领导责任的关系角度看。领导权力和领导责任实际上也可以看成同一个范畴，即领导权力包括职权和职责。有多大的职责就应该配置多大的职权。依据所要承担的职责，我们可以限定领导权力的范围和构成。领导权力有积极作为的责任，即"有为"的责任，领导权力要用来为民众创造福祉。领导权力也有不侵犯民众自由权利的责任，因为领导权力本身是一种来自民众自由权利的让渡，来自民众的授权委托，因此领导权力也有"不与民争利"的责任，即"无为"的责任，"无为"不是"不作为"，而主要指不侵犯民众的自由权利。

第三，从领导权力本身的运行环节来看。领导权力可以分为委托授权环节、用权决策环节、用权执行环节和权力监督环节。授权、决策、执行和监督四个环节，环环相扣。这四种权力之间如果能形成良好的制约和高效的衔接，领导权力的运行就会很健康。

第四，从领导权力的具体管辖范围来看。领导权力可以分为用人权、财务权、调控权、事项权，等等。此处是将领导权力所涉及的管辖对象作为权力划分的一个标准。

上述有关领导权力的构成和分类，都会在后续章节里继续体现和介绍。本书的整体布局也正是围绕有关领导权力的来源和构成的基本逻辑进行展开。

第二章 2
领导权力与领导权威

<<<<<<<<<

我们已经知道了领导权力的概念，即"领导干部在职责范围内的支配和指挥权"。这就是说领导权力是一种制度性的硬性影响力，具有鲜明的强制性，并单向地时刻提醒领导客体服从。但是，事实上，仅有领导权力并不一定会保障领导客体完全服从，还需要领导权威来保障领导权力的有效行使。

领导权威也是一种影响力，但它是一种软性影响力，这是领导客体自愿接纳的影响力。可以说，领导权威以领导客体的自愿接纳为特征，以正当性为基础，是一种道德性的影响力。形象地说，领导权力是硬实力，领导权威是软实力。从某种意义上说，领导权威也是领导权力的一种隐性表现形式。

领导权威相对领导权力有很多优势，将领导权力转化为领导权威能使领导活动取得事半功倍的效果。但领导权力不会自然而然转化为领导权威。只有在特定条件下具备一定要素，领导权力才可以转化为领导权威。可以说，实施领导活动并获得领导权威是领导干部追求的目标。

>>>>>>>>>

一、领导权威的内涵

所谓领导权威，指领导干部拥有的岗位权力和个人威望的有机整合，是以精神感召力、影响力、凝聚力等使人信服的威望为基础，通过社会组织赋予的权力来影响和改变他人思想、行动的一种支配力量。要理解领导权威的内涵，还须明确其特征和基础。在某种程度上，领导客体的自愿接纳是领导权威的基本特征，领导活动体现正当性是领导权威的基础条件。

领导与下属之间是一种领导权力差别的关系，领导权力是维系这种关系的基础。对于领导与下属来说，领导权力就意味着领导权威，只有领导干部树立了领导权威，各项工作才会更有效地开展。所以，为了更有效地运用领导权力，领导干部理解并树立领导权威具有一定的意义。

（一）以领导客体自愿性为基础

权力和权威是政治哲学中经久不衰的热门话题。从政治学语境来看，权力是一种显性的硬实力，权威是一种隐性的软实力。在领导活动中，不管是硬实力，还是软实力，都是来自领导主体的一种力量。由于我们很难说某种力量就一定大于另外一种力量。因此，要从领导主体的角度来讲清楚权力和权威的区别，是比较困难的。

那么，我们不妨从领导活动所联系的另一端，即领导客体对领导力量的态度和行为来辨识领导权力和领导权威的特征。

简单说，领导权力强制要求领导客体单向服从，而领导权威则意味着领导客体的自愿接纳。

领导权威的实质是领导客体对领导主体的一种心理态度和行为，是领导客体对领导行为自愿接纳的一种心理态度。因而，领导干部应致力于使他们的权力在领导客体的心目中合法化，从而将他们的职位权力有效地转变为领导权威。那么，领导客体在领导行为面前一般会产生哪些类型的心理态度和行为呢？哪一种心理态度和行为可以帮助领导干部树立领导权威呢？

一般来说，"领导客体在领导行为前，有可能形成屈从、顺从、服从和接纳四种态度，其中'接纳'是构成领导权威的核心内容"[①]。

美国著名心理学家迈尔斯在《社会心理学》中，对屈从、顺从、服从和接纳四个概念进行了区分。在此基础上，我们也可以给领导活动中领导客体的屈从、顺从、服从和接纳四种态度和行为分别下定义：屈从是领导客体在领导主体的强制压力之下，与领导主体趋同，但内心反抗极为激烈；顺从是领导客体迫于来自领导主体的外部压力，与领导主体趋同，但内心并不赞同；服从是顺从的一种，是领导客体对领导主体直接命令的顺从；接纳是领导客体内心认可来自领导主体的外部压力，并在行动上与领导主体保持一致。

正如恩格斯指出权威一方面"把别人的意志强加给我们；另一方面，权威又是以服从为前提"[②]。恩格斯在此处虽然用的"服从"字样，但明确指出权威以客体服从为前提，也就是说，领导权威是领导主体将自己的意志加给领导客体并得到领导客体自愿接纳的权利，是一种双向力量的回路机制。

领导权力作为一种制度性硬性权力，具有鲜明的强制性，在制度

---

① （美）戴维·迈尔斯：《社会心理学》（第11版），北京：人民邮电出版社，2016年版，第187页。

② 《马克思恩格斯选集》（第3卷），人民出版社，1995年版，第224页。

范围内单向度提醒领导客体服从，领导客体对领导主体可能服从，也可能不服从。而领导权威是一种道德性的影响力，虽然在某些时候也可能具有强制性，但它以领导客体的态度和行为的结果——自愿接纳为特征。

那么，如何使领导客体产生自愿接纳心理态度和行为呢？这便需要领导权力具有温度，从硬性影响力变为软性影响力。

有一个现象是很多有农村生活经历的人都知道的，农村住宅外面的房门一般都是向里开的。为什么这样设计呢？我在一本建筑杂志上看到一种解释，当农民扛着柴草或粮食回家时，往里开门方便，一推就进去了。我对这个解释是信服的，不仅信服，而且还引发了感慨，我想到，如果领导活动能让老百姓感到像农民进家开门那么方便该多好啊！领导干部的工作作风，都像设计农宅的门那样周到细致，该多让人感到亲切温暖啊！

这个问题的本质是领导权力是服务于人民还是"管理"人民的问题。当领导权力服务于人民的时候，领导权力便会呈现出平民化的色彩。平民化的权力有两个特点。一个特点是领导权力不神秘、不高傲。什么是不神秘、不高傲？就是把领导权力全部公开出来，摊在地上让老百姓俯下身去看。当老百姓都知道你有什么权力，你的权力的边界在哪里，你的权力是如何运行的时候，当老百姓"鸟瞰"领导权力的时候，领导权力便平民化了。这种平民化是一定会减少距离感的。领导权力平民化是社会的伟大进步，它完全符合我们党的"授权"理论。但如果把领导权力装在保险柜里，放到神坛上，那么就让领导权力贵族化了，贵族永远是一个少数。贵族化的领导权力也永远只是为少数人服务的，它不仅会产生距离感，而且会产生隔绝。

领导权力平民化的另一个特点是，领导带着对人民群众的感情去用权。这样去用权，领导权力怎会不能变得亲切起来呢？领导权威何以难以树立呢？带着感情去用权，和不带着感情去用权，是有很大区别的。如果领导权力在人们的眼里常常是很威严的，有点像门口站着警卫的办公楼。当领导冷漠地去行使领导权力时，人们在这座大楼面前就会噤若寒蝉，望而却步。但当领导带着感情去用权，服务走过最后一公里时，那个让人紧张的大楼就会变成一个亲切的服务区。

领导权力是庄严的、神圣的，因为它是人们赋予的。但领导权力在行使过程中又应该是亲切温润的，因为领导权力是用来为人民服务的。在领导权力为人民服务的过程中，是不可以任性的，是不可以傲慢的，是不可以冷若冰霜的。很多时候，领导权力的任性间隔了群众和领导干部之间的感情，这种领导权力让人觉得既陌生、冷漠，又有点害怕。领导干部应该让权力回归本来的面孔——温暖、亲切、可人，这样的领导权力才会体现领导权威。

（二）以领导活动正当性为保障

领导权威作为一种力量，为什么能引起领导客体的自愿接纳？这就不得不追溯到领导权威的基础。领导权威基于正当性，正如俞可平指出："只有被对象视为正当的，具有充分理由的力量，才拥有权威。"[1]

那么，什么是领导活动正当性？正当性也就是政治学意义上的合法性，政治学意义上的合法性与法律意义上的符合法律法规不是同一层面上的意思。政治学上的合法性即正当性，是指"符合既定的程序、规则、传统或惯例"[2]。诚然，法律法规也是规则的一部分，合法

---

[1] 俞可平：《权力与权威：一种新的解释》，《中国人民大学学报》，2016年，第3期。

[2] 杨伟清：《政治正当性、合法性与正义》，《中国人民大学学报》，2016年，第1期。

也是符合规则，因此可以说，法律上的合法也是狭义上的合法性，但同广义上的合法性相区别。

既然权威的基础是领导活动正当性，即领导活动符合既定的程序、规则、传统和惯例。那么程序、规则、传统和惯例就一定能保证正当性吗？也就是说，程序、规则、传统和惯例要满足什么条件才能具有正当性？"一般来说有几个立足点：一致同意的程序、公平正义的原则、良好治理的结果"①。

第一，立足于一致同意的程序。同意理论的提倡者洛克认为一个国家的合法性都基于人民同意，人们同意让渡自己的自然权利给国家，"当每个人和其他人同意建立一个由一个政府统辖的国家的时候，他使自己对这个社会的每一个成员负有服从大多数的决定和取决于大多数的义务"②。反之，没有人民的一致同意，就没有合法性。但因为现代民主政治，多数是采取代议制的间接民主，在民主实践中，一致同意的程序往往被转化成"大多数同意"或"默认同意"才具有实际操作性。

那么，如何获得一致同意呢？不忘初心，方得始终。革命年代，中国共产党人之所以赢得广大人民一致同意，便是秉承一种"高人一头"与"低人一头"的领导权威。

一位部队老首长说："革命战争年代，谁是共产党员不用问，枪林弹雨冲在最前面的肯定是；轻伤不下火线、重伤不进医院的肯定是；评功评奖把荣誉让给别人的也肯定是。共产党员在拼死战场上就是高人一头，在待遇荣誉面前总是低人一头！""高人一头"与"低人一头"的论断响彻心灵，令人震撼。

长征时期，一支装备很差的红军队伍在冰天雪地中艰难前进。队

---

① 姚大志：《善治与合法性》，《中国人民大学学报》，2015年，第1期。
② 洛克：《政府论》（下篇），北京：商务印书馆，1986年版，第60页。

伍忽然放慢了速度，原来有一位衣服单薄破旧的老战士被冻死了。将军吼道："把军需处长给我叫来！为什么不给他发棉衣？"有人小声告诉将军："他就是军需处长。"井冈山时期，物资极其匮乏，朱德总司令与战士们一同挑柴担米。因担心战士们争抢扁担，他还在一根扁担上写上"朱德的扁担"……这应该就是共产党人"高人一头"与"低人一头"的辩证注脚。[①]

毫无疑问，共产党员的"高人一头"要高在理想信念上，高在为党和人民事业而奋斗的行动上。做到头脑有信仰、眼里有群众、肩上有担当、手中有方法、心中有大爱、脚下有根基，如此"高人一头"，群众就会看在眼里，服在心里，说话有人信、号召有人听、干事有人跟。由此，领导权威才能真正立得住。

第二，立足于公平正义的原则。罗尔斯在《正义论》中明确提出公平正义原则，并指出，若同时满足两个条件，一个人就有义务来服从规则所确定的义务。这两个条件：一是这种规则是公平正义的；二是这个人已经自愿接受了社会安排的利益。正义是一种道德尺度，正当性是一种程序安排，符合道德的程序才有正当的可能。

中国共产党之所以能由弱到强成长为一个拥有8000多万党员的坚强执政党，就在于其自身具有追求公平正义的政治基因。对公平正义的追求是中国共产党创立的重要思想动因，也正是这个思想动因，使中国共产党树立了不朽的领导权威。

中国共产党自成立的那一天起，就始终把马克思主义作为自己的指导思想，而实现公平正义正是马克思主义的崇高社会理想。马克思主义的整个理论体系中都贯穿着对公平正义的重视和追求。马克思恩格斯认为："一切人，或至少是一个国家的一切公民，或一个社会的

---

① 姬建民：《"高人一头"与"低人一头"》，《领导文萃》，2016年，第20期。

一切成员，都应当有平等的政治地位和社会地位"①。"衡量什么算自然法权和什么又不算自然法权的标准，则是法权本身最抽象的表现，即公平"②。"平等是正义的表现，是完善的政治制度或社会制度的原则"③。中国共产党人都秉承着对公平正义的强烈使命。

1918年，李大钊撰文《强力与自由政治》，其中谈到"'自由政治'时，他认为公平是'自由政治'的精神实质，'（自由政治之精神）不在以多强少，乃在使一问题发生时，人人得以自由公平之度，为充分之讨论，翔实之商榷，而求一公同之认可'"④。

毛泽东的公平正义思想集中体现在他一生为维护和发展人民群众利益而进行的思考和探索上。毛泽东认为，中国共产党要"每时每刻地总是警戒着不要脱离群众，不论遇着何事，总是以群众的利益为考虑问题的出发点"⑤。

第三，立足于良好治理的结果。程序上的正当性并不一定会导致正义的结果，譬如说有些西方国家虽然照搬了民主选举程序，选拔出了一批政治精英，但这并不能保证精英政治的施政结果就一定是正义的。领导活动正当性应同时立足于良好治理的结果，具有能力履行其职责，以满足人民的合理期望，良好治理是领导活动正当性的一个标准。

是否取得良好的治理是以人民满意不满意来决定领导活动的价值取向，人民满意度是国家治理的出发点和落脚点，是治理效果的最高标准。民意表达涉及公正公平与民主自由、公民表达与政府问责、政府效能、管制质量、法治以及控制腐败。

---

① 《马克思恩格斯选集》（第3卷），人民出版社，1995年版。
② 《马克思恩格斯全集》（第18卷），人民出版社，1965年版。
③ 《马克思恩格斯全集》（第20卷），人民出版社，1971年版。
④ 李大钊：《李大钊文集》（上卷），人民出版社，1999年版，第23页。
⑤ 《毛泽东文集》（第3卷），人民出版社，1996年版，第45页。

改革开放30多年来，中国获得了持续的经济增长。张五常先生在《中国经济制度》中指出："这种持续三十年的高速增长，发生在人口众多、环境复杂的中国，近乎于不可置信。"尽管这个国家有种种难如人意的地方，但是"一个跳高的人，专家认为他不懂得跳，他走得蹒跚，姿势拙劣，却能跳八英尺高，是世界纪录，这个人一定是做对了什么"。可以说，改革开放30多年来，人民群众的满意度和获得感不断获得提升。从这个角度看，领导活动正当性得到某种程度保证，在这个背景下，领导干部权威树立也具有一定基础。

综上所述，领导活动若立足于经过人民同意的程序、公平正义的原则、良好治理的结果，符合既定的程序、规则、传统和惯例，就具有正当性。领导活动就具有领导权威的力量。

二、领导权力与领导权威

领导权力和领导权威既有联系又有区别，是一对孪生概念。明确领导权力和领导权威之间的关系，是讨论领导权力转化为领导权威的基础和前提。

（一）领导权力与领导权威相联系

如前所述，领导权力是一种硬实力，而领导权威是一种软实力，归根结底，领导权力和领导权威都是一种力量，这种力量都由领导主体指向领导客体。

第一，领导权威和领导权力经常相伴而生。领导权威和领导权力都产生于领导活动中。一个好的领导干部，往往同时具有领导权力和领导权威。领导权威很多时候是以领导权力为基础，人们进入领导活动，一般是先有领导权力，然后在正确行使领导权力的基础上，积累领导权威。

所谓"权威"，无疑与一个人的职位及相应的权力之大小有关，有权才能有威，权重方能威重。清末欧阳钜源说过："官之位高矣，官之名贵矣，官之权大矣，官之威重矣，五尺童子皆能知之。"官者，领导之谓也。从正面说，权重，就意味着责任或肩上的担子重，权大则意味着能够为民造福建功立业的可能性大，其影响的范围当然也大。人民群众需要这样的领导者：能够充分地发挥权力的影响力，将为民众谋利益的能量发挥到极致。

从负面说，名、位、权、威集于一身，当官的才能在社会中具有特殊的地位，人们才会对官衔趋之若鹜，民间才会有形形色色的官位崇拜习俗。尽管今天的领导不再是封建社会的官，但其位高、名贵、权大、威重的特点，在某些情况下，并没有根本改变，就像"官本位"理念没有根本改变一样。

有权才能有威，并不是有权就能有威；权重方能威重，并非权重等于威重。用形式逻辑专用术语说，有权是有威的必要条件，但有权并非是有威的充分必要条件。领导干部的权威不仅与权有关，也与领导干部的自身素质有关。这种包括品德修养、人格魅力以及才学能力在内的"自身素质"，就是领导干部的"非权力性影响力"。

然而，若领导权力行使的不恰当，不但无法获得领导权威，就连领导权力的作用也会大打折扣。那么，什么情况可能会丧失领导权威呢？"略己而贵人者不治，自厚而薄人者弃废"[1]。事情失败了只知道责备他人而不从自己身上找原因，这样的领导干部不得人心。

---

① 黄石公：《素书》，东篱子解译，中国纺织出版社，2016年版，第151页。

第二，领导权威产生于领导权力主体与客体的互动过程之中。领导权威是具有正当性的权力，也是领导主体从领导客体的自愿接纳中获得的一种权力。当领导权力和领导权威相互良性配合时，领导权威就融入了领导权力运行的环节中，进而使得领导权力获得更多的正当性支持，达到一种"圆融会通"的效果，即领导权威和领导权力融为一体，不分你我。这样一来，领导客体也会自愿接纳，进而回馈给领导主体，实现领导主体和领导客体之间，权力和权利之间的相生互动。

我们从周恩来同志站边角的合影照便可以理解，领导权威是如何产生于领导权力主体与客体互动之中的。

周恩来画册中有一幅他与艺术家的合影照。坐在前排正中的是老导演、老演员，周恩来却和普通演员肩并肩站在边角上。他和蔼可亲地置身于群众之中，其伟大人格从这一"细微处"闪映出来。作为在人民群众中享有崇高威望的周恩来，不要说在文艺界，就是在中央领导集体之中，也应居中而立。可周恩来却谦逊、和蔼地立根于群众之中，以甘当"小学生"的心态深入艺术家、科学家、教育家中间。无怪乎，那些普通群众见到总理总是无拘无束，总是直言陈词，一个又一个的疑难问题总是在总理的亲自过问下迎刃而解，党和政府与人民群众的鱼水关系总在他的榜样力量作用下发扬光大。

这一珍贵照片足以说明，和人民群众打成一片，包括与人民群众同吃、同住、同劳动，包括在群众的炕头上与百姓敞开心扉拉家常，包括以"普通一兵"的身份和群众合影、闲聊等，这些"一滴水"足以反映出太阳的光芒。我们从周恩来站边角以及毛泽东同志与韶山冲的孩子们欢聚、刘少奇在火车上与普通旅客谈笑风生、邓小平南行路上向群众嘘寒问暖以及第三代中央领导集体成员访贫问苦的一幅幅闪光的照片中，不难看出领袖人物与人民群众同呼吸、共命运、心连心的崇高品德和伟大人格。[①]

周恩来站边角的珍贵照片告诉我们：除了外交礼节、重要会议之外，位置之类的事只是日常小事，无关大局；领导领导权威的高低，与照相、开会时是否坐前排毫无关系。如果大会小会、大事小事，我们的领导正襟危坐中间，那无形中就会筑起一道高墙，使其和群众隔离开来。诚然，领导同志经验多一些、水平高一些，将他部署工作的讲话予以印发，将他有分量的文章刊在显著位置，开重要的会议安排他们居中而坐，都是非常必要的，这对树立领导权威兴许有所裨益。但寸有所长，尺有所短，领导不懂的事也不少。因此，在专家面前谦逊一点，在学者面前虚心一点，在群众面前可亲一点，更能体现领导干部平实的人格和务实的作风。如果不分场合，到哪里都前呼后拥一大溜，到哪里都信口开河，到哪里都高坐主位，那融洽的干群关系就会变成难堪的居高临下。

第三，领导权威也需要领导权力的强制力来保障。领导权力是具有强制性的，在某种情况下，领导权威有时也具有强制性。可以说，从领导主体角度的强制性的特征不构成两者的本质区别。只有从领导客体角度的自愿性特征构成两者本质性区别。

《孙子兵法》有言："厚而不能使，爱而不能令，乱而不能治，譬如骄子，不可用也。"可见，掌兵不是不能有仁爱之心，而是不宜仁慈过度。如果当严不严、心慈手软，姑息迁就、失之于宽，乃至"不能使""不能令"，当然就不能掌兵。

《左传》记载：孙武去见吴王阖闾，与他谈论带兵打仗之事，说得头头是道。吴王心想，"纸上谈兵管什么用，让我来考考他。"便出了个难题，让孙武替他训练姬妃宫女。孙武挑选了一百个宫女，让吴

---

① 程建平：《从周总理站边角说起》，《领导文萃》，1998年，第59至60页。

王的两个宠姬担任队长。

孙武将列队练兵的要领讲得清清楚楚，但正式喊口令时，这些女人笑作一堆，乱作一团，谁也不听他的。孙武再次讲解了要领，并要两个队长以身作则。但他一喊口令，宫女们还是满不在乎，两个当队长的宠姬更是笑弯了腰。孙武严厉地说道，"这里是演武场，不是王宫；你们现在是军人，不是宫女；我的口令就是军令，不是玩笑。你们不按口令训练，两个队长带头不听指挥，这就是公然违反军法，理当斩首！"说完，场上顿时肃静，宫女们吓得都不敢出声，当孙武再喊口令时，她们步调整齐，动作规范，真正成了训练有素的军人。[①]

（二）领导权力与领导权威相区别

领导权力单方面强制要求领导客体服从，而领导权威则是领导客体自愿接纳，这是领导权力和领导权威本质的不同。此外，二者还有以下几点不同。

第一，领导权力受限于岗位职责，而领导权威则无此限制性条件，领导权威的空间范围大于领导权力的空间范围。我们知道领导权力是一种制度性的权力，是在职责范围之内的命令权和指挥权，而领导权威则是一种道德性影响力。岗位职责是领导权力的边界，但是，领导权威却不限于此，一个人可能不在某个岗位，但凭借其他人的信从，也会具有领导权威。

第二，领导权威的影响力要比领导权力的作用力更加持久。一个人若离开了领导岗位，就意味着他的领导权力的解除，但这并不意味着他的领导权威的消除。领导权威往往是有惯性的，甚至很多伟大的人物在去世后依然保持着崇高的领导权威。只要人们还一直缅怀伟大

---

① 黄石公：《素书》，东篱子解译，中国纺织出版社，2016年版，第137页。

的领导干部，他的权威就会一直存在，并逐渐强化他所创立制度和事业的合法性。

三、领导权力转化为领导权威的实践艺术

讨论领导权威的含义以及领导权力和领导权威的关系，落脚点都是着眼于领导权力向领导权威的转化。我们已经知道领导权威相对领导权力具有更低的成本、更广的空间范围、更持久的影响力，也就是说当领导权力转化为领导权威，领导活动将获得事半功倍的效果。

（一）领导权力转化为领导权威的重要意义

领导活动由领导主体、领导过程、领导客体三部分组成。领导过程包括领导权力和领导权威的运用和回馈，决定了领导成本和领导成效。领导权力一旦转化为领导权威，或者说在领导过程中多一点领导权威的成分和少一点领导权力的成分，则会极大促进领导活动的顺利开展。

第一，领导权威可以更加稳固领导主体的领导地位。在领导活动中，领导客体都普遍反感暴力和强力，而倾向心悦诚服地接受来自领导主体的领导行为。领导权力作为硬实力，一旦转化为软实力的领导权威，领导客体就会自愿接纳和积极追随领导主体。领导主体的领导地位一般来自领导客体的选举式直接授权或制度性间接授权。领导权力转化为领导权威，就会使得领导客体从心里反复确认领导主体的领导地位。

第二，领导权威可以极大保障领导权力运行获得更好成效。由于

领导权威相对领导权力，具有更低的成本、更广的空间范围、更持久的影响力，领导权力一旦转化为领导权威，就必定会带来领导成本更低和领导成效更好的效果。在领导成本中，沟通成本占据很大的比例。信息传递的不对称性是沟通成本高的首要原因。由于领导权威是一种双向的力量回路，正如恩格斯指出，一方面来自领导主体的意志强加，一方面来自领导客体的自愿服从，这种双向的力量回路机制能在很大程度上消除信息传递的不对称性，进而大幅度降低沟通成本和领导成本。领导成效也可以用信息流在领导过程中的顺畅程度来评估，领导权威能使得领导指挥和命令更易于被领导客体所接受，最大限度弱化信息流在运行中的阻力，因而往往取得更好的领导成效。

第三，领导权威可以大幅度减少领导权力运用成本。任何领导活动都是有成本的，领导权力在行使过程中，若没有领导权威的配合，则成本会特别的高昂，领导权力中指挥和命令在单向下行途中会在权力运行的各个环节遇到阻碍；只有当领导权力转变为领导权威之时，领导活动才能很快深入人心，领导活动流程才会变得清晰流畅，成本才会下降到最低点。

第四，领导权威可以保证领导客体习得经验和获得成长。权威化的领导活动要求领导主体在充分尊重领导客体的意愿上作出领导决策和领导反馈。这种双向力量的回路机制，能充分容纳领导客体的要求，并给领导客体参与和表达预留渠道，能在动态中决策和反馈之间的平衡。领导客体在这种回路机制中，对领导活动的导向、计划、步骤、分工都有较为系统的了解，能强化领导客体对自身在领导活动的角色认知，并积极参与和支持领导活动的开展，甚至会经常自愿地额外多付出。领导权威使得领导主体和领导客体良性互动，领导客体在这种互动中不断习得经验并获得成长。

（二）领导权力转化为领导权威的基本要素

"德、能、勤、绩、廉"是领导干部的必备素质，也是领导干部将手中的权力转化为领导权威的基本要素。

"德、能、勤、绩、廉"这五个方面有着密切的关系，即德是统帅、能是将领、勤是士兵、绩是战果、廉是保障。

具体来说，"德"是核心，即政治思想品德是核心，德的地位处在"首要"位置。"能"是本领，能的地位处在"重要"位置。"勤"是态度，是对本职岗位事业勤奋敬业的态度。勤是不可缺少的必要条件，勤的地位处在"必要"位置。"绩"是成果，是考核的重点，绩的地位处在"重点"位置，或者说处在"落脚点"位置。"廉"是操守，是开展工作的人格保障。

对领导干部来说，"德、能、勤、绩、廉"，这五个要素是浑然一体，从领导权威的树立来看，这五个要素是缺一不可的。

第一，领导权威的树立需要领导干部有"德"。古语说："德若水之源，才若水之波。"德，即品德、道德。概括地说，德的内涵是指领导干部的政治思想品德以及遵纪守法、廉洁奉公、遵守职业道德和社会公德以及家庭美德的情况。

坚持德才兼备、以德为先是我们党一贯的遵循。早在1938年，毛泽东同志就提出干部使用"才德兼备""任人唯贤"标准。1940年，时任中组部部长陈云同志具体阐述了德才兼备标准，强调"德才并重，以德为主。"新中国成立以来，中央领导人更是高度重视干部的德与才。毛泽东同志提出了干部要"又红又专"，邓小平同志提出了干部队伍"四化"（革命化、年轻化、知识化、专业化）方针，江泽民同志提出了"以德治国"思想，胡锦涛同志提出了选人用人要坚持"德才兼备，以德为先"标准，习近平同志明确指明好干部的标准，大的方面说，就是德才兼备。"没有良好的道德品质和思想修养，即使有丰富的知识、高深的学问，也难成大器。"德在不同的历史时期有不同的内涵，但是，不论在哪个时代，"德"不仅是成为合格领导干部的必备要求，也是领导干部树立领导权威的基本要素。

举世瞩目的二万五千里长征，从苦难走向辉煌，历经炼狱而重生，靠的是红军战士对革命事业的坚定信念。举世瞩目的改革开放伟大历程，我国从贫穷落后跃至经济总量世界第二，使人民生活从温饱不足发展到总体小康，靠的是坚持中国特色社会主义道路的理论体系和制度。始终坚定共产主义共同理想、中国特色社会主义共同追求、科学发展的共同事业，自觉以科学的理论武装头脑、明辨方向，是当代共产党人应有的道德情操和行为准则。

在新的历史时期，领导干部的领导权威的树立不可停留在感觉和印象上，不可停留在学历和出身上，或者那些知识、技能、专长等有形的因素方面，还要在思想、品德、精神、气质这些无形的方面下功夫。也就是，领导干部修德贵在养"气"，扬朝气扫暮气，防范精神懈怠的危险。领导干部要始终恪守忠诚不懈怠，始终做到在党言党、在党为党、在党忧党，始终保持激情不懈怠。激情，是干事创业的原动力。领导干部要有所作为，就必须有一股钻劲、闯劲和韧劲，面对机遇，敢于争先；面对困难，敢于挑战；面对落后，敢于奋起。有了这种精气神，不干事内心就自觉萌生愧对人民的羞耻感，干不好事就有寝食难安的负疚感。

第二，领导权威的树立需要领导干部备"能"。能，即能力或才能、才干、本领，通常是指完成一定工作的本领。能力是有效地认识、改造和控制客观世界的综合力量。能力是对工作人员的才识和专业技术水平方面的要求。能力决定了工作人员是否承担得起某项工作任务的能力。"能"为胜任工作的基本条件，这需要领导干部讲大气去小气，防范能力不足的危险。对领导干部而言，职务和职级只是脚下的台阶，学识、能力和胸襟才是真实的高度。

周恩来担任政府总理26年，功勋卓著，被人民群众称为"人民的好总理"。他为什么能赢得人民这样的称赞？他为什么能出色地管理好中国这样一个世界上人口最多、国情最为复杂的大国的国务？他为什么能成为世界上最具影响力、至今仍令人津津乐道的大国总理？

这与周恩来的才能分不开，他思考事物的周密有如水银泻地，处理问题的敏捷有如电火行空。这也与他的勤劳分不开，他可以几天几夜不眠不休地工作，精力充沛，好像不知道疲劳。这更与他的忠诚分不开，他对党和人民、对国家、对领袖始终忠心耿耿。这还与他的思想方法和工作方法分不开，他高度重视马克思主义中国化，善于把马克思主义普遍真理同中国具体实际结合起来，创造性地开展工作。

在政府管理方面，周恩来把马克思主义普遍真理与中国政府管理的具体实际结合起来，形成了一系列重要的政府管理方法，并通过悠久而深厚的中国文化表达出来。

政府管理中，如何协调和处理不同地区、不同部门的利益矛盾，最大限度地调动全体人民的积极性，实现社会和谐？周恩来的思想方法是"有福同享，有难同当"。

新中国成立之初，周恩来就指出："每个单位必须有整体观念，要在总的财经计划中找到自己的位置，认识自己的方向，有重点有计划地恢复生产和发展生产。这样才能不犯本位主义，不单纯依赖国家，并在各自的范围内做出最大的成绩。"他关于正确处理城乡关系、内外关系、工商关系、公私关系、劳资关系和上下关系的论述，处处体现着顾全大局，有福同享、有难同当的思想方法。

中国是个自然灾害频发的国家，没有哪一个省份无灾害发生，也没有哪一个年度无灾害发生。在救灾工作中，周恩来要求一方有难，八方相助。1966年3月河北邢台地震时，周恩来赶到灾区视察。他对受灾的乡亲们说："重建家园光靠你们的力量还不够。你们县西部有好多没有受灾的庄子，巨鹿、宁晋、任县都有些没有受灾的庄子，可以来帮助你们。""国家当然要支援你们。你们这个地区有三十个公社、三十四万人受灾，现在已开进解放军两万多人，地方上的工作队和医疗队一万多人，共三万多人，十个人就有一个人帮助。真是一人有困难，大家来相帮，因为我们是社会主义国家。"

周恩来认为政府管理千头万绪，"稍一不慎就会出乱子"，"不能急躁，不能草率，必须谨慎从事"，需要"戒慎恐惧"。20世纪50年代，他指出："在我们这样一个地区广阔、情况复杂并且经济上正在剧烈变革的国家里，任何疏忽大意，都可能发生重大的错误，造成重大的损失。"20世纪60年代，他指出："我们这样一个人口多、经济落后的国家要在经济上翻身，这是一个艰巨的任务。我们应该有临事而惧的精神。这不是后退，不是泄气，而是戒慎恐惧。建设时期丝毫骄傲自满不得，丝毫大意不得。"

为什么周恩来抓水利、"上天"尤其重视"戒慎恐惧"？1972年11月21日，周恩来在葛洲坝工程汇报会上作了回答："二十年我关心两件事，一个水利，一个上天。这是关系人民生命的大事，我虽是外行，也要抓。"

在外交工作中，周恩来同样重视"戒慎恐惧"。外交无小事。他指出："外交不能乱搞，不能冲动。""不要冒昧，不要轻敌，不要趾高气扬，不要无纪律乱出马，否则就要打败仗。""外交是代表国家的工作"，"要求每一个同志一切从学习出发，不要骄傲，不要急躁，不要气馁"，"应该加倍谨慎"。[1]

---

[1] 曹应旺：《周恩来的政府管理智慧：谋定而后动》，人民网，2016年11月10日。

周恩来以"戒慎恐惧"的思想方法抓水利、"上天",抓外交和国家建设,避免了重大决策的失误,避免了可能出现的奇灾大祸和巨大浪费,也是这些方面取得一系列重大成就的重要原因之一。

领导干部研究问题,不怕文化不高,就怕视野不宽,故步自封;推动发展,不怕基础差,就怕思路不宽,急功近利;为政做人,不怕得罪人丢票,就怕胸襟不宽,容不下人和事。领导干部要有放眼大局的眼光,培养"抢抓机遇"的战略思维,深刻把握时代发展新变化,熟练掌握科学文化新知识,把思想观念从不合时宜的禁锢中摆脱出来,摒弃束缚手脚的"老框框""老套套",始终做到心中装着大局、谋划顾全大局、说话维护大局、行动服务大局。

穷则变,变则通,通则久。领导干部要有大刀阔斧的胆魄,敢闯前人未曾涉及的"盲区",敢闯矛盾错综复杂的"难区",敢闯阻碍发展步伐的"禁区",以新的改革来解决发展中遇到的矛盾和问题,实现由过去"摸着石头过河"式的改革向科学有规划的改革方式转变,由"不管白猫黑猫,抓到老鼠就是好猫"的注重结果的改革向更加注重统筹兼顾、公平正义的改革转变。

领导干部要尊重群众的首创精神,引导、带领人才搞创业,干部干事业,百姓兴家业,充分激发人们的创造热情和创新激情,做到先干不争论、先试不议论、先做不评论、结果有公论,营造支持创造、鼓励创新、宽容失败、允许失误的良好风尚。胸襟有多宽,事业就有多大。要有宽大的胸襟,能容人,既包容别人的缺点和过失,也包容别人本事比自己大、进步比自己快,广开让贤之路,不拘一格纳人才。

领导干部要能容事,面对大事、难事,学会举重若轻,变压力为动力,以坦然的心态面对;面对小事、易事,学会举轻若重,把小事当成大事来做,在每一个细节上下功夫、比水平。能容言,鼓励讲真话、说实话，善于吸收各种丰富的知识和经验，善于听取各方面不同的意见，形成一种知无不言、言无不尽、言者无罪、闻者足戒的生动局面。

第三，领导权威的树立需要领导干部遵"勤"。勤，指的是工作尽力尽责，勤奋不怠，甘于奉献。古语说"勤能补拙"，从某种意义上说，勤奋的工作可以弥补能力上的不足。勤是工作态度的基本体现，也是一个领导干部有没有良好道德素养的体现。"勤"为担负工作的基本素养，"勤"要求领导干部接地气除官气，防范脱离群众的危险。能不能始终牢记和践行全心全意为人民服务的宗旨，是衡量领导干部是否"勤"的根本尺度。

井冈山上"朱德的扁担"，长征路上"烧水的伙夫"，延安岁月里的"种菜能手"，这些脍炙人口的故事，已经成了万千军民心中朱德形象的典型写照。而在外国友人眼里，朱德同样是"六十岁的老农民""一位慈祥的祖父""看上去像一位普通的父亲……谈起话来面带安详的微笑，充满成熟而又纯朴的智慧"。

朱德曾深情地说："我用什么方法来报答母亲的深恩呢？我将继续尽忠于我们的民族和人民，尽忠于我们的民族和人民的希望——中国共产党，使和母亲同样生活着的人能够过快乐的生活。"如果说，自幼生活清贫、艰辛，后又起于行伍、身经百战，把饿肚子、干重活、走长路乃至枪林弹雨看作区区小事，使朱德轻松融入普通百姓和士兵群众之中，与他们同甘共苦成为一种本能的表现，那么能够深刻体察人民的冷暖疾苦，自觉置身群众又带领他们共克时艰，呕心沥血为民造福，做人民的公仆，则是朱德共产党人的理性行为。

朱德来自人民，为了人民，永远属于人民。他为人民而斗争，人民为他而骄傲。1946年毛泽东为朱德60寿辰亲笔题词："人民的光荣"，这是党和人民给予他的最高评价，充分表达了党和人民的由衷赞誉之情。①

每一位领导干部都要像朱德同志一样牢固树立群众观念，坚持群众路线，自觉实现好、维护好、发展好最广大人民的根本利益。要"为民"不要"为名"，既有"为官一任、造福一方"的抱负，又有"在位一天、赶考一天"的意识，始终把群众当"考官"，把自己当"考生"，把群众呼声当问题，把个人行动当答案，力争拿高分，避免拿低分、零分，通过自己的辛苦指数换取群众的幸福指数。要"真情"不要"矫情"，放下官架子，带着党性、责任和感情，多进群众之门，多听群众之声，多察群众之苦，多解群众之困，与群众交朋友，把群众当亲人，以真情换群众真心，以真诚换群众拥护，在与群众朝夕相处中增进对群众的思想感情，增强服务群众的本领，与群众建立起一种"谈得来、走得近、信得过"的融洽关系。要"作为"不要"作秀"，始终把人民群众的利益放在最高位置，把人民群众满意作为根本标准，杜绝劳民伤财的"作秀工程"，多做暖人心、得人心、稳人心的"民心工程"，不喊"空口号"，不玩"空手道"，切切实实为群众办好事、做实事，认真解决群众反映强烈的民生问题、影响社会和谐的稳定问题、影响干群关系的作风问题。

第四，领导权威的树立需要领导干部获"绩"。绩，指的是一个人的工作实绩，是综合反映一个人工作能力、业务水平和努力程度的一个标志，是业务活动和管理过程中表现出来的改造客观世界的物质或精神的成果。绩为领导干部工作优劣的集中体现。领导干部既要"显绩"，也要"隐绩"，方能树立领导权威。

曾经看到过这样一个故事：某机关年底招商引资结总账，一科长突然玩起了失踪，不仅连续几天没来单位上班，家里也是毫无踪影。

① 聂聆：《始终与人民群众心连心——论朱德的群众思想》，《党史文苑》，2016年，第12期，第35页。

与他有私交的同事率先产生置疑，难道他一直在火车站等人？跑到车站一探究竟，竟然不幸而言中。只见这科长蜷缩在候车室一角，不但全身冷得发抖，口中还喃喃自语：我要等到你，不管风雪有多大；我要等到你，哪怕春秋与冬夏。原来该科长年底招商引资任务没完成，好不容易联络到外地一客商答应年前救急，结果事与愿违，到了约定的时间人家没能如期而至。科长着急，一时间神情恍惚，忘记了回家。①

应该说，上述故事在局外人眼里看来不免啼笑皆非，而且就算是某地真实发生的事情，但仔细分析，内中还是或多或少有着杜撰的成分。然而现实生活中一个不争的事实是，不少机关单位为了追求所谓的政绩，于年初都不同程度地制定有招商引资的硬任务。如果年底不能完成，不但与之挂钩的奖金、补助等不能足额拿到，有的甚至还会遭遇通报批评，乃至与此后的评先晋级都有着莫大的关联。如此一来，便有领导干部为了完成这硬指标，不惜铤而走险，即让相关客商象征性地签个合同，然后款项打过来登记在册，稍一停留便又流转回去。无疑，这种招商引资是欺上瞒下之恶行，是典型的数字GDP。这不仅不利于领导干部的成长与权威的树立，只怕于地方经济社会发展、改革与稳定也会带来诸多弊端。

俗话说得好，为官一任，造福一方。就中国特色社会主义建设"五位一体"的总体布局而言，推动地方经济社会发展，加速全面建成小康社会的进程，官员"造福一方"的确还有许多事情要做。至少一方面，经济增长到一定程度之时，其他方面的建设也须同步跟上，毕竟经济增长不是目的，在核心是以人为本之科学发展观理念的指导下，经济增长归根到底是为人服务，发展成果是用来满足人的需要

---

① 刘良民：《要"显绩"，更要"隐绩"》，《领导科学》，2014年，第6期，第10页。

的。唯有此，领导权威才会真正树立起来。

当然，我们说要看"显绩"，更要看"隐绩"，并不是从此以后忽视经济发展，完全不要GDP。应该明白，"显绩"是前提，是基础，是保障；"隐绩"是目的，是升华，是追求。没有经济持续发展之成果这个"显绩"，社会建设、文化建设、生态文明建设、民生改善等"隐绩"就永远会隐而难现。只是这时所强调的仍然要看"显绩"，已经彻底摒弃了过去单纯数字GDP的政绩观，更加突出的是经济发展的质量与效益。唯有将"显绩"与"隐绩"统筹兼顾，综合考量，以经济发展为龙头，同步牵引社会建设、文化建设、生态文明建设与民生改善，一位党政干部任期内的政绩才能得到全面客观公正的评价。从这方面而言，看"显绩"，更要看"隐绩"的政绩观是对传统政绩观的一次革命，是将组织考核与群众切身感受有机结合起来的科学政绩观。而广大党员干部秉持这种政绩观在任上兢兢业业、夙夜在公、勤政为民，释放"当官不为民作主，不如回家卖红薯"的民本情怀，何愁人民公仆的形象不能彰显，又何愁不能树立领导权威呢！

第五，领导权威的树立需要领导干部守"廉"。"廉"是领导干部的基本道德操守。古语说："公生明，廉生威"，又有"其身正，不令则行；其身不正，虽令不从"，主要讲的就是道德操守对于领导干部的重要性。"廉"要求领导干部树正气抵邪气，防范消极腐败的危险。领导干部要以自己的人格魅力激励党员、带动群众，以德正己，以德服人。中国共产党创始之初，有很多清廉为政的楷模，这些楷模在老百姓心中树立了领导权威，董必武便是其中的一位。

1920年秋天，董必武和陈潭秋等人在武汉成立了共产主义小组，1921年，他作为武汉共产主义小组的代表参加中共"一大"，并参与起草了中国共产党的纲领和决议。抗日战争时期他从事统战工作，建国后曾任新中国副主席，还是新中国法制建设的奠基人之一，为中共的创建和中华民族的振兴作出了不朽的贡献。但他从不以党和国家的"元老"自居，总是把自己比作"配角""老牛"，他一生都以"甘为民仆耻为官"和"新功未建惭高坐"为座右铭，来严格规范自己的言行。

1941年，由于受国民党顽固派发动的反共高潮的影响，重庆红岩村八路军办事处的生活条件极其艰难。办事处的财务工作重担由中共南方中央局常委、统战工作委员会书记董必武掌管。为了维持办事处机关的正常运转，董必武殚精竭虑地拨打着这把"小算盘"，亲自制定机关伙食标准，实行包干调剂。这年底，为改善在红岩的南方局领导人的生活状况，遵照党中央关于干部保健的有关决定，南方局拟定了一个干部保健标准，给那些担当繁重工作的领导同志适当提高生活津贴。然而，周恩来、董必武却没有把自己列入其中。

为了改善办事处的生活状况，董必武在处理千头万绪的工作的同时，对办事处机关的伙食开支严格管理和监督，他要求办伙食的同志既要想尽办法改善领导和同志们的伙食，又决不能乱花一分钱。

有一个月，在月底伙食费结算时，账面上有六角钱的开支平不了。为此，董必武十分自责，他对身边的同志们说："我们党的经费来得不容易，每分每厘都是同志们用血汗甚至生命换来的，我们只有精打细算的责任，没有浪费铺张的权力。"之后，董必武执意在机关大会上作了检查，并亲自向党中央写了检讨信。

时过近半个世纪后，当年与董必武共事的革命同志对此事仍记忆犹新。1985 年10 月邓颖超重返重庆，在会见抗战时期在红岩工作过的部分老同志时，南方局和办事处招待所所长杨继干来到邓颖超面前，邓颖超握着杨继干的手说："老杨，当年我们在红岩村生活可是够艰苦的。"杨继干说："是啊，那时我们的伙食费一个月三元法币，毛主席来重庆，看我们成天吃空心菜、胡豆，说我们的伙食比延安还差，伙食费增加到五元六角。"说到这里，杨继干回忆起一件往事，他深情地说："当时每个月的开支账都由董老核查。有一次，有六角钱报不了账，董老在大会上作了检查，还给党中央写了检讨。解放后我去北京看董老时还提起这件事哩。"邓颖超忆及此事，也不无感慨地说："这事我记得。那时为了六角钱董老都作检讨，现在有的人浪费国家资产几万元、几十万元、几百万元、几千万元都不心疼呀！"[①]

在新的历史条件下，我们党的队伍的主流是好的，然而，也有一些党员干部经受不住"糖衣炮弹"的攻击和"灯红酒绿"的诱惑，权力观、地位观、利益观发生扭曲，迷失于权、热衷于利、沉湎于玩，搞权力寻租、公权私用、期权交易，严重败坏了党风政风，必须旗帜鲜明、一以贯之地有效预防、坚决惩治。要端正"官念"，以淡泊之心对待名利。权力是人民赋予的，绝不能把权力当成一种"风光"、一种"享受"、一种"满足"，而要把权力当成责任，当成干事的舞台，以如履薄冰、如临深渊的心态为人民掌好权、用好权，做到当官不上瘾、为官不贪婪、做官不虚伪。要放下"杂念"，以谨慎之心对待小节。

领导干部要戒除"贪念"，以警惕之心对待诱惑。诱惑是一朵有毒的蘑菇，贪恋它的鲜艳和味道容易"中毒"。作为领导干部，要常常敲打自己，守得住清贫、耐得住寂寞、抵得住诱惑，时时处处管紧自己的腿，管严自己的嘴，管住自己的手，不踩"红线"、不越"雷池"、不闯"禁区"。

（三）领导权力转化为领导权威的主要方式

在理解领导权威与接纳，领导权威与正当性之后，我们也就明白

---

① 孟素、袁佩红：《董必武一生清廉为政》，《党史文汇》，2013年，第4期，第8页。

了领导权威构成要素及其内涵，即领导权威以领导客体的自愿接纳为特征，以正当性为基础，是一种道德性的影响力，这也就蕴含了将领导权力转化为领导权威的方式和途径。

第一，尊重领导客体意愿，征得一致或多数同意。领导权威不是天然就有的，领导干部的领导权威如何树起来？一则，"善养吾浩然之气"，通过正直品行涵养出来。树立领导权威的关键在于赢得人心，品行要端，作风需正。"常怀为民之心"，群众心中才会记住谁；"常兴为民之举"，说的话才会有人听。领导权力应多征询领导客体意见，具体方式包括：事前详尽调查、事前充分沟通、事前征得同意、事中积极协调、事中动态评估、事中及时调整、事后负责回馈、事后认真总结、事后共享经验。通过上述领导主体和领导客体的良性互动，领导权力经过各个程序环节的柔化和过滤，就会转化为被领导客体尊重和接纳的领导权威。二则，"公生明，廉生威"，通过为民实干拼搏出来。领导干部以身作则，才有群众令行禁止；干部冲锋在前，才有群众争先恐后。廉洁自律、两袖清风，孜孜为民、鞠躬尽瘁，同事自然钦佩，群众自会赞服，何需自封与吹捧，鲜花、掌声与地毯？

领导干部还要清楚"摆谱"摆不出领导权威。有的年轻领导干部初任公职，往往为树立领导权威而犯愁，为追求所谓的"威"，故意去"摆谱"。对下级装腔作势，对群众盛气凌人，即便可以一时威慑住别人，却很难让人心服和信服。摆谱的习气，背后其实是封建官本位的糟粕思想在作祟。官场上自古就有"官大一级，理大一分"的说法，讲究的是在其位就要有官威，有官威才能有作为。一些干部信奉这样的庸俗官场学，为了树起个人威风派头，借助"非常手段"将权力神秘化、图腾化，故意营造"官大一级压死人"的沉闷氛围。老百姓常念叨的"官小架子大""当个小官就瞧不起人"，说的就是这个问题。

领导干部摆谱，下属受累，百姓吃苦。"摆谱"摆不出领导权威，只会脱离群众、令人生厌，把自己推到好作风、好干部、好领导的对立面。许多腐败官员省思堕落原因，很重要一点就是掌握权力之后爱摆谱，把官僚主义与官场权术"玩"到极致，到最后一头栽在南墙上。权力不是权利，不能忘乎所以、飘飘然，更不能拿公权作私器，肆意为所欲为。不仅"官小架子大"值得批评，"官大架子大"同样不足取。

当领导干部总得需要点领导权威，但领导权威不等于威慑，威严不等于威逼，不管是"装"还是"摆"，树起来的最多是官气、官威，根本算不上领导权威。越是政治不成熟的干部，才越在乎徒有其表的官架子、官模样。真正稳重老练的领导干部，根本不会在意什么"谱"和"面"，更不会把耍威风折腾群众当作乐事。领导权威是一种无形的人格魅力。有领导权威的领导干部，说话有人听，做事有人帮，到哪儿都能开辟火热的工作局面。领导干部具备领导权威，班子才有向心力，工作才有战斗力，才能形成凝聚力。

"其身正，不令而行；其身不正，虽令不从"。领导权威其实是一种无声的说服，靠的是以身作则的表率力量。把心思与作为集中在"为民、务实、清廉"上，功到自然成。

第二，遵循领导活动正当性原则，合理行使领导权力。我们已经知道正当性是符合既定的程序、规则、传统和惯例，且这些程序、规则、传统和惯例又有三大立足点分别是一致同意的程序、公平正义的原则、良好治理的结果。第一个立足点其实我们已经在领导权力转化为领导权威的第一种方式中讨论过了。接下来，我们着重围绕另外两个立足点来展开探讨。

一是基于公平正义的原则行使领导权力。公平正义是指蕴含在规则、传统和惯例中的符合人们日常进行价值判断的道德精神，是我党的价值追求。常被人们认为体现公平正义的规则包括一致通过的法律、制度以及规矩。为此，领导权力的行使须在尊重既定的法律、制度和规矩的基础上行使，并严格按照法律、制度和规矩来执行，以保证规则和机会的公平性。在国家层面是依法治国、在组织层面是按制度办事、在日常生活层面是符合规矩常识。当然前提条件是这些法律、制度和规矩是被人们普遍接受和认可的。没有经过人们一致认可的法律、制度和规矩是不具有公平性的。

二是基于良好治理的结果来行使领导权力。在领导活动中，经常出现虽有好的程序和原则，但无法保证好的结果。领导活动必须以良好的治理结果为导向。如果不以良好的治理结果为导向，程序和原则有可能在领导活动走样变形为形式主义，有的时候甚至成为推脱领导责任的依据。在领导活动开展前，应设立结果预期和评估，围绕该目标，严格执行程序和原则，这才是领导活动开展的正当流程。

否则，那些以权谋私、不正当行使权力者，当暴露隐藏的"双面人生"之后，不仅难以树立领导权威，甚至丧失领导权力。

十八大以来，贪污腐化高官相继落马，他们的"双面人生"也被曝光在人们的目光下。一面是"勤勤恳恳、废寝忘食"，一面则是骄奢淫逸、贪污腐化。不管他们的"双面人生"演得多么入戏，只要触碰法律底线，最终也难逃落入"法网"的命运。例如，国家发改委原副主任、国家能源局原局长刘铁男，一面是"玩命干工作"；另一面却是"老子台前办事，儿子幕后收钱"。安徽省原副省长倪发科，一面是有能力、有魄力；另一面是爱玉成痴，频收"雅贿"。天津市公安局原局长武长顺，一面是"亲民、勤政""接地气"；另一面是"发明家"凭借专利敛财。四川省委原副书记、兼省委民工委书记李春城，一面是"政绩"卓著，多次发表反腐倡廉"高见"；另一面却是"不问苍生问鬼神"。国家能源局煤炭处原处长、国家能源局煤炭司原副司长魏鹏远，一面是穿衣朴素，骑自行车上班，另一面则是家藏赃款2亿元人民币。①

从以上领导干部的"双面人生"可以发现，领导干部若清正廉洁、勤政务实，那么便在人们心中树立了领导权威；然而，当他们滥用手中权力，触犯法律红线之时，他们即使曾经树立的领导权威也会瞬间崩塌。

第三，发挥道德性影响力，有效连接领导主客体。领导权威本质上是一种道德影响力。领导权力要转化为领导权威，就要求领导主体占领道德高地，并用道德的力量去引领领导客体。孔子曰："为政以德，譬如北辰，居其所而众星共之"②，意思是说用道德来治理政务，自己便会像北极星一般，在一定的位置上，别的星辰都环绕着它。道德说到底是价值观，我们这里说的道德是指被社会认可的主流和传统价值观。作为领导主体，要占领道德高地，就要深挖主流和传统价值观的内核，提炼出精华和要旨，并用当前时代的语言去表达和传递，以获得来自人们灵魂深处的认同和追随。

领导干部有效发挥道德影响力，树立榜样力量，有利于树立领导权威。对于这个问题古人早已有清醒的认识。《礼记·哀公问》中有这么一段对话："公曰：'敢问何谓为政？'孔子对曰：'政者，正也。君为正，则百姓从政矣。君所为，百姓之所从也，君所不为，百姓何从？"孔子在回答鲁哀公什么是为政问题时强调："为政就是正。君主端正自己，那么百姓就服从于政令了。君主怎么做，百姓就跟着怎么做，君主不做的，叫百姓怎么跟着做？"唐太宗也认识到，"若安天下，必须先正其身。未有身正而影曲，上治而下乱者"。（《贞观政

---

① 资料来源：《落马贪官的双面人生》，人民网，2014年12月17日。http://politics.people.com.cn/n/2014/1217/c70731-26224252-5.html
② 杨伯峻：《论语译注》，北京：中华书局，2012年5月版，第15页。

要·卷一》)《周书·苏绰传》也对统御者本身做了形象比喻："凡人君之身者,乃百姓之表,一国之的也。表不正,不可求直影;的不明,不可责射中,今君身不能自治,而望治百姓,是犹曲表而直影也;君行不能自修,而欲百姓修行者,是犹无的而责射中也。"大意是说:君主本身,就是黎民百姓的"表",就是一个国家的"的"。"表"树立得不正,不能要求有笔直的影子;"的"不明显,不能要求射中目标。如果君主不能自我治理,而希望治理百姓,这如同"表"歪却要求影子直。如果君主不能自我修养,而要百姓修养,这如同没有"的"却要求射中目标。孟子也曾一针见血地指出:君主喜欢什么,手下人对此就更加喜欢。

可见,领导干部自己得首先做出个样子来,持之以恒的实际行动胜于空白的说教。如果领导干部能够率先垂范、以身作则,那么这种形象和精神就会影响下属,从而在下属中真正树立起领导权威。

第三章

3

领导权力与领导责任

<<<<<<<<

领导权力是人民权利的一种让渡。当人民让渡权利形成领导权力之后，如马克思所揭示的，权力作为分配社会性权利的一种有用且有力的工具，领导权力也是以不侵犯人们的自由权利为止限，而这恰恰也是领导权力所应该肩负的最基本的领导责任。只不过领导责任的含义不局限于此，它还包括要求领导权力"积极作为"的责任，以及对领导权力"不作为"或"过度作为"（乱作为）的一种惩罚性"问责"。

领导责任本身是对领导权力的一种对应性的约束，有责必有权，有权须有责，享受多大的权力就应承担多大的责任，我们将领导权力和领导责任这种对应性的结构关系称之为"责任性权力"。

在民主和法治的条件下，构建"责任导向"和"权责对等"的"责任性权力"并严格启动"问责"程序，是破除"有权无责"和"有责无权"的畸形权责背离关系的必由之路。

>>>>>>>>>

一、领导责任的层次体系

领导责任是立体的、有层面的，不仅仅局限于我们习惯理解的要求领导主体通过行使领导权力"积极作为"的"有为"中部层面，它还包括最基本的"不与民争利"的"无为"底部层面，也包括一个上部层面即对领导权力"不作为"或"过度作为"（乱作为）的惩罚性"问责"。我们也可以把中部层面和底部层面的领导责任合称为"职责"，而把上部层面的领导责任称为"问责"。要把握领导责任这个概念中蕴含的层次体系，就无法回避去简要追溯它的中国哲学和西方伦理学渊源，并对各个层次的内容做适当的剖析。

（一）领导责任的立体分析

在我们中华传统优秀文化体系中，一谈到领导责任，就会首先联想到要求领导者以身作则、夙夜在公、勤政为民、孜孜不倦。这是因为我们中华传统里有着根深蒂固的以民为本的为政思想，同时中国古代老百姓也习惯亲密地把为政者视为"父母官"和"青天大老爷"，这是传统中国为政者和老百姓之间的一种良性的领导权力和领导责任关系。那么，具体来说，领导责任具有哪些立体层次呢？

第一，"积极作为"的领导责任。"《左传》说：'政如农功，日夜思之'。领导干部对于自己的职责，就是要像农民耕种一样勤勤恳恳（恳恳）、精耕细作。早上起来先想想今天要做些什么，晚上睡觉前再想想今天做了些什么，哪些做得好，哪些要改进。一日三省，如履薄冰，把每项工作都当成'第一次'来对待，这样才能做到持续负责、持续发展"①。

"《元史·抄思传》记载，元朝著名将领抄思长期征战沙场，带兵平定金兵，才能和功绩突出，位高权重。他去世后，其妻张氏深明大义，立志要把后代培养成才。张氏在训诫孩子时说了这样一段话：'人有三成人，知畏惧成人，知羞耻成人，知艰难成人。否则禽兽而已。'其大意是：大凡人才成长，做有成就之人，有三条途径，懂得畏惧的人能成为人才，懂得羞耻的人能成为人才，懂得艰难的人能成为人才。否则，不过是禽兽而已。如果按今天的社会主流价值观来理解，我们的领导干部应该是：对人民和人民赋予的责任，要始终保持敬畏；对不廉洁、不作为的现象，要始终视为羞耻；对做好本职工作，要始终不怕困难，艰苦奋斗，有一种甘于奉献的精神"②。

"子路曾向孔子求问如何为政？孔子的答复是'先之劳之'并且做到'无倦'"③。与此同时，中国先贤也敏锐地意识到为政者和老百姓之间也是一种"舟"和"水"的关系，即为政者是"舟"，老百姓是"水"，"水能载舟，亦能覆舟"，在唐太宗和魏征之间的多次对话中也常常转引这一古语。可以看出，中国古代的圣人先贤对于领导权力和领导责任之间关系的认识是非常深刻的，为政者要视老百姓如子女，将手中的权力用于造福于民、积极作为，并且时刻保持一种"居安思危"的权力和责任意识。

第二，"无为而治"的领导责任。那么，领导权力除有上述"积极

---

① 叶双瑜：《晴耕雨读》，福建人民出版社，2016年版，第444页，原载于《落实责任是关键——再谈"责任"》，《福建日报》，2005 年 11月25日，署笔名"三楚"。

② 叶双瑜：《晴耕雨读》，福建人民出版社，2016年版，第462页，原载于《有感于张氏论成才之道》，《机关党的建设》，2012年第31期。

③ 杨伯峻：《论语译注》，北京：中华书局，2012年5月版，第185页。

作为"的领导责任，还有其他层面的意蕴吗？还是从中国传统文化说开去。我们中国政治哲学里，一直存在"有为"和"无为"的两个重要哲学概念，但请注意这里的"有为"和"无为"并不是相互对立的一组概念，只不过两者的侧重点不同。

我们前面提到的"有为"的侧重点是要造福于民，积极作为。而老子所提出的"无为而治"的思想的侧重点是"不与民争利"，老子主张为政者要像水一样"水善利万物而不争"，"以其不争，故天下莫能与之争"①，要像天地化育万物一样"生而不有，为而不恃，功成而弗居"②，为政者这样做就是"无为而无不为"，天下反而得到大治。老子反对的是与民争利，横征暴敛的苛政，他寄希望于为政者"爱以身为天下，若可托天下"。

这种要求领导权力"不与民争利"的中国哲学，在西方伦理学里也能找到契合。"西方哲学从'自由'和'权利'的概念出发，引证出公共权力以不侵犯个人自由权利为止限"③。西方伦理哲学的一大基石是"自由"。"自由包含两层意义，一是指'个人能够免于外在干涉而径自行动的范围'，二是指'个人实现自主行动的能力和程度'"④。自由是天赋的权利，人人天生享有这两种自由。那么由此产生的问题是人们径自行动的范围和程度的止限在哪里？人们行使自由是以不侵犯他人的个人自由权利为止限。这种人们之间互不侵犯自由以保障人

---

① 《老子》，陈鼓应今译，北京：外语教学与研究出版社，2009年版，第132页。

② 《老子》，陈鼓应今译，北京：外语教学与研究出版社，2009年版，第4页。

③ 肖克：《公共权力"责任"伦理内容分析》，《北京工业大学学报》，2012年4月，第12卷，第2期。

④ 柏林：《两种自由概念》，陈晓林译，《市场逻辑与国家观念》，三联书店，1995年版，第196至226页，转引自肖克《公共权力"责任"的政治伦理根源析》，《天府新论》，2011年，第4期。

们都享受自由的要求，就必然要求形成一种公共权力，来维持自由权利分配的正义秩序。于是人们让渡出一部分自由权利交给国家，就形成了公共权力。由此，我们知道是先有人们的自由权利，才有国家的公共权力。国家的公共权力是由人们让渡权利而产生的，它的旨趣就在于维护人们享受自由权利的秩序，而不是反过来侵犯人们的自由权利。公共权力以不侵犯人们自由权利为止限，这就是领导权力的最底部层面的领导责任。

第三，保障性领导责任。我们已经论述了领导权力"积极作为"以"有为"领导责任，以及领导权力要"不与民争利"的"无为"领导责任，那如果领导权力违背上述两大领导责任，即违反"职责"，要么"不作为"，要么"过度作为"（乱作为），那怎么办？这里就引发了领导责任的另一个概念含义"问责"。在英文中，Responsibility和Accountability都指向中文的"责任"。如果要对应来说，Responsibility是指前面两种领导责任即"职责"，是拥有领导权力的领导主体应该要去做的责任，而Accountability是指拥有领导权力的领导主体不这么去做就要被惩罚"问责"。Accountability这个词的词根是"Account"，它是指"计算"和"账目"的意思。由此，Accountability的完整含义是领导主体若违背其职责，就要承担被权利主体追查、清算并予以惩罚的后果。

2016年7月，中共中央印发了《中国共产党问责条例》，其中规定："党组织和党的领导干部违反党章和其他党内法规，不履行或者不正确履行职责，有下列情形的，应当予以问责：党的领导弱化，党的理论和路线方针政策、党中央的决策部署没有得到有效贯彻落实，在推进经济建设、政治建设、文化建设、社会建设、生态文明建设中，或者在处置本地区本部门本单位发生的重大问题中领导不力，出现重大失误，给党的事业和人民利益造成严重损失，产生恶劣影响的"①。此后，中纪委发现多起违反《中国共产党问责条例》的典型案例。

典型案例之一是贯彻落实精准扶贫政策不力，两乡党委书记被问责免职。

2015年10月23日，西部某县纪检监察机关会同扶贫移民部门等，强化监督检查，严格执纪问责，对推进精准扶贫工作不力的两名乡党委书记进行了问责处理，经县委常委会研究，决定对两人免职，并予以通报。县督查组督查时发现，二人对所肩负的职责认识不深，理解不透；对精准扶贫工作宣传动员不到位、工作思路不清晰；两乡精准扶贫工作措施不明、推进不力；精准扶贫工作严重滞后，当地干部群众反映强烈……

"精准扶贫不能只是送点柴米油盐就完事。"动员千遍，不如问责一次。"对中央决策必须坚决贯彻落实，对中央部署必须确保如期完成。对推进扶贫工作不力，在精准扶贫工作中不作为、不担当，消极应付，影响整体工作部署和工作进度的，我们将严肃查处，决不姑息。"该县纪委有关人员表示。②

收到举报却未如实报告组织，导致有问题干部通过考察，县长被问责。

2015年9月，江西省上饶市婺源县委副书记、县长费长辉在牵头负责县委全面工作期间，接到市委组织部常务副部长打来的电话。原来，上饶市正在酝酿万年县委常委补缺人选，向费长辉征求意见。费长辉认为，时任婺源县副县长宫海工作不错，能力较强，重用为县委

①　中共中央纪律检查委员会：《中国共产党问责条例》，《实践：党的教育版》，2016年，第18期，第4页。

②　资料来源：《盘点：中纪委首发十五起违反〈问责条例〉典型案例》，《中国共产党新闻网》，2016年8月4日，http://fanfu.people.com.cn/n1/2016/0804/c64371-28611376-2.html。

常委合适。

在这之后，上饶市委考察组在婺源县找费长辉进行个别谈话，了解宫海在廉洁自律方面是否存在不良反映。

未听到宫海有廉洁自律方面的不良反映——费长辉回答。然而，真实情况却不是这样。

2015年4月至10月，费长辉先后三次收到徐某打来的举报电话，反映副县长宫海存在生活作风问题，费长辉都说，等他了解一下情况再说。事后，费长辉找宫海了解情况，宫海让其放心，称自己没有问题；费长辉又向婺源县常务副县长询问了这一情况，得到没有听到过相关反映的反馈。

费长辉在市委选拔任用宫海担任万年县委常委考察个别谈话中，未如实向组织报告其收到的有关宫海生活作风方面的举报情况。宫海在受到重用后不久，便因违纪问题被开除党籍，取消副县级待遇、降为科员，此事在社会上造成不良影响。

收到举报后并未如实向组织报告，导致存在问题的干部通过考察被重用，在选人用人工作中出现的问题最终让费长辉受到问责：2016年2月，经上饶市纪委常委会研究，并经上饶市委常委会批准，决定给予其党内警告处分。[①]

典型案例其中之二是拒不执行上级有关决定，一单位七人被问责。

"物价局违规发放津贴补贴和奖金"，2015年3月至5月，山东省冠县县委巡察组对县物价局开展了巡察，明确指出了该局存在的突出问题。

---

① 资料来源：《盘点：中纪委首发十五起违反〈问责条例〉典型案例》，《中国共产党新闻网》，2016年8月4日，http://fanfu.people.com.cn/n1/2016/0804/c64371-28611376-2.html。

然而，该局党组并没有采取坚决措施彻底整改。经过省委巡视组抽查，问题最终暴露：该局违规发放津贴补贴和奖金181630元没有按要求清理。

巡视是政治巡视，巡视整改是一项严肃的政治任务。"违反有关规定自定薪酬或者滥发津贴、补贴、奖金"已是违反廉洁纪律的行为，县物价局党组书记、局长耿增军，党组成员、主任科员张远志、周春常，党组成员、副局长张保国、周君臣，党组成员、工会主席路晓林，收费管理办公室主任朱书光等7人不认真贯彻省委巡视组和县委意见，拒不执行县委有关决定，对巡视发现的问题拒不整改，性质严重。

违反廉洁纪律在先，之后更是维护组织纪律不力，最终自食其果，耿增军、张远志受到党内严重警告处分；周春常、张保国、周君臣、路晓林、朱书光受到党内警告处分。[1]

在《现代汉语词典》中，责任一词也明确包含两层意义，"一是'分内应做的事，尽责'，二是'没有做好分内应做的事，因而应当承担的过失，责任'"[2]。因此，领导主体在行使领导权力过程中"不作为"或"过度作为"（乱作为）就须被问责，这是领导责任的上部层面。

至此，我们从领导责任的中部层面，谈到领导责任的底部层面，进而谈到领导责任的上部层面。其中，领导责任的底部层面和中部层面可以合称为"职责"，而上部层面则称为"问责"。可以看出领导责任是立体的、有层面的，并且上部层面的领导责任是对中部层面和

---

[1]　资料来源：《盘点：中纪委首发十五起违反〈问责条例〉典型案例》，《中国共产党新闻网》，2016年8月4日，http：//fanfu.people.com.cn/n1/2016/0804/c64371-28611376-4.html。

[2]　中国社会科学院语言研究所词典编辑室：《现代汉语词典》（第6版），北京：商务印书馆，第1627页。

底部层面的领导责任的一种保障机制。

（二）领导责任的剖面解析

领导责任的中部层面、底部层面及其上部层面的内容已经较为明确。那么，领导主体如何才能履行领导责任呢？

一方面，作为领导主体首先是要"胜任"，而"胜任"的标准就是有能力去正确行使领导权力来为人民创造福祉。这是领导主体"积极作为"的"有为"领导责任。

要深知，领导权力来源于权利主体的让渡，领导权力的领导责任就是要做到"权为民所用、情为民所系、利为民所谋"，以邓小平同志说的"把人民满意不满意，人民答应不答应"，作为衡量一切工作的标准。

具体来说，我们可以参照中国先贤鬼谷子所指出的九条标准：

一是主"位"。领导主体要对自己的"权位"有深刻自知，在其位要谋其政，并且要有忧国忧民的忧患意识"虚心平静以待倾损"[①]。北宋杰出政治家范仲淹在《岳阳楼记》中就曾写下："居庙堂之高则忧其民，处江湖之远则忧其君"的诗句。领导主体的"积极作为"只有本能地源自这种对"位高责重"的忧患意识，才能保证为政"积极作为"的正确方向。

二是主"明"。"积极作为"并非"盲目作为"。正如鬼谷子指出："目贵明，耳贵聪，心贵智。以天下之目视者，则无不见；以天下之耳听者，则无不闻，以天下之心思虑者，则无不知。"[②]作为领导主体要集思广益，保持自己目明、耳聪和心智，避免闭目塞听。

三是主"德"。鬼谷子提出要虚心纳谏，做到"勿坚而拒之"，

① 《鬼谷子》，东篱子解译，北京：中国纺织出版社，2015年版，第272页。
② 《鬼谷子》，东篱子解译，北京：中国纺织出版社，2015年版，第275页。

不要随便拒绝他人的建议。领导主体在积极作为时，应修炼这种善于倾听的品德，并容纳不同意见，以保证决策不出现失误。正如李斯在《谏逐客疏》中写道："泰山不让土壤，故能成其大。江海不择细流，故能就其深。"

四是主"赏"。领导主体在带领大家积极作为时应做到赏罚分明，"用赏贵信，用刑贵正"。只有赏必信、罚必正，领导主体的积极作为才能获得人心的支持。商鞅变法时，最初老百姓都不相信，后来兑现"扛木赏金"的承诺，老百姓才纷纷遵从新的法令。

五是主"问"。领导主体积极作为必须要先问计于天下，并拷问自己的作为是否顺天应人，"一曰天之，二曰地之，三曰人之。四方上下，左右前后，荧惑之处安在"。

六是主"因"。领导主体积极作为要遵循自然、社会和人的规律，"因之循理，固能长久"。领导主体若违背规律，好大喜功，这种作为就变成劳民伤财。

七是主"周"。领导主体在做好领导决策前后，要通情达理、精心组织、策划周密，以免疏忽造成不必要的动乱和浪费，"人主不周，则群臣生乱，家于其无常也，内外不通，安知所开"。

八是主"恭"。领导主体在实施领导行为中，要具备洞察细微的能力，"明知千里之外，隐微之中"。我们都知道老子说过："合抱之木，生于毫末；九层之台，起于累土。"①万事万物生于隐微之中，同时风险危机也可以从隐微中看出征兆，这就需要领导主体具备敏锐的洞察能力。

九是主"名"。领导主体的积极作为要做到名实相符，不可图虚名，"循名而为，实安而完"。只有实至才会名归，积极作为应着眼于

①　《老子》，陈鼓应今译，北京：外语教学与研究出版社，2009年版，第128页。

为人民带来实惠。

领导干部若不履行"积极作为"的领导责任，会招致怎样的结果呢？"中央决策项目落地缓慢，河南问责9名'不积极作为'干部"的案例可以从某个方面揭示出不履行"积极作为"的不良后果。

事件的具体情况是这样的。为提高河南省伊洛河防护能力，中央下达补助资金1.5亿元，对其进行治理。作为重大民生工程，该项目本应于2015年完工，但督查发现，截至2015年5月，伊洛河宜阳、偃师、巩义段尚未开工建设。其中宜阳段2015年10月8日才完成招投标工作，2015年11月，部分采砂企业还未撤离……

本是为民务实的政策，却硬生生被拖成了"挂在墙上的标语和口号"。对此河南省委高度重视，迅速组成调查组对有关问题进行了核查，并对相关人员进行了问责。2015年10月10日，河南省纪委监察厅通报处理结果：

3个县（市）水利部门对该工程重视不够，协调推进不力，工作效率不高，县（市）政府作为领导机关，在推动工程建设过程中没有完全尽到领导、协调、督查责任，导致该项目工程延误。为此，对负有重要领导责任的宜阳县政府副县长王定泽、偃师市政府副市长赵颇进行诫勉谈话。按照干部管理权限，给予负有直接责任的宜阳县水利局纪委书记李勋党内警告处分；偃师市水利局副局长李效峰行政记过处分；巩义市伊洛河治理工程建设管理局办公室主任马鹏飞记过处分。给予负有主要领导责任的宜阳县水利局原局长张午丙（副县级）、现任局长楚汉章、偃师市水利局局长高子炫行政警告处分；巩义市政府党组成员、副县级干部王竹潭行政记过处分。

"如果认识到位，如果重视到位，如果担当到位，完全可以尽早开工，也完全可以按期完工……"一位被问责的干部表示。然而，落实中央决策部署没有"如果"，必须不折不扣、坚定不移，决不能有丝毫的含糊和动摇。[①]

另一方面，作为领导主体要履行"不与民正争利"的"无为"领导责任。中国历史上有无数的故事告诉我们，位高权重的统治者若横征暴敛，反而会很快导致国库虚空。藏富于民，国家才能强大。

《论语》中讲到鲁哀公和有若之间一段精彩的对话故事。鲁哀公向有若请教"年成不好，国家用度不够，应该怎么办"？有若答道："为什么不实行十分抽一的税率。"鲁哀公很惊讶，质问有若说："现在十分抽二，我还不够，怎么能十分抽一呢？"有若答道："如果百姓的用度够，您怎么会不够？如果百姓的用度不够，您又怎么会够？"[②]的确如此，若不与民争利，让百姓富足起来，哪怕实行十分抽一的税率都会比原来十分抽二的税率所获得的税收总额要大。

中国哲学里的"无为"并不是"不作为"。此处的"不作为"特指为政者与民不争，让老百姓休养生息，老子的本意是要求为政者要做到"政善治、事善能、动善时"[③]，其为政目的是实现"善治"，为政者为此要"善能"且"善时"，而不能不顾老百姓的实际情况，在不该作为时"竭泽而渔"。

从西方伦理学的角度来说，领导责任要以不侵犯人们自由权利为止限，"自由的人作为万物之灵，天然地对自身生命以及对地球资源具有占有与支配资格，而且，这种资格的原初状态是不受限制的。这一公设是一切人类伦理的前提，一旦放弃，社会伦理系统就将崩塌"，因此"人们所享有的自由权利作为人类社会得以维持的伦理基础，是

---

① 资料来源：《盘点：中纪委首发十五起违反〈问责条例〉典型案例》，《中国共产党新闻网》，2016年8月4日，http://fanfu.people.com.cn/n1/2016/0804/c64371-28611376.html。

② 杨伯峻：《论语译注》，北京：中华书局，2012年5月版，第177页。

③ 《老子》，陈鼓应今译，北京：外语教学与研究出版社，2009年版，第16页。

不因个体在道德、出身、智力和体力等方面的差异而有理由被剥夺或区别对待的"①。领导主体在行使领导权力时，应保证人们的自由权利受到符合正义程序的对待，领导权力只有在个人权利允许的范围内运行才是有正当性的。

为官当作为，避免用权不到位。对领导干部来说，仅仅有了责任意识还远远不够，关键是要把自己的责任落实到位。责任得不到落实，就如同没有责任。当然，落实责任也要讲求方式方法，不能盲目，否则就可能心有余而力不足。

在中国古代历史上，有很多地方官员在老百姓遭遇洪灾和旱灾饿殍遍野时，仍能只顾自己锦衣玉食，两耳不闻窗外事，而不顾老百姓的死活，这种现象就是"不作为"。但是，也有的官员为了凸显自己政绩，迫使老百姓违背自然规律执行其行政命令，结果也是啼笑皆非，这就是"过度作为"，也可以称为"乱作为"。"过度作为"是指职权的行使超过了职责的范围，从而损害了权利主体的自由权利，是对要求"不与民争利"的"无为"领导责任的直接僭越。

领导干部用权过度比较容易被发现。而最不容易让人注意，甚至有时连用权者本人也难以意识到的便是用权不足。用权不足是该用权时不用权，该用足的而未用到位，也就是"不作为"。用权不足的危害性也很大，其主要特征是有事不议，议而不决，决而不行，行而不果等。细细想来，"不作为"实际上是一种隐性的"乱作为"。清代纪晓岚在《阅微草堂笔记》中讲了这样一则寓言故事。一个官员在阎王面前自称生时为官清廉，所到之处，只饮一杯清水，可以无愧于鬼神。阎王笑道：设官是为了兴利除弊，如果不贪钱就是好官，那么在

---

① 肖克：《公共权力"责任"的政治伦理根源析》，《天府新论》，2011年，第4期。

公堂中放一个木偶，连水都不用喝，岂不更胜于你？[①] 由此可见，领导干部用权过程应有所作为。

《说苑·政理》阐述了古代贤人为政的道理。魏文侯派西门豹去管理邺这个地方，行前叮嘱他要"全功、成名、布义"。西门豹问怎样才能做到成全功名、广施仁义。魏文侯答道："耳闻之不如目见之，目见之不如足践之，足践之不如手辨之。"据《史记·滑稽列传》记载，西门豹到任后，及时深入调查研究，"会长老，问之民所疾苦"，迅速破除了当地"河伯娶妇"的迷信习俗，并发动民众开凿十二渠，泽流后世。[②]

古代领导干部尚且懂得"食君之禄，忠君之事"，而作为党的领导干部更应时刻牢记自己的职责，为人民的利益主动作为，为全面建成小康社会、实现中国梦踏实作为。为官作为是天职，而且要先作为、后做官。当官是为老百姓办事的，承载着组织的信任和百姓的希望，理应在其位、谋其政，任其职、负其责，为官一任、造福一方，尽心竭力为党和人民工作。倘若领导干部在行使事务权时，该管的不管，该抓的不抓，那便是严重的失职。

二、领导权力与领导责任

在现实生活中，领导权力和领导责任经常会出现背离，这根源于"权力"本身犹如一头猛兽具有狡诈而强势地向外扩张的自然属性。

---

① 寿永年：《廉政故事》（中国廉政文化丛书），中国方正出版社，2011年版，第87页。

② 人民日报评论部：《习近平用典》，人民日报出版社，2015年版，第45页。

领导权力和领导责任两者相对等，才是应然的良性关系状态。

（一）领导权力与领导责任相对应

在讨论领导权力和领导责任之间的对应关系前，我们可以通过世界政治中有关政府权责关系的讨论来得到一些启发。在世界政治生活中，我们经常会讨论"小政府"和"大政府"，"责任政府"和"集权政府"的问题。但是其实这几个概念都是片面的，都只是从权力和责任某一个方面对政府类型进行划分。"小政府"不一定就是"责任政府"，因为一个政府要承担较大的责任，那么就有可能需要"大政府"与之相对应。并且，"小政府"也可能和"集权政府"重叠，试想有些非洲小国政府管理的事务少，但权力却集中在一两个人身上，这就会出现上述这种重叠。而"大政府"也不一定就不能和"责任政府"画等号，"大政府"也不一定就是"集权政府"，美国就是个典型例子。

那么，什么是一个好政府？管事少和管事多都不一定是个好政府。按照上述划分，其实我们无法说清是哪种类型的政府就一定是最好的，但常识告诉我们"最坏的政府那就是权力最大而责任最小的政府"[1]。也就是如果不想成为坏政府，那就必须要做到权责对等，要么"权大责亦大"，要么"权小责亦小"。世界上权大责亦大的政府，美国是个典型代表，中国也是在此序列。而"权小责亦小"的政府，如以瑞典为代表的北欧国家。那么在"权大责亦大"和"权小责亦小"两者之间，哪个更好一点呢？这个就无法说清了，但我们可以说这两者绝对都不会是坏政府，因为它们所承担的权力和责任是大致相

---

[1]　秦晖：《权力、责任与宪政——关于政府"大小"问题的理论与历史考查》，《社会科学论坛》，2005年，第2期，第23页。

等的。每个国家的国情和历史不一样，民众倾向政府承担的责任是不一样的，既然责任不一样，那么政府所拥有的权力就会有区别。

通过上述世界政治生活的讨论，我们已经知道政府的权力实际来自人民权利的让渡，在一个现代法治国家，人民希望政府承担多大的责任，政府就会拥有多大的权力。领导权力和领导责任也是一个道理，人们要想领导主体承担多大的职责，就会赋予领导主体多大职权。当然。这种职权和职责对等关系，要通过相关的法律和制度来固定下来，否则职权就会想方设法僭越职责。

从根本上来说，领导权力和领导责任须对等，是由领导权力的合法性要求所决定的。领导权力的合法性要求来自两点：一是领导权力的形成是由人们自由权利的一种让渡，是先有人们的自由权利，后有领导主体的领导权力；二是领导权力的旨趣是在接受人们所让渡的权利委托之后，为人们创造福祉，并维护人们自由权利不受侵犯的秩序。这两点缺一不可，否则领导权力就不具有合法性。也就是说，说到底只有履行"权责对等"领导责任，领导权力才具有完整的合法性。

"权责对等"原则，即职权与职责对等，强调的是在授权的时候要授予相称的职责，也就是某个下属人员得到了某种权力，他也就要承担一种相对等的责任；或者是让某个下属承担某种责任的时候还要授予其有效执行任务所需的权力。权大于责会导致权力滥用或官僚主义、以权谋私等失控现象，责大于权则会限制下属能力的发挥，影响工作效率甚至直接导致任务流产。然而，"虽然'权责对等'，但是领导干部在授权过程中要了解'责任不可下授'。'责任不可下授'是授权的绝对性原则，强调的是上级管理者即使授权于下属去完成某项任务，但仍然负有对该项任务的责任。这一原则将授权与代理职务区别开来，往下授权既不是要减弱管理者的权威和影响力，也不是为管理者'推卸'责任寻找出路"①。

但是，如果"责任不可以下授"，那么怎么可能使职权与职责保持对等呢？这便涉及"决策管理权"与"决策控制权"之分。

在授权的过程中，所授之"权"主要是决策权。美国学者詹姆斯·布里克利在其《执行力，组织设计的核心》一书中指出，对于接受权力的下属而言，并不是单纯的有或者没有决策权这么简单，他认为一个决策可能有部分权力是可以下放的，而其他部分则由上级决定。通过对决策流程的分析，他将这种可下放的权力称为"决策管理权力"，将不可下放的部分称为"决策控制权力"。

将决策管理和决策控制分开的原则，说明授权并不表示接受权者拥有某一决策的完全权力并承担相应决策的完整责任。下授的权力只是决策管理权部分，而决策控制权部分仍攥在授权者手中。获得授权的员工可能有权提出和实施一项决策，然而，上级领导干部仍然在对这一决策的核可和监督上扮演着重要的角色并对决策的执行结果负有"不可推卸"的责任。

"责任不可下授"，还涉及"执行责任"与"最终责任"之别。为了便于区分"权责对等"与"责任不可下授"两个原则中的"责任"，我们定义两种责任，一种称为"执行责任"，另一种称为"最终责任"，并分别将之对应于决策中的"决策管理权力"和"决策控制权力"。

对于这两类责任的区分，除了上面所说的其各自与两种权力相对应的抽象层面，我们还可以从"负责"的角度进行形象区分。负责包含两个维度的内容：一是负起自己权下的责；二是负起对上下级的责任，向上有报告自己工作计划和绩效的责任，向下有对下级的工作进

---

① 吴海红、刘永达、李灿：《"权责对等"与"责任不可下授"》，《企业管理》，2012年，第1期，第28页。

行督导和管控的责任。在一阶授权模式下，执行责任就表现为自己权下之责和向上报告之责，简单地说就是"如何完成任务"，相对来讲属于微观层面的责任。"最终责任是相对于执行责任而言的，主要表现为任务导向和成果导向，包括任务下达、方案选定、执行指导和成果控制，简单地说就是'任务是否保质保量地完成'，相对来讲属于宏观层面的责任"[①]。

领导干部可以向下授予执行责任，这一责任可以进一步下授，以实现权责对等原则；而最终责任应该保留，即领导干部应对其授权的执行责任和下属行动最终结果负责，这样就确保了授权者层面的"责任不可下授"。例如，国有企业中的领导干部可以将质量控制的权力下授给质管科长，质管科长就要负起相应的执行责任，诸如要制定合格率的目标，并将此目标进一步细分到每一道工序或个人，组织现场品检，加强质量控制，对执行情况依据生产进度进行实时认定与评价并加以完善，在重要控制节点及时向上级汇报等。但是，有了质管科长对质量的严密控制并不意味着授权的领导干部就不再承担有关产品质量控制的责任，他只是不再执行具体的细分质量控制任务，但对于质管科长的行为控制、质量标准的审核以及最终产品批次的合格率和直通率仍负有重要的责任。

在授权的过程中，下属应受的是决策管理权，相应地要承担起执行责任，这就做到了在应受者层面的权责对等；上级仍掌握着决策控制权，并要承担起此项任务的最终责任，这就在授权者层面实现了一次授权中的"权责对等"和"责任不可下授"。

[①] 吴海红、刘永达、李灿：《"权责对等"与"责任不可下授"》，《企业管理》，2012年，第1期，第29页。

（二）领导权力与领导责任相背离

领导权力和领导责任相背离的表现形式包括"有权无责""有责无权""权大责小""责大权小"。"有权无责"和"权大责小"，都属于权力的不正常扩张，正如马克思所揭示，权力作为分配权利有用且有力的工具。权力本身具有狡诈和强势的特性，这也是为什么中央要提"把权力关进笼子里"。"有责无权"和"责大权小"，则属于责任的不正当划分，其根源还是来自外部权力被侵蚀。

为什么说权力具有这种自我扩张性并且容易被侵蚀？这是因为权力的诱惑是巨大的，可以说权力有多大，自由就有多大。权力本身具有强制力和支配力，是进行社会性分配自由权利的工具。对于权力的追求，切合了人性贪欲的弱点，为此，不仅领导权力存在自我扩张的本性，甚至连权力周边的人们都可能会想方设法获取权力。中国古代的先贤们对于权力的这种属性洞察非常敏锐。

韩非子在《八奸》中就曾建议君王要注意防范身边大臣的八种可能觊觎权力手段，分别是：第一种是"同床"，指臣子用珍贵万物贿赂高贵的皇后夫人和得宠的姬妾妃子，让她们迷惑君王而答应臣子的请托；第二种是"在旁"，臣子用金银玉器贿赂君王身旁供取乐的侍从和亲信影响君王，以替其使唤；第三种是"父兄"，指臣子用音乐和美女贿赂君王亲近宠爱的父兄，收买权贵大臣，让他们在关键时候为自己游说；第四种是"养殃"，指臣子顺从君王的欲望修饰亭台楼阁和装扮美女狗马；第五种是"民萌"，指臣子挥霍公家的财物来讨好民众，以便蒙蔽君主；第六种是"流行"，指臣子搜罗各国能言善辩之士来为自己的私利进说；第七种是"威强"，指臣子供养亡命之徒恐吓群臣百姓以实现个人意图；第八种是"四方"，指臣子里通外国，招引外部势力来挟制国内恐吓君主。[①]如果权力被上述八种不正当的手段获取，那权力必然会用于谋取私利，从而不会顾及责任，就会保障自己"有权无责"或"权大责小"，而致使其他人"有责无权"或"责大权小"。

此外，即使是在职责范围内运行的领导权力，职权本身也还有一定的自由裁量空间。当这种自由裁量空间过于大，且没有任何外部监督时，就可能会不时地背离领导责任。比如说有的地方干部趁着掌管分配扶贫金额的职权，在他职责范围内，可能偏向将扶贫金额分配给那些符合标准但自己更为熟悉的人。这个例子中的地方干部并没有不作为，但他违背了权力行使的正当性，在分配中没有秉持正义的程序，即按照权利平等、机会平等、规则平等的原则进行权利的分配，因而属于"过度作为"（乱作为）。

三、领导责任对领导权力的约束保障

我们在前面一节中谈到权力的自我扩张性、权力易被侵蚀性、权力主体的自由裁量空间，容易导致领导权力和领导责任的背离。而要保障领导权力的合法性，则需要领导主体履行对等的领导责任，这就要求在领导活动中将权力和责任结合起来，构建"责任性权力"，并且在职权僭越职责时，就要被"问责"。这种"责任性权力"的构建和"问责"程序却恰恰构成了领导责任对领导权力的约束和保障机制。

---

① 《韩非子》，任娟霞解译，北京：中国纺织出版社，2015年版，第44至45页。

（一）领导责任约束领导权力

我们已经知道权责关系的逻辑是先有责任委托，后有权力权限。因此，"责任性权力"就是指以责任为导向且权责对等的权责关系结构。"责任性权力"始终将责任放置在前，而权力放置在后。那么，如何构建这么一种良性的权责关系结构？

第一，先定职责。我们要对需要履行的责任进行梳理和归总，确定"责任清单"。好比派兵布阵，要先考察对方人数多寡、力量大小和阵势类型，然后再根据实际需要来安排自己的兵员和阵形。前些年，有的地方政府设立了"馒头办"，我们暂且不评价这一机构设立的意义，但是在设立这一机构前应该先设定需要管理和服务的职责，一旦这一职责得以履行完后，相应的临时机构就要及时撤销。先定责就是以责任为先导。

此外，因为职责包括"积极作为"和"不与民争利"两部分，这就要求在定责的过程对"要做什么"和"不能做什么"同时规定清楚。这就是要确定哪些事情是领导主体必须管的，哪些事情是领导主体不应该管且管不好的事情。

正如邓小平在改革开放之初曾说："我们的各级机关，都管了很多不该管、管不好、管不了的事，这些事只要有一定的规章，放在下面，放在企业、事业、社会单位，本来可以很好办，但是统统都拿到党政领导机关、拿到中央部门来，就很难办，谁也没有这样的神通，能够办这么繁重而生疏的事情。"[①]领导主体应该不干预不该管的事，而把该管的事情管好。

第二，再定职权。我们要依据"责任清单"，编制"权力清单"

---

① 邓小平：《党和国家领导制度的改革》，1980年8月18日在中共中央政治局扩大会议上的讲话。

和"权力行进地图"。责任划定清晰之后，就要定职权。但在定职权之前，最好有一个根据职责进行"清权"的过程。也就是说先对职责对应的职权做减法，确定哪些权力实际上是没有必要的。然后再"合权"，就是指看看哪些权力分项是可以完全统合到一块的，避免政出多门。再次，就是"核权"，核查权力和职责哪些地方是有空隙和出入的地方，扫除"三不管"地带。最后，就是"确权"，该环节主要是检查权力整体运行的流畅程度，并对权力运行可能受阻的地方进行清理。

有了"责任清单""权力清单"和"权力行进地图"，领导活动就有了依据和章法。接下来，最重要的是要通过法律或制度将其固定下来，以做到"不以领导人的更换而改变，也不因领导人注意力的改变而改变"。总之，在构建"责任性权力"中要秉承"责任导向"和"权责对等"两条原则。但仅仅如此，恐怕还不够，让我们进入下一小节的探讨"问责"。

（二）领导问责保障领导权力

在实际中，即便有了责任导向和权责对等的"责任性权力"，如果没有"问责"环节，职权也会时不时跨越重重障碍来僭越职责，腐败问题研究专家克里特·加尔德提出著名的腐败方程式"腐败＝垄断＋自由裁量－问责"[①]。问责是针对职权僭越职责后，要求追查和清算领导主体的责任，并要求其承担"不作为"和"过度作为"（乱作为）的惩罚性后果。

问责是为"责任性权力"预设的一种保障机制，正如王岐山同志指出"动员千遍，不如问责一次"。那么，如何避免被问责，从而保

---

① 转引自任建明《责任与问责：填补权力制度体系的要素空白》，《理论探索》，2016年，第5期，第23页。

障领导权力呢？

第一，领导干部应明确问责内容。领导干部首先需要了解，哪些情况会被追究领导责任。

党组织和党的领导干部违反党章和其他党内法规，不履行或者不正确履行职责，有下列情形之一的，应当予以问责：

一是党的领导弱化，党的理论和路线方针政策、党中央的决策部署没有得到有效贯彻落实，在推进经济建设、政治建设、文化建设、社会建设、生态文明建设中，或者在处置本地区本部门本单位发生的重大问题中领导不力，出现重大失误，给党的事业和人民利益造成严重损失，产生恶劣影响的；

二是党的建设缺失，党内政治生活不正常，组织生活不健全，党组织软弱涣散，党性教育特别是理想信念宗旨教育薄弱，中央八项规定精神不落实，作风建设流于形式，干部选拔任用工作中问题突出，党内和群众反映强烈，损害党的形象，削弱党执政的政治基础的；

三是全面从严治党不力，主体责任、监督责任落实不到位，管党治党失之于宽松软，好人主义盛行、搞一团和气，不负责、不担当，党内监督乏力，该发现的问题没有发现，发现问题不报告不处置、不整改不问责，造成严重后果的；

四是维护党的政治纪律、组织纪律、廉洁纪律、群众纪律、工作纪律、生活纪律不力，导致违规违纪行为多发，特别是维护政治纪律和政治规矩失职，管辖范围内有令不行、有禁不止，团团伙伙、拉帮结派问题严重，造成恶劣影响的；

五是推进党风廉政建设和反腐败工作不坚决、不扎实，管辖范围内腐败蔓延势头没有得到有效遏制，损害群众利益的不正之风和腐败问题突出的；

六是其他应当问责的失职失责情形。[①]

第二，领导干部应了解问责情形。对于问责的内容可以根据对责任清单的违背，具体了解相应的惩罚措施。然而，具体操作过程中需要根据实际情况因地制宜。这便要求了解问责情形。对于领导活动来说，问责情形主要是针对"决策权"和"任用权"这两项分项权与领导责任的背离，进行问责。这是因为决策失误往往会引起比浪费和腐败还要惊人的效果。而由于"任用权"的滥用而导致的任人唯亲，则会严重打击一个队伍的士气和人心。

一方面，领导干部用问责管住决策权，最关键的要为决策权树立检查标准。比如对于党政一把手的决策权的检查标准，可以设立为"中央路线方针是否得到全面贯彻落实；相关地方和部门是否实现持续健康发展；民生是否得到逐步改善；环境是否得到保护；社会是否和谐稳定"[②]。

另一方面，领导干部要用问责管住（干部的）任用权，关键是要约束推荐提名权和最终决定权，确立谁推荐谁负责和票决制的规则。另外，对于所任用人选，应同样设立检查标准。比如对于被推荐和被任用党政领导干部的检查标准，可以设定为"被任用的干部是否存在腐败问题；被任用的干部是否存在败坏党风、违反政纪问题；被任用的干部是否坚持党的群众路线；被任用的干部是否具备民主作风、团结精神"[③]。

第三，领导干部应确定问责程序。领导干部要确立"失责必问，

---

① 中共中央纪律检查委员会：《中国共产党问责条例》，《实践：党的教育版》，2016年，第18期，第4页。

② 李景治：《让责任管住权力》，《党政研究》，2015年，第3期，第7页。

③ 李景治：《让责任管住权力》，《党政研究》，2015年，第3期，第10页。

问责必严"①的原则。还要区分责任，是集体领导责任还是个人领导责任。还要确定问责的具体惩罚方式，并对应相关的问责内容和问责情形。问责时效，即对任期内的失误，在多久内必须要追究责任。问责主体，由谁来实施问责。

第四，实现问责常态化。问责处理曾有两种倾向：一种是能上不能下，出了问题淡化处理；一种是从重，"双开"、移交司法追究刑事责任。而降职降级则是介于两者之间的第三种处理方式，它更具针对性和震慑力。"断崖式降级"是十八大之后执纪部门处理"问题官员"的补充手法，以区别被"双开"又移送司法的落马方式。公开报道的最新一例是云南省委秘书长兼省委省直机关工作委员会书记、委员曹建方，于2015年年底被免职，财新传媒报道称其或将被降级处理。按照云南省公布的最新消息，他的职务已经由省政府秘书长兼任，人大代表资格也被终止。②

降级作为《公务员法》以及《领导干部任免条例》等党纪法规所规定的处分类型之一，在十八大之前并不算常用，降级幅度也在一定的范围之内，大多不会超过3级，而现在似乎有常态化趋势。近3年来省部级官员中以这种方式落马的绝对数量并不算多，但从中可以看出我党反腐思路的变化，而且在地方厅级官员及以下的惩处中，这种党政处分的使用频率已经越来越高。

---

① 中共中央纪律检查委员会：《中国共产党问责条例》，《实践：党的教育版》，2016年，第18期，第4页。

② 张墨宁：《官员"断崖式降级"问责或将常态化》，《领导文萃》，2016年，第6期，第31页。

第四章 4

领导权力与权力运用

<<<<<<<<<

一般来说，领导干部开展领导活动的过程便是运用权力的过程，也就是我们通常讲的权力运用。权力运用得好，各项工作就会取得预期的效益；反之，权力运用陷入误区，各项工作便不可能顺利或有效地进行，甚至可能付出巨大成本。

在实践中，用人权、财务权、决策权、事项权、执行权和监督权的正确运用和发挥是主要关注点，这也是本章所要阐述的核心点。

权力应受到制约，没有制约的权力，是贪污腐败生态系统中倒下的第一张多米诺骨牌，这张牌倒下之后，灾难便会此起彼伏。因此，在保持惩治威慑力的同时，腾出一只手来防范第一张牌倒下，是长久之策。

>>>>>>>>>

一、把好用人权，严守财务权

人力资源和财务资源是领导活动开展中最重要的两项资源，没有这两项资源一切工作都无力开展。如果用人权和财务权行使得当，各项工作的顺利开展便会有最稳固的根基；反之，各项工作的开展会犹如失去筋骨而涣散无序。

"用一贤人，则群贤毕至"。风清气正的用人和育人政治生态是抵挡"小圈子"和"潜规则"最好的法宝。属于公家的钱财犹如作战中的军备物资，"兵马未动，粮草先行"，是开展各项工作所必需的经费保障，但公家钱财取之于民，用之于民，并非私人财物，这是理应遵循的最基本的常识区分。

（一）把好用人权，谨防权力"苏丹化"

所谓权力"苏丹化"，非常类似于古代"苏丹王"的统治，特征是裙带关系网络化，领导干部任用不是根据正常的程序规则或标准，而是任用私人朋党、亲族纽带，甚至是黑社会式的团伙，在权力者与其任用的领导干部之间形成了以私人效忠为基础的关系网统治。那么，领导干部如何避免权力"苏丹化"呢？

第一，不拉"山头"，不搞"帮派"。党的十八大以来，随着反腐深入，我们发现，每一个"大老虎"背后都有一个"圈子"，拔出萝卜带出泥，才有了某一地区、某一领域的"塌方式腐败"。也就是，以人画线、以地域画线、以单位画线，不看德才看亲疏，不凭实干凭关系；培植亲信、排斥异己，拉帮结派、收买人心，搞小山头、小圈子、小团伙；搞人身依附，不忠诚组织而忠诚个人，不相信组织而相信关系等。

领导干部一般都掌握着权力，而这些权力应当是用来服务民众的。如果让权力与"小圈子"发生某种不正当的联系，那么，"小圈子"便有可能危害到权力的正常运行，甚至使权力发生异化。有的领导干部热衷于结交比自己更有权力、对自己仕途有帮助的"贵人"，想方设法铺设自己的"登天梯"，构筑自己的"升官网"。为了精心编织网络，对圈外的人，则视为异己，竭力排斥；对圈内人包庇纵容、打埋伏、互相保护，抱团"过冬"。关于小圈子的危害，邓小平同志曾有过一段深刻的阐述："小圈子那个东西害死人哪！很多失误就从这里出来，错误就从这里犯起。"拉帮结派的行为，以匪气、霸气、江湖义气代替了党纪国法、规章制度。"山头"与"帮派"的存在，污染了领导干部队伍，对党和国家带来了恶劣影响。由此，领导干部要时刻警惕这种"山头主义"，避免任人唯亲。

破除"小圈子"，要靠领导干部严以用权，严在用人。坚持以制度用人，严格坚持选人选才的程序和标准，严格控制个人的好恶和影响，不以自己的眼光评判人，不按自己的交情选拔人。领导干部在用人权方面应规避"小圈子"，可以借鉴历史上赵匡胤和孙权在选人用人上的一个共同点。也就是，是否把忠于职守作为衡量官吏优劣的重要尺度。唐宋之交有个叫李九龄的人，对"人才难得"有深刻感受。他在《读三国志》一诗中说：有国由来在得贤，莫言兴废是循环。能始终信守"人才难得"的理念，且在实践中不分亲疏远近，坚持用人原则、一视同仁，有眼力、没私心，实属不易。

第二，育贤任能，营造风清气正的政治生态。"千人之诺诺，不如一士之谔谔。"这是战国策士赵良对秦相商鞅的谏言。商鞅听了赵良的话，感慨地说："貌言华也，至言实也，苦言药也，甘言疾也。"意思是，美词巧言好比花朵，直言不讳好比果实，逆耳忠言好比药石，甜言蜜语好比疾病。

汉高祖刘邦平定天下不久，赐宴群臣，席间，提出"我与对手楚王项羽相比，不及他，然则项羽却得不到天下，天下落到我的手中，这是什么原因？"大臣高起和王陵回答说："陛下攻城略地，把所得的城与地都分赏给了有功之臣，利害与部下一致。相反，项羽虽勇猛过人，但他不把得到的胜利品分赏部下，这是二者得失的分野。"高祖听后一笑："你们只知其一不知其二，要知道，运筹帷幄，决胜千里，我不如张良；平定国家，安抚人民，做好万全准备，我不如萧何；率领百万大军，百战百胜，我不如韩信，此三人我无不佩服，他们是天下的人杰，但我能合理地重用，这便是我得到天下的原因。而项羽唯一的能臣范增却不被重用，这便是他失去天下的原因。"[1]高祖刘邦的这番独白道出了他成就伟业的真谛。其留给后人的启示亦是深远无穷的。要成就伟业，就要重视人才，善于运用人才。

中国历史上不乏知人善用的故事。吕蒙正是北宋时期著名的贤才兼备的宰相，他为人宽厚仁德，对上敢于直言进谏，对下和善清廉正直，十分受到皇上的赏识与重用，度量宽大，此外他还独具一双识人慧眼，能够知人善用。有一天，宋太宗与吕蒙正商议派谁出访辽国，吕蒙正向皇帝推举了一名姓陈的大臣，皇上认为此人不合适，就没有同意。次日，皇上又以此事问他，吕蒙正还是推荐了昨天那位陈姓官员，皇上依旧否决了。第三次，当皇上又问起此事时，吕蒙正再次提议此人，气得皇上大拍桌子，十分生气，问他："卿为何如此固执？"吕蒙正回答说："陛下，不是臣固执，而是您未能查明谅解啊。这个

---

① 吴传毅：《左右天下必先左右自己》，《新湘评论》，2009年，第53至54页。

人可以出任辽国，别的人都不如他。为臣不愿意像其他人那样顺着您的意思去发表意见，这样只会耽误国政。"吕蒙正的话气得其他大臣都敢怒不敢言，反而使皇上深受感触，自愧不如。吕蒙正有一位客人叫作富言，有一天他对吕蒙正说："我的儿子十几岁了，能否让他进书院呢？"吕蒙正应允之后见了他的儿子，十分震惊地表示："你的儿子将来一定会功成名就的，他的官职能做到我的位置，他的功绩定能远远超过我！"吕蒙正令他与自己的儿子做同学，十分厚待他。果然那个人就是富弼，长大以后成了宰相。此外吕蒙正还多次推荐常说他坏话的老同学，可见他心胸开阔，唯才是用，且独具识人的眼光。①

荀子把能否尚贤使能作为国家兴衰的决定性因素。他认为国家之广大，事务之繁多，并非君主一人之力所能尽理，所以必须"使人为之"，选拔各类官吏处理各项国家政务。但是，人有贤愚、能拙，办事效果不同。他说："故人主用俗人，则万乘之国亡；用俗儒，则万乘之国存；用雅儒，则千乘之国安；用大儒，则百里之地久。而后三年，天下为一，诸侯为臣……"殷纣王用飞廉、恶来父子为政，"丧九牧之地而虚宗庙之国"。所以他说：人主"欲立功名，则莫若尚贤而使能"。他反复强调"隆礼尊贤而王"，"尚贤使能，则主尊下安"。

任用贤能的人为政、治国，百举不失，政平民安，天下和乐，大治易成。一个国家是这样，一个地区也是如此，如果没有懂事业、有才能的人当政，就很难使这个地区经济发达、社会安定。由此，握有人事权的领导干部要慧眼识才，选拔贤人能人。

至于如何选用贤能，荀子认为应当选用德才并茂的贤者，"无德不贵，无能不官"，并主张德才面前人人平等，要"贤能不待次而举"，

① 刘立祥：《吕蒙正：宰相肚里能撑船》，《领导科学》，2014年，第24期，第55页。

"虽王公士大夫之子孙也，不能属于礼仪，则归之庶人。虽庶人之子孙也，积文学，正身行，能属于礼义，则归之卿相士大夫"。

荀子反对贤者求全责备，提出："君子之所谓贤者，非能遍能人之所能之谓也。……有所止矣。"并要求对贤者"谲德而定次，量能而授官"，"上贤使之为三公，次贤使之为诸侯，下贤使之为士大夫"，"口不能言，身能行之，国器也。口能言之，身不能行，国用也。……受其器，任其用"。他还认为，既要用贤，就必须贬抑不肖，"权谋倾覆之人退，则贤良知圣之士案自进矣"，既要任贤，就必须放手用贤，而不能"使贤者为之，则与不肖者规之；使知者虑之，则与愚者论之；使修士行之，则与污邪之人疑之"。

此外，领导干部在实际运用权力过程中，还要警惕那些善于运用潜规则的人。

其一，谨防身边明哲保身之人。明哲保身，不言人过，作为一种潜规则，意为"要隐去真身"，也就是为了不让领导疑心，要把自己的才华、本事和真正心事深藏起来。

当年，曾国藩率领湘军，势如破竹地横扫太平天国军队，为保住大清江山立下汗马功劳。在政治生态不良的古代，功高震主会引来杀身之祸，慈禧太后对曾国藩的疑心明显。为此，曾国藩将真心隐去，除却锋芒，心甘情愿地俯首称臣。

为了证明自己胸无大志，没有野心，对朝廷忠心无二，真正让慈禧打消疑虑，对自己放心，曾国藩做了一个动作，就是开始写家书，用一封接一封的家书告诉家里人，怎么样种花养鸟，怎么样梳头洗脚，怎么样煮饭熬粥，全是些鸡毛蒜皮过生活、保身体、混日子的小事琐事。

慈禧一看，原来曾国藩就这么一副德行，心病解除了，曾国藩的日子太平了。所以，有人说曾国藩的家书不是写给天下人看的，而是专为慈禧一人所写。[1]

曾国藩的选择具有一定客观时空性，而在良好政治生态环境的今天，有些领导干部为了保住自己的位子，或者创造再往上升的条件，对上对下也采取明哲保身的策略，确有一时收获，但却暴露出人格的低劣。领导干部身边会有一些自己比较投合信赖的亲近人，以及器重关心自己的领导。对于亲近的人不能明哲保身，这是一种君子之交的哲学思维。孔子说，"君子坦荡荡，小人长戚戚"，一个有品位的领导干部，要做坦坦荡荡的君子。

其二，要谨防不言过失的"老好人"。中国古代专门向皇帝进谏言的大臣称为谏官，因为很少能得到皇帝的赏识，所以这个官不好当，也很少有人愿意当，当不好会丢官掉脑袋。《说苑·臣术》记载了晏子逐高缭的故事：高缭仕于晏子，晏子逐之。左右谏曰："高缭之事夫子，三年曾无以爵位，而逐之，其义可乎？"晏子曰："婴仄陋之人也，四维之然后能直。今此子事吾三年，未尝弼吾过，是以逐之。"译成现代汉语大意就是：高缭在晏子属下做官，晏子将其辞退了。他人询问缘由时，晏子说："高缭在我身边干了三年，从未纠正过我的错误，所以要辞退他。"

在晏子看来，敢言人过，是一种清正廉洁、无私无畏的品德，而不言人过，那是过错。领导干部也不是完人，不会没有一点过失，如果身边没有能够指出、说破这种过失的部下，那么则是一种权力危险信号。

新中国成立初期，陈毅在上海当市长时，身边有两个秘书，做决策或遇到重大事情时，陈毅都想听听秘书的意见和想法，可他们总是完全赞同。起初，陈毅并未太在意，可是，长此以往，陈毅感觉到了

---

① 刘长富：《权力的思辨》，解放军出版社，2014年版，第67页。

听不到不同意见的危险性，便将这两位秘书调离了岗位。

凡事都得讲辩证法，恐怕也有他们的难言之隐，是不会说、不想说，还是不敢说？这几种因素也许同时存在。不过，领导干部从中应明白这样的道理：只有上下级之间成为朋友，才会有真正的沟通，才能实心相见，才能推心置腹讲心里话，才能没有顾忌地提批评意见。每个领导班子、领导集团都会自然形成一个政治生态，这个生态是清明还是混浊，是开放还是闭塞，不仅决定了他们所领导的事业的成败，同时还决定了他们的政治前途。

其三，谨防溜须拍马之人。诸葛亮在《出师表》中告诫后主刘禅："亲贤臣，远小人，此先汉所以兴隆也；近小人，远贤臣，此后汉所以倾颓也。"君子追求的是理想事业，会把国家和人民放在首位；而小人追求的是权力实惠，一定是把个人和小团体放在首位。凡是有权力、有实惠的地方，小人一定趋之若鹜。近君子、远小人，这是历朝历代官场的训诫，是大大小小做官的人常挂嘴边的话。官场既是卧虎藏龙的地方，也是个藏污纳垢的地方，有君子，也会有小人。真正想有所作为而又把做官的路走得平稳的领导干部，千万不能把权力交给那些善于拍马的人。

春秋时的鲁国有个叫宓子贱的人，他要到单父这个地方去做官，临行前专门到德高望重的打鱼老人阳昼家去请教。阳昼说，我从小贫寒，没念过书，也不懂治国安民之术，只有点钓鱼的经验送给你，兴许能用得上。江河湖海中鱼的种类非常多，习性各不相同。有一种鱼非常贪婪，碰到金丝鱼饵就咬，争相吞食，这是阳桥。非常容易上钩，但肉薄而味淡，人们都不怎么喜欢它。还有一种鱼，当你放下钓饵，它并不猛扑过去，不争不抢，需要看个清楚明白，这种鱼叫鲂，肉嫩味道鲜美，但这种鱼总是游居于深水之中，要钓到它很不容易。听了阳昼一番话，宓子贱有所感悟，拱手对老人说：很好！宓子贱来到单父不长时间，就聚集起一批各类人才。他常对部下和同僚说，你们要辨别清楚，挤破脑袋讨好我们的人是阳桥，这些帮我们做事的人才是鲂。[①]

通过以上故事，可以获得这样的启示，一个正直的领导干部，必须在自己的内心深处画出一条防范糖衣炮弹的防线。任何一个人都不能把小人从社会中、官场上清除干净，就像《约翰·克利斯朵夫》中所说的："真正的光明不会是永无黑暗的时刻，真正的英雄也不是永无卑下的情操。"手中握有人事权的领导干部，当你的下级图谋不轨，讨好卖乖地送来好处时，你一定要从事情的另一面看到对方的企图和德行，从而使自己在选人用人时，坚持唯德唯贤的原则，不以私利私情，妄用不贤不德之人。

（二）严守财物权，防止权力"扑满化"

扑满是我国古代百姓储钱的一种盛具，类似于现在的储蓄罐。由于两千多年时间通行的是方孔圆钱，先民们为储存之便，在陶罐顶端开出一条能放进铜钱的狭口，有零散铜钱即投入其中。装钱只有入口，没有出口。钱装满后，将其敲碎而取之——"满则扑之"，故名"扑满"。当今一些滥用权力的贪官全身上下犹如一只"扑满"，只有入口没有出口，只进不出，最后全身都装满了利益的"铜钱"，只有等到"粉身碎骨"了，那些"进去"的钱才会"吐"出。

所谓权力"扑满化"，便是形容贪官，在权力运用过程中，就像一只"扑满"。那是多可怕、多丑陋的形象！那么，如何避免权力"扑满化"呢？领导干部应严以用权，严在花钱，严格执行财经纪律，坚持做到不挥霍不浪费，不公款私用、不公款私谋。

---

① 刘长富：《权力的思辨》，解放军出版社，2014年版，第87页。

第一，"吹得口哨，进入太空"。有个科学知识是：宇航员"进得了太空，吹不响口哨"，因为身穿笨重太空服，吹口哨是不可能完成的任务。太空漫步可以做到，吹口哨却做不到，这就是环境决定现实。与此情形类似，国家每年的财物分配，涉及的部门很多，各级政府和部门下拨的环节也不少。在分配的链条里，一些地方个别领导干部可能出现层层盘剥的现象。特别是对党和国家强农惠农补贴资金、低保供养金、救灾分配的财物，一些人也打起歪主意，从中贪污挪用，造成恶劣影响。这种"雁过拔毛"现象，曾一度严重侵害了人民群众的利益，破坏了社会民生和社会稳定。

领导干部掌握着财务权，则要"吹得口哨，进入太空"。也就是，切记莫钻财政分配大权的"空"。然而，很多领导干部自以为高明，钻了人们不容易觉察的空子，最后受到法律制裁。

肖晓鹏从20世纪70年代开始，一直在云南省财政厅工作。2004年初，肖晓鹏带着陈锐萍到西双版纳出差。其间，他看中了该州财政局一块6亩的闲置土地，即产生在这块地上建自己房子的念头。可是，这块地是该州国资公司的，要地必须有一个项目。肖晓鹏想了一个办法，用套取国家专项扶持资金购买那块土地建私房。由此，通过采取虚构支付购苗款及劳务费、虚开发票等手段，套取国家项目扶持资金277万元。[1]

肖晓鹏管财26年，财政法纪不可谓不知，内部的国家资金分配不仅知情，而且经手，他使出的鲜为人知的敛财"绝招"，属知法犯法。这里，他还有两个"认识误区"是导致犯罪的，一是"吃国家的无民愤"，认为侵占个人的财产会惹怒当事人，侵占国家的资金人们

---

[1] 资料来源：《贪官莫想"安度晚年"》，云南省纪委，2014年6月12日，http：//www.jjjc.yn.gov.cn/info-64-2150.html。

既不容易知道也不会激起愤恨。其实，肖晓鹏这一念头大错特错，这财政资金都是纳税人的血汗钱，人们一旦知道，绝不会饶恕，国法不容。二是"再升不了官就捞点钱"，想在退休之前捞一把。这种思想较为普遍。实际上，肖晓鹏官至正厅，官位不可谓小，但他还嫌不够。这种政治欲望达不到目的时会转化为经济欲望，然而，升官无望绝对不是腐败的理由。肖晓鹏从一般干部成长为厅级领导干部，应该是不容易的，本应倍加珍惜，保持晚节，但他在快退的时候转向敛财，这就必然危害自己的政治声誉。肖晓鹏的行为应当为领导干部所警戒。

那么，领导干部如何规避以上情况，用好手中的财务权呢？可以从这样一个历史传说领会到一些精神实质。

唐开元年间，四川乐山地区，常降暴雨，江河泛滥，田园毁没，饿殍遍地。为了求助神灵来降伏灾魔，一位名叫海通的和尚，立志在岷江一侧的悬崖峭壁上雕塑一尊巨型坐佛。海通和尚不仅自己节衣缩食，而且四处化缘，终于筹集了一笔数目相当可观的金银细软，就要择日开工。此时，当地一个官吏把海通和尚传到衙门。这个权贵称霸一方，是十足的贪官，平日惯于搜刮民脂民膏。当他得知海通和尚化缘归来，便起了歹心，威胁敲诈，还限期交款。海通和尚对此愤怒无比，数日之后，限期已到，他奋笔疾书写下了"自目可剜，佛财难得"条幅，并将自己的双眼剜出，让人陪同一起送到官府。那个贪官见了条幅和盘中两只瞪大怒目的眼珠，惊恐万分，随即弃官而逃。经过海通和尚等人的努力，高71米的大佛终于修成。乐山一带从此风调雨顺，四季平安。人们为了纪念海通和尚的功德，特地在大佛边上塑了他的像。这尊塑像两眼虽无珠，却炯炯有神，正气凛然，至今令人敬仰。海通剜目已成为历史，然而他立志为民造福、清廉刚正，珍惜"公款"胜于珍惜自己双眼的高尚精神，今天仍然值得我们学习和发扬。①

第二，心中无鬼，不惧公示。政府开支公开、领导干部财产公开，是世界通行做法。那么，领导干部个人的收入与财产，为何也要申报与公开？这是因为领导干部是运用权力之人、执行公务之员。有大量的公共财物经领导干部之手而使用，不能出现"雁过拔毛"。只有被领导，没有被监管；只对上级负责，不对百姓公开——这是许多腐败产生的根源。领导干部财产公示，是我国防腐反腐的重要举措，新疆阿勒泰、浙江慈溪、湖南浏阳三地都属于试点，湖南湘乡是第四站。

四川省自庙乡，曾一度在网上被传得沸沸扬扬。这是因为这个地处四川巴中的偏远乡镇自从将政府业务经费开支全部"裸账"之后，便成了中国"全裸第一乡镇"。他们之"裸"，当时就遭受各种质疑与非难。在非正常开支依然很多的时候，谁都不愿意"家丑外扬"。但无论如何，自庙乡把用钱的情况开诚布公了。2010年6月6日《新京报》报道说，目前一份公开的证明显示，以简朴生活和贴近民众著称的乌拉圭总统穆希卡，名下全部财产只有一辆1987年产的大众牌甲壳虫汽车。百姓并没有要求领导干部都像乌拉圭总统穆希卡那样"无财一身轻"，只是希望领导干部不要对不义之财伸手。

君子爱财，取之有道。这一直是我国的优良传统。明代仁宗洪熙初年的清官吴讷，被朝廷授为巡察御史，奉命巡察贵州等地，巡察期间"平安无事"。但是，吴讷返回京都的船到达三峡入口处时，地方官派人追了上来，送上一个红色包裹，里面是百两黄金。吴讷看后，取来笔墨，挥笔在黄金封包上面写了一首诗："萧萧行李向东还，要过前途最险滩。若有赃私并土物，任它沉在碧波间。"这便是"题贿

① 叶双瑜：《晴耕雨读》，福建人民出版社，2016年版，第453页，原载于《和尚剃目保"公款"》，《福建经济报》，1993年12月7日。

金"的典故。

第三，为官和发财，不可兼得。国民革命时期，黄埔军校大门口挂着一副对联："升官发财请往他处，贪生畏死勿入斯门。"对联本身透出的是表现时代特点的浩然正气，而国民党当政治国者、拥兵者身上透出的则是彻底的腐朽之气。他们监守自盗，罔顾百姓，浮华伪装，国家内外交困，军队溃不成军，政毁于腐，兵败于奢，半壁江山落入日寇铁蹄之下。

2014年5月4日，习近平总书记与北大青年学子交流时，便告诫学子们，"当官就不要想发财，想发财就不要去做官"。"为官"与"发财"，在中国传统文化道德中具有不兼容性，清正廉明、两袖清风历来是为官者的准则。

我们所熟知的宋代著名大臣、历史上著名清官之一的包拯，不仅刚正不阿，而且从不收受一分一毫贿赂。他在广东端州任地方官期满回京复命时，当地人送给他一方端砚。他对送端砚的人说："如今我来到产端砚的端州，便收端砚；明日去产金的金岭，又受金子，我岂不成了天下鼎鼎富有的珍玩大盗吗？"包拯常说："廉者，民之表也；贪者，民之贼也。"人们奔走相告，包拯赢得了一代清官的美誉而千载传诵。[1]

"出生于贫苦农民家庭的抗日英雄、爱国将领吉鸿昌，其父亲在去世前告诫他，'当官要清白谦正，多为天下穷人着想，做官就不许发财。'从军后，吉鸿昌时刻牢记父亲这一教诲。当上将军后，吉鸿昌将父亲的遗言浓缩成'做官不许发财'六个字写在瓷碗上，要陶瓷厂仿照成批烧制，把瓷碗分发给所有官兵"[2]。

然而，并不是所有的领导干部都如同上述故事中的人物一样。例

---

[1] 《廉洁教育读本》，湖南教育出版社，2014年版，第23页。
[2] 穆欣：《吉鸿昌将军》，人民出版社，1979年版，第56页。

如，被视为"江西第一贪"的江西省政府原副秘书长吴志明，从有权力开始就大肆"捞钱"。案发后，吴志明在《悔过书》中写道："我的世界观、人生观和价值观从一开始就是追求当官发财、大富大贵"，"只有自我、只顾自我、只为自我的思想深入到我骨髓里"。这就是典型的"趋利"型。

《人民日报》官方微博曾有消息称，全国政协委员、北京大学常务副校长柯杨表示，部分家长"读北大不为8000元工资为当省部级官员"的言论令人痛心。与此同时，《人民日报》官方微博还配发"人民微评"：蔡元培刚就任北大校长时告诫，"入法科者，非为做官；入商科者，非为致富"，百载以降，官本位思维仍有市场，岂不愧对北大老校长？大学乃研究高深学问之地，求学于此当抱定宗旨，砥砺德行，如果汲汲于发财当官，岂非本末倒置？的确如此，蔡元培的《就任北大校长之演说》上写道："果欲达其做官发财之目的，则北京不少专门学校，入法科者尽可肄业于法律学堂，入商科者亦可投考商业学校，又何必来此大学？所以诸君须抱定宗旨，为求学而来。"①

领导干部应将"避害"放在首位，首先想到滥用权力之后会有什么样的严重后果，这样，便不会轻易"伸手"。再例如，收受千万干股的财政局长董黎明，在任合肥新站开发试验区财政局长期间，除了兼任新站区小额贷款公司试点工作的负责人外，还同时兼任五家国有企业的"一把手"。他并非有超凡的才能，而是他那诱人的管理财政的权力，以合股开公司的形式拿干股，是一种隐蔽的受贿行为。

早在2007年，最高人民法院，最高人民检察院就发布了《关于办理受贿刑事案件适用法律若干问题的意见》，明确规定国家工作人员利用职务上的便利为请托人谋取利益，收受请托人提供的干股的，以

① 蔡元培：《就任北京大学校长之演说》，教育科学论坛，2000年，第10期，第1页。

受贿论处。这干股，实际是关系股。天下没有免费的午餐，拿了人家的干股，必然为这个企业办事。董黎明的行为应当为领导干部所戒。[①]

大自然中的丛林法则，能体现出动物"趋吉避凶"的智慧。非洲大草原上处于生物链顶端的狮子，从不攻击成年大象。因为大象的力量绝非狮子力所能及。人有"趋利避害"的思维意识，也有这样的能力。但是，领导干部在"趋利"与"避害"二者中如何取舍，很有学问。那些将"趋利"放在首位的领导干部，往往会不见其害，或是将害处忽略，见到利益就会"伸手"。

第四，规避逃票，获得赞誉。20世纪60年代，美国经济学家奥尔森提出了一个"逃票乘车理论"，关乎集体行动逻辑。他在《集体行动的逻辑》一书中说：集团的利益属于所有人，集团越大，成员的心理就越会趋于坐享其成，即不支付公共品总成本中应分担的份额，而去分享公共品带来的收益。这仿佛是诸多人挤公交车，只要人很多而监督不到位，就有人萌生逃票乘车的念头——反正公共汽车姓"共"，我就免费乘一把。在一些手中握有权力的领导干部那里，这可幻化成"有权不用过期作废"的心态；如果这是一辆由权力驾驶的公共汽车，其中乘坐的都是权力中人，是否买票是权力中人自己所决定的，并没有车下的他人来监督，那么，"逃票乘车"必然会广泛化。

按照一般逻辑推算，一个具有共同利益的群体，一定会为实现这个共同利益采取集体行动。但是，奥尔森在研究中发现：由于集体行动具有成本共性，所有集体成员都可受益，包括那些没有分担集体行动成本的成员，这时就容易出现"逃票乘车"。奥尔森认为，由于很多人都有不愿意付费、只愿意享用的"逃票乘车"心理，所以公共物

[①]　林广成：《履职忠告——公职人员清正廉洁读本》，中共中央党校出版社，2013年版，第201页。

品不能由私人支配供给。

如果我们将"公共权力"看成是"公共物品"。如果这些权力被一部分人"个私"化掌握，那么，他们就会趋向于专享这些公共物品。换言之，这就是"以私谋权"和"以权谋私"。所以，这里的关键是：本来应该公共支配的公共权力，悄然渐变成个人支配的公共权力，就难免要出问题了。在这一辆由公权力驾驭的公共汽车上，有着逃票搭便车乘坐心理的乘客，都会不声不响——没有一个逃票者会大声嚷嚷"我没买票"，他们都把自己的行为隐藏起来，期待悄悄抵达目的地，最后安全软着陆。通常他们都会把自己看成是"隐身人"，尽管相互间"你知我知"，但都心照不宣，对外还西装革履显得一本正经。

"隐身人"是个有意思的隐喻。明朝赵南星的《笑赞》中，有个"隐身草"的故事。某甲遇见一位高人，那人给了他一棵草，说这草名叫"隐身草"，只要手拿此草，旁人就看不见自己了。某甲就手持这棵草，到市场上抓起别人的钱就走，一副旁若无人的样子。钱主抓住他挥拳就打，某甲竟然说："任你打吧，反正你看不见我！"①这当然是个笑话，但那些"逃票者"，难道不都是认为自己是别人看不见的"隐身人"吗？

权力能腐蚀人，但也能警醒人。领导干部，经常跟权钱打交道，要明白权力和金钱的巨大腐蚀性，不要像一些落马的领导干部那样，成为"隐身人"，在东窗事发时悲叹"我真糊涂，是权害了我"。怎样才能做到不被金钱腐蚀纯洁的灵魂呢？答案是练就抵御腐蚀的精神盾牌。焦裕禄任洛阳矿山机械厂金工车间主任时，一个月只有22斤粮食，而普通工人一个月有59斤粮食。有个工人看到焦裕禄家人口多，

---

① 徐迅雷：《逃票与隐身》，《杭州日报》，2011年1月24日，第A16版。

粮食少，想给焦家一点粮票，焦裕禄从来都是拒绝。洛阳矿山机械厂工人吴永富第5个孩子出生时家境困难，焦裕禄送去了10元钱；工人刘辅臣妻子生小孩后想喝点小米稀饭，焦裕禄把仅有的2斤小米送到了他家。这就是精神盾牌过硬。

二、节制决策权，把牢事项权

有了资源，就有了办事的底气。但事情该如何办成和办好？方向和途径的决策至关重要。犹如人们在一个交叉路口出发，确定往哪个方向去和走哪一条道，不仅预定了我们前行所要通往的终点，也预示了途中我们可能会遇到的困难。决策关系到办事的成效和成本。决策很难，需要掌握科学方法和处理不同关系。在领导活动中，重大事项的审批直接关系到人民群众的福祉，权力一旦滥用甚至变成类似一种盘根错节的"互花米草"植物，则会造成巨大的负面影响，并且难以清除。

（一）节制决策权，避免"拍脑袋"行为

所谓决策权，就是谋划和确定领导活动主要方向和关键路径的权力。领导干部手中的决策权是为了有效决策，从而更好地服务人民。决策权如果不受节制，就会导致拍脑袋决策，甚至拍屁股决策。那么，大抵就是权力的轻率使用，从而带来巨大甚至难以挽回的损失。然而，的确存在一些领导干部长时间脱离群众，制定政策时习惯"拍脑袋"。每一次不合理的决策都是一道裂痕，影响人民与政府的关系，即便有事后补救，造成的损失或不便却留在人民心中，对政府和

领导干部形象损害是致命的。那么，领导干部如何善用决策权呢？

第一，遵循决策"三结合"基本原则。领导干部在决策过程中应坚持"三个结合"。

一是应坚持科学决策和民主决策的结合。领导决策是从群众中来，到群众中去的循环往复的过程。要实现科学决策和民主决策的结合，重点要从三个方面着手：遵循"先策后决"的决策程序，坚持先调查研究后决策，先让专家和群众出主意，再由领导干部出来选主意，防止和克服决策中的随意性及其造成的失误；遵循"多策少决"的决策原则，坚持发扬民主，让更多的专家和群众参与。同时，减少决策的次数和做决策的人数；具备强烈的问题意识，问题分析、研究得越透彻，决策就越有针对性。

毛泽东同志在论述调查研究时，曾列举了"三打祝家庄"的故事。他分析说：前两次因为没有做好正确的调查研究，情况不明，方法不对，所以打了败仗。后来，派人深入到祝家庄做了正确的调查，获得了第一手资料，熟悉了地形，拆散了李家庄、扈家庄和祝家庄的联盟，并且部署了藏在敌人营盘里的伏兵，第三次终于打了胜仗，攻下了祝家庄。"三打祝家庄"启示领导干部应将决策方案建立在调查研究的基础之上。

二是坚持依法决策和法治引领的结合。领导干部决策的整个过程必须严格遵循法律规定，切实做到决策主体要依法、决策内容要依法、决策程序要依法、决策实施要依法。同时，通过不断完善方方面面的法律、制度，形成系统完备、科学规范、运行有效的制度体系，更好地发挥法治思维和法治方式在国家治理中的作用。

三是坚持顶层设计与基层探索的结合。顶层设计强调发挥中央和上级的权威性和统一性，着眼发展战略和长远目标，统筹和优化基层探索、发展过程中的各种问题；基层探索是顶层设计的基础和动力，是一个开拓创新的过程，坚持问需于民、问计于民、问政于民，寻求在微观层面解决问题的最佳策略和方法。领导决策的目的和目标属于顶层设计的范畴，领导决策的途径和对策则更多属于基层探索的领域。领导决策时要坚持做到超越目标、目的优先，超越效率、效果优先，超越成本、价值优先。

第二，把握"三结合"，努力提升决策力。调查研究是领导有效合理使用决策权，提升决策力的基本功。领导干部做好调查研究要做到以下四个方面：一要掌握科学的方法，既善于多层次、多方位、多渠道地调查了解情况，同时调查方法又要与时俱进；二要解决实际问题，真正把群众所思所盼反映到决策目标中，把调研成果转化为实际问题的有效对策；三要避免"被调研"现象，力求准确、全面、透彻地了解情况；四要使调研制度化，完善重要决策调研论证制度。

领导干部如何把握好"三结合"呢？这还需要具备战略思维与战术思维。战略是管方向、定目标，着眼于根本和长远利益的实现；战术是管方法、定途径，重视在实现战略和目标的过程中解决问题。领导干部只有同时具备战略和战术两种思维能力，才能正确处理当前与长远、局部与全局的关系，把战略上的顶层设计和战术上的基层探索结合起来。领导干部还需要有效运用内脑思维与外脑思维。领导干部自己的头脑即内脑，包括左脑和右脑，左脑优势在于逻辑和理性思维，右脑优势在于感性和直觉思维，在决策时左脑思维和右脑思维要互补起来。

那么，在坚持以上"三结合"原则基础上，领导干部在实践中如何真正用好决策权呢？习近平总书记为用好决策权做出了示范。1988年6月26日，习近平同志到任宁德地委书记。当时，闽东经济总量在全省排行老末，发展条件也不好，交通闭塞，成了"黄金海岸的断裂带"。对于新上任的书记，大家充满期待。一些干部群众希望，他能凭借自身丰富的人脉资源和在经济特区及中共机关任职的经历资历，新官上任烧它"三把火"，迅速改变宁德落后面貌。习近平却没有急着烧"三把火"，而是带领地委行署一班人，深入全区9个县以及毗邻的浙南，开展为期近一个月的调查研究，初步确立了闽东的发展思路。①习近平提出，当时闽东的老百姓连温饱都成问题，区情、区力根本不具备跨越式发展、大规模开发的条件，不能一味地谋求超常规发展，而应当把解决吃饭穿衣住房为内容的"摆脱贫困"作为工作主线，为下一步实现跨越式发展打基础、创条件、蓄能量。1988年9月，根据调查研究的情况，习近平写下来宁德工作后的第一篇调查报告《弱鸟如何先飞——闽东九县调查随感》。此后，经过调研和思考，他先后撰写了《提倡经济大合唱》《对闽东经济发展的思考》《正确处理闽东经济发展的六个关系》等文章进一步厘清了闽东经济发展思路。"习近平同志提出的闽东发展路径，既实事求是，又凝聚人心，振奋了士气，使闽东经济发展进入了快车道"。时任宁德地委副书记钟雷兴表示。习近平离开宁德时，全区已有94%的贫困户基本解决温饱问题。②领导干部作决策要认识规律、遵循规律，这样才能取得主动权。

在中国革命和建设的历史进程中，什么时候我们尊重客观规律谋实招，事业就顺利，就成功；什么时候我们做出的决策脱离实际、脱离群众，事业就受挫折，就失败。要想干成事，首先要有一个好主意、好决策；而决定主意、决策好坏的标准不是主观愿望，而是看它是否符合客观规律，是否符合实事求是的原则，是否符合人民群众的

---

① 本报采访组：《始终与人民心心相印——习近平同志在福建践行群众路线纪事》，《福建日报》，2014年10月30日。

② 资料来源：《习近平上任没有急着烧"三把火"，一头扎进调查研究》，福建网，2014年10月30日，http：//fj.people.com.cn/n/2014/1030/c350390-22766299.html。

根本利益。当代社会经济发展过程中，制定符合实际情况、符合人民群众利益的决策，是我们党立党为公、执政为民的题中应有之义，是贯彻党的群众路线的客观要求。各级领导干部只有深入调查研究，才能谋实招；只有不断从人民群众的智慧中汲取营养，才能谋实招；只有发扬民主，集思广益，才能谋实招；只有不断开拓进取，与时俱进，勇于创新，才能谋实招。

第三，处理好各种关系，提升领导决断力。用好决策权不仅是领导干部一种能力和素质的体现，也是对决策价值目标的正确的把握和对各种相关利益的平衡。要做好此项工作，应处理好几个普遍存在的关系：

一是决断勇气与决策风险的关系。领导干部决断时往往要面临众多风险，其中来自组织内部的主要有两个方面：其一，组织成员的意见和态度往往是不一致的。这就需要领导干部具有果敢的决断能力，能够目标明确，力排众议、下定决心。其二，重大决断往往会涉及领导干部个人的荣辱进退，倘若决断失误，个人或许就此断送仕途，落得身败名裂的下场。

二是决断标准与决策目标的关系。决断的重点是把握核心标准。决断过程也是方案选优过程，在制定方案的基础上，领导干部最终要对各种方案进行评估、抉择，确立选优标准的重点就是要考虑方案是否能保证决策目标的实现，是否符合方案的评选标准。对于不同类型的决策，决断者要有不同的思考方法。对于不确定型、风险型决策，领导干部要根据风险与效益的关系做具体的选择，同时做好应变对策措施，在时间允许的前提下，通过局部的试点、试验强化对风险的预测、防范和控制，及时进行信息反馈，适时地调整决策方案，确保主要目标的实现。

三是决断者与专家"智囊"的关系。随着决策技术和智囊技术的发展，专家智囊及其组织在重大决策中的作用日显突出。在一些重大问题的决策中，拟订方案的工作主要是由专家智囊系统运用各种决策技术和方法来完成，以此来实现决策的职能分工和"谋""断"的分离，保障决策的科学性。在方案逐步成熟后的最后选择阶段，决断者要摆正同专家的关系，既要大胆让专家参与决策，尊重专家的意见，重视不同的思想、观点之间的讨论，集思广益，同时又要有自己的主见、标准和思想。依靠专家不等于依赖专家，更不能由专家来代替领导干部决断。不依靠专家的领导干部，不是一个远见卓识的领导干部；为专家所左右的领导干部，也不是一个称职合格的领导干部。

四是决断中少数意见与多数意见的关系。决断过程中，决断者时常会面对不同的观点和意见，少数服从多数是集体决策的重要组织原则，但这不是说可以简单地否定少数人的意见。尤其在主流意见大多一致的情况下，更应该重视少数人不同的观点，鼓励其"唱反调"。集体决策由于大多数是群体的行为过程，往往也容易产生"逃票乘车"的不负责任的决策行为。所以，"重视和提倡决策论证中的不同的声音，倡导'一个声音、一种观点、一个方案决不决策'的理性决策模式，就是要避免决策论证中随心所欲不负责任的思想，使每个决策参与者，充分发表意见，认真履行自己的义务，行使好权力和承担相应的责任，而不是去揣摩主要领导干部的心理和权威的观点"[1]。

五是决断者个性与决策方法的关系。决断过程中，领导干部个人的经历、气质、能力、修养和价值观等对方案的选择起着重要作用。即使给他同样的信息和同样的方案，不同的领导干部做出的选择仍然可能有较大的差异。尤其对不确定型决策，这时候领导干部的主观因素所起的作用就更大。他们往往基于自己的主观需要和动机，确定不

---

① 全国干部培训教材编审指导委员会组织编写：《领导力与领导艺术》，人民出版社，2015年版，第48页。

同的方案选择标准。

六是决断的"时"与"机"的关系。"关键在抓住决断的时机，把握决断的契机。时机讲的是对时间把握，即'机不可失，时不再来'"①。许多时候，解决问题的最佳时机常常只有一次，而且稍纵即逝。时机不成熟，则不能断，时机成熟，则要当机立断。

（二）把牢事项权，警惕权力"互花米草"

事项一般指重大事项，事项权是一种综合性权力。为了便于区分，此处将事项权限定为执行和监督环节之前的有关重大事项审议和审批的权力。

互花米草是一种多年生草本植物，它起源于美洲大西洋沿岸和墨西哥湾，喜欢生长于沿海，繁殖力极强，单株一年内可繁殖几十甚至上百株。我国在20世纪70年代末引入，开始是用它来保滩护堤的，因为它秸秆密集粗壮、地下根茎发达。但由于它繁殖力超强，密集生长、大规模扩张，在东南沿海许多地方已经失控，变成了难以遏制的害草：它不仅破坏近海生物栖息环境，威胁本土海岸生态系统，致使大片红树林消失，而且影响海水交换能力，导致水质下降，甚至还堵塞航道，影响船只出港。

所谓权力"互花米草"化，便是指在一些地方、一些领域，权力一旦变成了互花米草，难以管制、难以约束。试想，那是多么可怕的情形！权力滥用如同互花米草深深扎根地下、盘根错节，几乎难以清除。如何避免权力的互花米草呢？这便需要每位领导干部严以用权，严在把牢事项权，始终坚守为官底线，不受诱惑和贪欲所扰，任何时候都不能把权力看成谋取私利的工具，摆正身位，规范用权，坦荡做

---

① 李朝智：《提升领导决断力的几个关系》，《党政论坛》，2009年，第17期，第50至52页。

人、谨慎用权，坚持做到公私分明、克己奉公，尽心竭力为人民谋福祉。

第一，用权不贪图私利，避免权力失去信任。五代时，后唐的皇帝李存勖以救国救民号召百姓，招募将士，先后灭了后梁等国，势力达到了顶点。

天下略为安定后，李存勖开始贪图享乐，他对大臣们说："我军征战多年，今日有成，应该休息罢兵，享受太平生活。"

李存勖从此不理朝政，天天忙着看戏玩乐，一些忠直的大臣也被他疏远了。

皇后刘玉娘特别爱财，她把国库窃为己有，积攒了堆积如山的财宝。她任用自己的亲信做捞钱的肥差，四处暴敛，到处横征，百姓怨声载道。

忠心的大臣把刘玉娘的行为报告给了李存勖，李存勖说："当天下人的君主，应该关心天下人的生死，这样人们才能爱戴他，国家也会安定。现在皇后只顾自己捞钱，全不管百姓如何生活，这样下去要出大事的，皇上一定要好好管教她。"

李存勖这时也失去了往日的爱民之心，他为皇后辩护说："筹钱粮，救民于水火，百姓一定会感激皇后的仁德，誓死保卫国家。"

刘玉娘把国库的东西视为自己的财产，她拒不交出赈灾，还生气地说："你是宰相，救济百姓是你的事，与我有什么关系？"

她只拿出两个银盆，让宰相卖了当军饷。宰相长叹一声，掉头就走，他对自己家人说："皇上、皇后只为自己享乐积财，这样怎能治理好国家呢？他们太自私了，国家一定会灭亡，我们也另做打算吧。"宰相也不管事了，朝廷陷于瘫痪。

时间不长，大将李嗣源就率兵反叛。李存勖领兵平乱，愤怒的士兵纷纷投向叛军，不愿再为李存勖卖命。

李存勖见事不好，急忙用重赏安稳军心，他对士兵们说："我带领你们打天下，绝不是为了我自己，是为了你们啊！这次如果平定了叛乱，你们每个人都有重赏，我说到做到，绝不食言！"

士兵们早不相信他了，这时见他还在说谎，不禁更加愤怒。他们发动了兵变，乱箭射死了李存勖。刘玉娘逃进了尼姑庵，也被士兵搜出，并被绞死。[①]

李存勖、刘玉娘平时不知关爱将士百姓，只顾自己享受捞钱，结果导致国家灭亡。

正所谓，无欲则刚强，无私才博大。有的人把个人的利益、名声、地位、权势看得高于一切，地位略有动摇，利益稍有损失，权势稍有削弱，就看成是大祸临头，结果生活得非常痛苦。只有解脱名利的羁绊和生死的束缚，只有从自我占有、自我为中心的心态中超脱出来，这时心灵世界才能像浩瀚的天空，任鸟儿自由飞翔。

第二，用权不徇私废公，警惕权力"关系病"。领导干部在运用权力时，不能违背党纪国法，不能违背党和人民的利益，尤其是面对报恩与公事选择时，要分清楚孰轻孰重。因为报恩有很大的私人成分，若是因为报恩而影响公平正义，违背党纪国法，那就是因私废公，徇私枉法了。

云南省景谷傣族彝族自治县纪委审案室主任刀会祥，在面临感恩、报恩与公平正义的选择时，便选择坚持维护公平正义。刀会祥所在单位发生了一件事，即景谷县纪委案件检察室原主任陶坤，因在一起交通事故中负有责任，被县纪委撤销职务。陶坤不仅是刀会祥的师友、老大哥，工作上的紧密伙伴，而且刀会祥调到县纪委就是由陶坤向领导推荐的。虽然作为领导的陶坤，向组织推荐合适的人才，也是

---

① 黄石公：《素书》，东篱子解译，中国纺织出版社，2016年版，第183至184页。

职责所在，但对于刀会祥来说，陶坤毕竟是自己工作上的引路人。调到县纪委后，刀会祥与陶坤在一个办公室上班，进出一扇门，每天打无数次照面。由此，刀会祥对陶坤的确有几分尊重与敬意。但是，在对陶坤做出处分决定的当天，刀会祥投下了赞成的一票。这一票，既是含泪的一票，也是极不愿意的一票，在他的内心深处，更是艰难曲折的一票。①

领导干部在选人用人时要警惕身边善用制造背景的人。这是因为立足于官场的人，大都会有一个背景。有家庭家族背景，有朋友社会背景，有工作经历背景，这些背景因素综合起来，构成领导干部竞争取胜的重要砝码。有的人正是看清了这一点，就不择手段地放大原本并不显赫的背景，拉大旗作虎皮，在背景的庇护助力下，达到升官发财的目的。

宋朝王辟之在他的《渑水燕谈录》中写了这样一个故事：宋朝时，对提拔或转任领导干部到京城任职，有一套非常严格烦琐的程序规定，其中最重要的程序是，在经过基层长期磨炼取得资格的基础上，至少有十个本身没有任何问题而又了解此人的领导干部联名推荐，再经主管部门考察审核把关符合要求后，才能引荐给皇帝认可定夺，进京做官。有一天，一个主管要把李师锡引荐给皇上。宋仁宗看了李师锡的材料发现，李师锡不仅符合上调京城的全部要求，而且有30多人联名举荐。仁宗皇帝没有马上签字，而是经过直截了当地一番盘问后，得知李师锡是使相王德用的外甥女婿。仁宗皇帝得知这些背景情况后，不仅没有批准，还告诫满朝文武领导干部说："保任之法，欲以尽天下之才，今但荐势要，使孤寒何以进？"②宋仁宗的这番话可

① 陈鹏、尚涛清：《勐乃河的好儿子——追记景谷傣族彝族自治县纪委原案件审理室主任刀会祥》，《中国纪检监察报》，2013年12月1日。
② 王践：《史海泛舟》，湖南大学出版社，2012年版，第49页。

以说是超越古今的警示之言。这便启示领导干部，选拔任用目的是人尽其才，使贤能之人最大限度地为国家所用。

有的领导干部利用手握的权柄，暗地里在选人用人上大搞腐败之风。他们内荐亲人，外举亲信，用人有亲有疏。用人上的不正之风，导致官场裙带关系、依附关系盘根错节，使权力滥用行为都封存在群众无权过问的神秘地带。

通过以上故事可以看出，选人用人作为风向标、指南针、试金石、显微镜，历来重要而敏感。领导干部如果偏离德才兼备的用人标准，那么，有这样那样背景靠山后台的人，就可以肆意运用权力，这对我们的国家和民族，对我们的社会和事业，会贻害无穷。

怎样才能去识别那些缺乏才能的人而不任用？关于这个问题，齐宣王有一次向孟子请教。孟子答道：国君选拔贤才，一定要慎重。左右亲近之人都说某人好，不可轻信；众位大夫都说某人好，也不可轻信；要全国的人都说某人好，再去了解，发现他真有才干，才任用他。同样道理，要罢免一个人，左右亲近之人都说某人不好，不要听信；众位大夫都说某人不好，也不要听信；要全国的人都说某人不好，然后去了解，发现他真不好，再罢免他。[①]

三、善用执行权，用好监督权

方向和道路在正确的决策下选定后，就要鼓起勇气坚定地走下去，并讲究战术和策略，将路途中的困难逐个克服，以顺利到达终

---

① 寿永年：《廉政故事》（中国廉政文化丛书），中国方正出版社，2011年版，第34页。

点，这个坚定走下去和克服困难的过程，就是执行。决策和执行过程中，都有可能会出现失误，这就需要监督环节来保障规避这些失误。监督的依据是法律和制度，保证决策和执行不越过"红线"。与此同时，监督者本身的权力也需要受到相应的制约，心底无私天地宽、正人先正己是监督者的力量源泉。

（一）善用执行权，提升政策执行力

所谓执行权，通俗地讲就是"抓落实的能力"。执行权作用发挥程度是领导干部执行意愿和执行能力的综合体现，是领导与干部群众共同把战略和决策，转化为效益和成果的综合能力。

执行力是衡量执行水平高低、执行者能力大小、执行效果好坏的一个综合概念。高效执行力的前提是正确的领导决策。领导干部对下要有领导力，对上要有执行力，领导力保证执行力的方向性和正确性，执行力保证领导力的实现程度和最终结果。

决策是确定战略目标和路径的具体过程。而执行力则是领导干部带领干部群众实现战略目标、完成战略任务，使组织战略和决策目标变为预期结果的综合能力。那么，领导干部如何提升执行力，高效运用执行权呢？

第一，准确理解领导意图，提升执行力。1949年新中国成立前夕，全国政协召开会议商讨新中国成立的具体事宜。会前，毛泽东同志提出，"开国大典的礼炮要放28响"。政治协商会议上，有人对此提出质疑，认为放28响不符合国际惯例，国外最高礼遇的炮响为21响。委员中不少人都知道，礼炮最早源于英国海军，当时最大战舰装有21门大炮，全部鸣放便是最高礼仪，这是21响礼炮的来历。其次是19门炮，19响便是次一点的礼节。欢迎礼炮的讲究是，国家元首或相当于元首的贵宾，如总统、国王、天皇、执政党主席等，鸣放

21响，政府首脑或相当于政府首脑的贵宾鸣放19响。可能是源于此吧，有的委员们把21响礼炮作为最高礼遇了。听到委员们的异议，毛泽东未做解释，只要求大会筹委会的唐永健同志起草个说明。说明怎么写，他也没交代。接到任务后，唐永健同志认为，毛泽东同志提出放28响礼炮，肯定有他的充足理由。他详细研究了各国庆典礼炮的放法。实际上，庆典礼炮并不像欢迎礼炮那么讲究，它都是各国自行规定的，很有些随意性。比如英国君主诞辰、加冕庆典鸣放62响；美国国庆时鸣放50响，表示美国有50个州。也可能受此启发，唐永健起草的说明是这样写的：开国庆典用54门大炮，放28响。54门大炮表示第一届政协有45个政治单位和9个方面的特约代表，共54个各方面人士；放28响是因为，从中国共产党诞生到1949年刚好28岁，28响是对中国共产党28年奋斗史的礼赞。这个说明：送上去后，毛泽东挥笔就签上了他的大名。就这样，新中国在28响礼炮的轰鸣声中诞生。[1]

从这个真实案例中不难发现，唐永健同志把毛泽东主席的意图参悟得很透。执行力的大小主要由执行者的执行意愿和执行能力综合决定，执行意愿的强弱是影响执行力高低的"软功夫"，是重要前提，而执行能力则是影响执行力的"硬功夫"，是重要保障。执行意愿更为基础，更为重要。有效执行的前提是有执行意愿，执行意愿的基层是正确领会领导决策意图，这需反复琢磨、仔细品味。

准确领会决策意图，是有效利用执行权、提升执行力的重要前提。领导决策指引了执行力的努力方向，指出了执行力的实现目标，指明了执行力的根本任务。执行者必须站在上级和组织的立场，从全局和长远角度来理解和把握领导决策，精确领会决策目标之上的领导

---

[1] 张传禄：《机关的机关》（升级版），金城出版社，2010年版，第56页。

价值，不仅知其然，更要知其所以然。

第二，执行任务，不找任何借口。1861年，当美国内战开始时，美国总统林肯还未找到一名合适的指挥官。林肯先后任用了四名总指挥官，而他们没有一个人能100%执行总统的命令——"向敌人进攻，打败它们"。林肯的条件是，这个人勇于行动，敢于负责，而且善于完成任务。用今天的话来说，就是寻找一位有"执行力"的人。最后，任务被格兰特完成。格兰特，从一名西点军校的毕业生，到一名总指挥官，升迁的速度几乎是直线的。在战争中，那些总是能完成任务的人最终会被发现、被任命、被委以重任。因为战争是检验一个士兵、一个将军到底能不能完成任务的最佳场所。军人的天命就是无条件地去执行上级的命令，全力以赴地完成，即使牺牲自己的生命也在所不惜。当格兰特将军赢得了战争的胜利、开辟了美国历史的新一页，很多人开始寻找格兰特制胜的原因。

有一次，格兰特将军到西点军校视察，一名学生问格兰特："请问是西点的什么精神使您勇往直前？""没有任何借口，"格兰特回答。"如果您在战争中打了败仗，您必须为自己的失败找一个借口时，您怎么做？""我唯一的借口就是：没有任何借口。"[1]在格兰特将军看来，没有任何借口就是提升执行力。格兰特的"没有任何借口"，就是不找任何理由、全力以赴去做。在尽全力依旧完成不了目标的时候，依旧不找任何借口，直到把任务完成。为什么西点军校历经几百年而不衰，"没有任何借口"为什么能成为西点人强大的精神动力？西点人最优秀的地方在于他们不仅仅牢记"没有任何借口"，而且善于"主动工作、完美执行"。正是这种"主动性"和强大的"执行力"

---

[1] （美）杰伊·瑞芬博瑞：《没有任何借口》，路大虎译，浙江人民出版社，2013年版，第98页。

保证了西点人在面对任何困难时不仅勇敢、敬业，而且有能力、有办法、有信心100%完成任务。

事实上，"没有任何借口"的关键在于执行力。执行就是不为自己设立任何理由，不为自己寻找一切借口。要做就一定要做成，无论如何100%完成任务。领导干部如何有效运用执行权？那么，便是不要寻找任何借口，立刻去做，提升执行力，发挥主动性，并将其体现为立刻行动。

第三，讲究策略，完善制度规范，提升执行效果。据英国历史学家查理·巴特森写的《犯人船》一书记载，1790年到1792年间，私人船主运送犯人到澳洲的26艘船共4082名犯人，死亡498人，平均死亡率为12%。其中一艘名为"海神号"的船，424个犯人死了158个，死亡率高达37%。这在道义上引起社会上强烈的谴责。罪不至死的犯人在海上运输中实际上面对了一次死刑的审判煎熬。如何解决这个问题呢？

一种做法是进行道德说教，让私人船主良心发现，不图私利，为罪犯创造更好的条件，亦即寄希望于人性的改善。但是，在人们为了300%的利润而敢上断头台的年代里，企图以说教来改变人性，无异于缘木求鱼。私人船主敢于乘风破浪，冒死亡的风险把罪犯送往澳洲是为了暴利。他们尽量多装人，给最坏的饮食条件，以降低成本增加利润，都是无可厚非的理性行为。而且，私人船主之间也存在竞争，大家都在拼命压低成本，谁要大发善心，恐怕也无法在激烈的竞争中生存下去。在这种情况下，要把运送罪犯死亡率的下降寄希望于人性的改善是毫无用处的。

另一种做法是由政府进行干预，强迫私人船主富有人性地做事，也就是政府对最低饮食和医疗标准立法，并派领导干部到船上监督执法。但是，领导干部到这样的船上执法本身就是一件苦差，随时面临海难风险，不给高薪无人肯干，而且，贪婪成性又有海盗作风的船主对这些领导干部也是会威逼利诱。因为很少有领导干部愿意冒着被中途杀害扔到海里却被诡称为暴病而亡的巨大风险而监督执法。政府的干预在这种特殊的环境下彻底失效。问题似乎很难解决了。

实际上，当时政府只是简单改变了付费制度，不再按上船时运送的囚犯人数来给船主付费，就解决了这个问题。当按上船时的人数付费时，船主拼命多装人为了得到更多的钱，而且途中不给囚犯吃饱吃好，把省下来的食物成本变为利润。但是当政府按实际到达澳洲的人数付费时，这些囚犯是船主的财源，当然不能虐待了，正如牧羊人不会虐待自己的羊一样。这时私人船主就不会一味多装囚犯，因为要给每个人多一点生存空间，要保证他们在长时间海上生活后仍能活下来，还要让他们吃饱吃好，当然还要配备医生和常用药，现在这已然是船主的事而不是政府的事了。据《犯人船》记载，1793年新制度实施后，立竿见影。第一批执行新制度的3艘移民船运送的422名犯人中，只有1人死于途中。以后这种制度普遍实施，按实际送达澳洲的人数及其健康状况支付费用，甚至奖金，船上罪犯的死亡率也下降到了1%—1.5%。[①]

可见，领导干部应懂得完善制度规范，确保执行方向正确。制度经济学强调制度是组织行为的基础。在管理实践中，制度也是领导干部赖以开展工作的基础，俗话说，无规矩不成方圆。提高领导执行力的过程中，首先必须制定好严密的游戏规则。否则，整个游戏过程或者是制度执行的过程就可能出现偏差。因此，制定完善的制度规范，并进一步强化制度约束的严肃性，才能有效地提升决策的执行力和执行效果。如果执行权不受制约，可怕的后果还不是"执行力"不够，

---

① 於志洪：《从犯人船到金鱼缸——也谈公务员职业道德建设》，《镇江社会科学》，2012年，第3期。

而是执行扭曲。

那么，领导干部如何善用执行权呢？

第一，执行政策，因地制宜，具体问题具体分析。毛泽东同志在《矛盾论》中指出，我们在认识事物的时候，需要注意它与其他事物的共同点。但更重要的是，成为我们认识事物的基础的东西，是它的特殊点，就是它与其他事物"质"的区别，只有注意到这一点，才有可能对事物进行区别。领导干部在行使执行权时，更应善于掌握"一把钥匙开一锁"的工作方法。领导干部应到什么山上，学会唱什么歌。在实际工作中，千条线、万根线，可谓是点多、线长、面广，要解决的事情和问题很多，但只要领导干部始终坚持具体问题具体分析，多思考，善发现，肯动手，很多问题是可以迎刃而解的。

第二，埋头苦干，更要抬头巧干。人们常说："有一流的干劲，还要有一流的方法。"也就是说，行事时要注重寻找解决问题的思路，用巧妙灵活的思路解决难题，胜于一味地蛮干。做事过程中，一个人如果能在踏实的坚韧基础上加上灵活"巧劲儿"，就更容易做出成绩。巧干，就是要求办事不盲从，坚持统筹兼顾，深谋远虑，努力做到突出重点、突破难点、引导热点，不断提高科学办事能力，用新眼光观察问题，用新思路分析问题，用新方法解决问题。

第三，重视原则性，也要重视灵活性。在泰州这个人杰地灵的地方，张云泉在平凡的信访工作岗位上，满怀深情地弹拨着上访群众的心弦，赢得了人民群众的尊重。张云泉常对信访局的同事们说，做好信访，要有"四种能力"：贴近群众的亲和力；良好的语言表达能力；临场处置问题的能力；驾驭复杂局面的能力。

张云泉对信访工作有自己的认知："群情激愤的时候，众人什么也不怕，就怕一个情字，情字在心中，万事好沟通。从事信访工作最忌讳打官腔，掏出红头文件读一遍，群众会火冒三丈，甚至会把你的文件给撕了！"①领导干部在解决问题时要学会迂回曲折，该坚持原则的地方一定要讲原则性，但在坚持原则的前提下，很多问题都可以灵活处理。原则性不是死框条文；灵活性不是随意性、想当然。原则性与灵活性都不可少，必须紧密结合融为一体。

第四，自觉承担执行责任。现实生活中，有一些领导干部错误地认为，执行仅仅是下级的事情，与领导干部本人无关。然而，有关研究资料表明，组织的发展有20%靠战略决策，80%靠领导干部的执行力。美国ABB公司董事长巴尼维克特别强调执行的重要性，他认为："一位经理人的成功，5%在战略，95%在执行。"在工商管理实践中，工商领导干部被称为"首席行政执行官"（CEO）。顾名思义，工商企业领导干部必须具有执行能力，承担执行责任。领导执行过程也是领导执行责任划分的一个过程。因此，在政治、经济、社会各个领域的领导干部，在制定战略、做出决策的同时，必须自觉承担执行责任。

一是要承担制订计划的责任。决策做出之后，领导干部要在执行原则指导下，根据有关制度和规定，对总体目标进行分解，根据实际情况，科学及时地制订出行动方案。二是要承担物质准备的责任。物资准备是保证决策顺利执行的基础，包括财力和物力准备。也就是，应该根据执行活动正常开展的需要，确保必要的经费编制预算；在设施、设备等硬件条件做好准备。

（二）用好监督权，规避链条式腐败

监督是提升领导执行力的一个非常重要的环节。政策或者决策能

---

① 程少华、龚永泉：《群众工作的行家里手——记江苏省泰州市信访局长张云泉》，人民网，2010年8月，http：//media.people.com.cn/GB/192301/192303/192694/196846/12328648.html。

不能得到很好的执行，关键就在于监督到不到位。

所谓监督权，就是监督和保证决策、审批和执行环节在符合法律和制度范围内运行的权力。可见，监督权用好了，执行和决策就有了支持性的后备保障。与此同时，监督权本身也同样需要相应的制约。监督权如果不受制约，那就会导致"谁来监督监督者"的问题。那么，领导干部如何用好监督权呢？

第一，党委负起主体责任，警惕"身边人"。习近平总书记指出，党风廉政建设责任能不能担当起来，关键在主体责任这个"牛鼻子"。新修订的《中国共产党纪律处分条例》中有一个引人关注的新增条款，是在第十章"对违反工作纪律行为的处分"的第一百一十四条中规定："党组织不履行全面从严治党主体责任或者履行全面从严治党主体责任不力，造成严重损害或者严重不良影响的，对直接责任者和领导责任者，给予警告或者严重警告处分；情节严重的，给予撤销党内职务或者留党察看处分。"

那么，领导干部如何负起主体责任呢？主要是应加强对身边人的监督。实际上，领导干部"身边人"的贪腐行为，不难被发现"蛛丝马迹"，关键在于监督者是否真正尽职尽责，尽心竭力。对于来自群众的反映和信访、网络等渠道的举报，纪检部门、检察机关有责任及时采取措施，而不能老是"后知后觉"。总之，只要人人负起责任，人人勇于监督，领导"身边人"才不敢"脱缰"，才能自觉地在遵纪守法的轨道上完成好对领导干部的政务服务。一些领导"身边人"贪腐案例表明，没有及时监督或者说根本没有监督，会使领导"身边人"贪腐的胆量越来越大，对国家和人民利益造成的损害也越来越多。就近几年而言，因贪腐，领导"身边人"锒铛入狱的不在少数，暴露出我们的监督机制存在缺陷，或者说出现了"上级监督太远，同级监督太软，下级监督太难"的监督漏洞。因此，要斩断权力对"身边人"利益输送的管道，必须加强对领导"身边人"的监督。

据报道，有的地方对领导"身边人"的监督有一个不正确的说法，认为"身边人"有领导亲自监督管理，外边人插手，岂不是多此一举。还有的人认为，"领导'身边职低权轻的'小人物，特别是司机，还能翻出什么浪来？"这些错误的认识，导致有的地方领导的"身边人"，成为他人不敢管的"特殊人物"。因此，要实施监督，必须首先端正和提高对领导"身边人"监督的重要性和必要性的认识，这样才能将监督措施落到实处。

第二，纪委负起监督责任，一身正气严于律己。纪委领导干部对有制度不执行或执行不到位的，视其所造成的影响和损失进行责任追究；对群众反映较为强烈的突出问题，一定要做到有举报必问、有案情必查，不断加大腐败惩处力度，切实改变惩处失之于宽、监督失之于软的现象。

朱元璋得了天下不久，就召集大臣开研讨会，主题十分严肃：元朝曾经那么强大，为何不到百年就灭亡了？大臣们普遍认为，元朝的统治太宽松了。朱元璋纠正说：元朝是对官员太宽松了！朱皇帝发现了一条重要的执政规律，史鉴凿凿。

康熙归西，雍正登基，朝鲜国王派特使来北京庆贺。这个特使具有超凡的观察力，回国后报告国王：大清很有希望，康熙朝的兴盛将会延续。国王问理由何在，特使用细节说话："康熙晚年，我每次到北京，看到紫禁城内外的警卫人员，个个松松垮垮，没个站相，根本不像军人。夏天更糟，有的干脆脱掉军服、扔下枪械，光着膀子喝茶、睡觉、下棋、吃西瓜，互相打闹戏耍。这回大不一样，警卫部队风纪严谨，态度严肃，着装整齐划一，目光炯炯有神，一副随时准备出击的样子，让人顿生畏惧之心。"

朝鲜特使没有看错，雍正确实是胸怀大志、锐意进取的大政治家，在中国历代帝王中排名靠前。为了大清的长治久安，他创设了军机处，集中权力推行新政。他严明纪律、规范行为，从重从快打懒肃贪，铁血凛然整顿官场。在很短的时间内，官场风气和社会风气竟然焕然一新，行政效率大幅提高。政治清明，经济发展，库存充盈，迅速弥补了前朝赤字。

其中，雍正时期军机处官员的作风情况，跟嘉庆朝有着天壤之别，很能说明问题。

四川布政使程如丝犯了大罪，在死刑判决书送达成都之前一周，程如丝就知道了结果，并以自杀逃避了法律制裁。雍正抓住这个案例，严肃处理了泄密者，开展了警示教育，完善了制度，为军机处工作人员画了一道醒目的红线。

最早在军机处工作的张廷玉，深受皇帝信任，几乎所有重要文件都是他起草的，是知道秘密最多的人。但他一脸严肃，一个铜板不收，昼夜埋头干活，没有任何人敢到军机处找他聊天。和珅那样的军机大臣，在雍正时期根本没有生长土壤。[1]

在中国封建社会历史上，堪称"盛世"的黄金时代寥若晨星，康乾盛世是其中之一，且绵延百年不断，超过整个清朝历史的三分之一。但是，连接康熙和乾隆这两座高峰的桥梁，正是雍正时期，雍正皇帝是康乾盛世成型的关键。

设想一下，假如没有他的创新精神和严刑峻法，康熙朝后期的弊政持续发酵，乾隆帝就不可能那样成功，所谓的"康乾盛世"，顶多是"康熙盛世"。所以不少史家主张，所谓的"康乾盛世"，实际上是"康雍乾盛世"。

奇怪的是，康熙和乾隆都享有"宽仁"的美誉，雍正这样负责任

---

① 习骅：《中国历史的教训》，中国方正出版社，2016年版，第73页。

的帝王，却背着"严苛"的恶名。殊不知，无视法纪是官员责任意识缺失的结果，也是贪污腐败的前奏。如果朝廷热衷于当好好先生，带头把规矩当摆设，官员肯定舒服无比、为所欲为，老百姓的日子就不舒服了。老百姓活得痛苦，政治统治能长久吗？载舟的水一旦沸腾，清朝一定是另一个元朝，哪会享有近300年江山！历史的经验是：法纪越严，官越不好当；官越不好当，国家越是前途无量，人民越是充满希望！

第三，敢于较真碰硬，把监督落到实处。领导干部要认识到加强监督不是跟谁过不去，也不是对谁不信任，而是党组织对自己的严格要求和关心爱护，从而自觉接受党组织的监督，自觉接受纪检监察部门的监督，自觉接受社会和媒体的监督，自觉接受广大干部群众的监督，切实防止权力失控、决策失误、行为失范。

和尚在修行念经的时候总是在敲木鱼。有一天有个信徒就问老和尚：你们为什么不是敲木马、敲木猪或者敲木牛什么的，而是总是敲木鱼呢？老和尚说：鱼是世界上最勤奋的动物，总是不停地游动寻食，它们的一生甚至连觉都不睡。我们敲木鱼其实是敲给人看的，鱼这种这么勤奋的动物，我们还需要天天去敲，更何况容易偷懒、容易变质的人呢？这个故事告诉我们问责纠察必须常抓不懈，警钟长鸣。正所谓：小木鱼天天敲，大警钟常常鸣。

此外，领导干部应强化过程监督，确保工作到位。由于社会中的每个人都会从自身角度来考察利益得失，势必会在政策或决策的执行中添加个人的理解和利益。由此，作为领导干部，还应加强对政策或者决策执行过程的监督，这需要一种无私无畏、敢于碰硬的精神。

刘丽英，中纪委原副书记，被称颂为"当代女包公"。她是一位曾长期投身公安战线以刑侦破案著名的"女福尔摩斯"，她凭借干练、机智和敏锐的洞察力，常常出奇制胜，敢于将身居高位结党营私者绳之以法。

江西省原省长倪献策在江西这片古老的土地上，本可以一展宏图，施以雄才大略。不料想，这位煊煊赫赫的改革人物，却因缺乏自控和不检点的人格因素，随着扶摇直上的地位终难抵挡财色的诱惑，自甘堕落。

倪献策涉及经济和生活作风问题的揭发检举过程，是极其棘手和复杂的。所以，对倪的问题，中纪委先后派赴江西南昌三个调查组，都因工作难度大，不好掌握处理的范围和程度，无功而返，从而使倪的问题束之高阁，反而增加了江西省领导班子党政不和的矛盾，直接影响了这一地区的改革进程。

僵持之间，中央及中纪委决定由刘丽英带队，再赴南昌，深入调查，判明是非。刘丽英刚出院不久，身体与精力仍未恢复，当她的秘书陈群将中央决定的文件交给她时，刘丽英立即请来中纪委四室主任马英杰和案件审查处的同志，重新研究有关倪的调研材料。三天之后，刘丽英已带着由四室抽调的工作班子，下榻在江西省委招待所一蹲数月。起初涉及倪个人生活作风的案情并不复杂，倪本人也确认无误，而如以这件男女私情的案例，且未有更充分的材料作为处理根据，显然是小题大做。但随着案件的发展，倪毫不收敛，仍与那位婚外恋的情人过从更密。

在未做出较合理判断时，刘丽英会一个人待在办公室，一言不发，良久端坐，静静地思考。她认为，倪是有意将自己的政治资本作为一种抵押，而竭力掩饰另一方面的问题。根据刘丽英的分析和判断，工作组成员在进一步深入调查中，发现女方作为一家公司的法人代表，存在着重大的经济不清的疑点，而且，从极不合理获取政府的贷款方面，显然是通过来自省领导的批示和特殊关系，这下倪的案情有了重大进展。刘丽英派人到省工商银行，把省领导批复的贷款条子复印了一份，再让他们整理出那家公司负债情况报告，并由工商银行开出介绍信。那是一家有进出口权的综合贸易公司，中外合资，经营不景气。

刘丽英领着秘书走进了总经理办公室。"你们……"女经理以为是来联系业务的。"我们是银行系统的。"陈秘书递上介绍信。"哦，贵客。"她忙不迭沏了两杯茶。"上午行里来过电话吧，有几笔款有些出入，我们是来核对一下……"刘丽英措词谦恭，像个银行高级职员。"听大姐口音像北方人，是吧？"女经理有些敏感。"我们南下的口音都差不多。"女经理确认这位"南下干部"是"财神"后，突然表现得十分尊重，迅速找来了会计师。会计师拿出账簿和省领导的批条。"我看不像有多大错，这样吧，把这些材料复印一份给我。"

刘丽英取走了复印材料，那批条上签字者是倪献策。这位女福尔摩斯，取得了铁证！她随后又请来省长倪献策。刘丽英是个党性和责任感极强的人，她希望倪献策有所悔悟，痛定思痛，但两人的交谈一开始就陷入敌对状态中。

倪献策恼羞成怒地争辩道："捕风捉影，无中生有，我认为对我的个人问题是栽赃诬陷，我真痛心。改革开放的今天，我的工作表现，对改革的贡献，是有目共睹的，凭空捏造我的桃色故事，不是别有用心，居心叵测，还会是什么呢？这明摆着是对改革者的政治迫害，是对改革开放大好局面的妒嫉、仇视和心怀不满，别以为我的沉默就是屈服，我这是蔑视、鄙夷、不屑一顾！"

"倪省长，请用茶。"刘丽英缓和气氛说道，"我请你这位大忙人，随便唠唠家常，我可没有兴师问罪的打算！"

"丽英同志，我知道，今天这杯茶不好喝呀！"倪献策索性直言。他虽没与她打过交道，但他还在厂矿担任领导工作时，就耳闻这位中纪委"女包公"的英名，如今，当面锣对面鼓，他表现得不安和焦躁。

"是啊，茶叶可能苦点，但能清心宁志、爽神开胃，怎能说不好喝呢？"

倪献策呷一口绿茶，这是他为联络感情派人送给刘丽英的上品，稍后他情绪缓解，舒展眉结，问道："丽英同志，府上好像是关外人家吧！""是，哈尔滨人！献策同志，你刚才火气不小咧，我们都是共产党人，襟胸坦荡，实事求是，知错就改，一吐为快……"

"好，丽英同志，您年长我几岁，不妨就称您丽英大姐吧！的确，我承认我的家庭并不像别人想象的那么美满幸福，夫妻关系也……我可以以党性保证，绝不会有那些非分的事情发生！""倪省长，X公司的财务情况你了解吗？""哦，这是家中外合资公司，我不主管这方面的工作，我可以安排主管副省长和外事部门汇报此事！"

倪献策对这位"女钦差"突转话题，暗自吃惊。"听说倪省长曾给这家公司申请银行贷款书上签过字，不会有这种事发生吧！""笑话，真是天方夜谭，无稽之谈！""倪省长真的不清楚这件事情让我回忆回忆，考虑考虑！"

在刘丽英严厉的目光威逼下，倪献策手足无措了。此后经反复核对调查，倪献策违反有关投资贷款规定，私下批准挪用公款为一家严重亏损的外资企业借本付息，这样一来，他原来的生活作风问题和经济违法以权谋私的问题事实清楚，水落石出。中央及中纪委决定撤销其省长职务，消息一经报道，立刻震动全国。[1]

---

① 向群：《当代女包公——中纪委副书记刘丽英二三事》，《党史纵横》，2001年，第8期，第28至30页。

第五章 5

领导权力与用权艺术

<<<<<<<<

　　我们在讲用权艺术之前，首先要破除对用权艺术的曲解。有人一谈到用权艺术，就容易联想到尔虞我诈和欺世盗名这一类现象，因而谈"艺术"色变。其实大可不必将用权艺术"妖魔化"和"神秘化"。我们所讲的用权艺术是以用权思民心、同民意、体民情、惠民生作为领导艺术的出发点和落脚点，以勤纳群智和规避不当心态、怀民于心和常思变革创新为基本要求，并掌握基层工作方法和审时度势用好领导权威。

>>>>>>>>

一、用权广纳群智，规避不当心态

勤政查情和深入基层是领导艺术的基本功，基本功之所以重要在于它决定了后续所有领导艺术的阵势阵容和招法路数。正确用权是一门需要付出艰辛并长期涵养的艺术，面对着来自各方面的压力，保持良好健康的平衡心态对于长期奋战在领导岗位上的领导干部来说至关重要。攀比心态、补偿心态、贪婪心态和特权心态都像针刺一样会导致心态失衡，是善始善终保持权力为公的大敌。

（一）勤政作为，不可独断专行

为政须勤敬，当官须勤敬。《尚书周官》中有云，"功崇唯志，业广唯勤"。领导干部应诚惶诚恐地对待自己的权力，尽职尽责。那么，领导干部如何真正做到勤政作为呢？

第一，勤政查情，倾听"沉没声音"。南宋胡太初在其《昼帘绪论·尽己篇》中强调勤政的重要性："莅官之要，曰廉曰勤。"说的是勤政与廉政是为官从政的第一要求。他还说："勤政之要，莫若清心，心既清则鸡鸣听政，所谓一日之事在寅也。家务尽摒，所谓公而忘私也。"他认为勤政是为政之本，唯有勤政，才能"今日有某事当决，某牒当报，财赋某色当办，禁系其人当释，时时察之，汲汲行之"。胡太初在其著述中，把清心寡欲、勤于政务作为治理社会方式，把公而忘私、专心治政作为管理地方的主要途径。

古语有云："官不勤则事废，民受其害。"领导干部应把百姓疾苦记在心上。《清史稿·李文耕传》记载了李文耕为官20多年，勤政为民，所辖之地民富灾少，人民安居乐业，以自己勤政的实践道出了"官不勤则事废"的警世之言，他每次离任时，都是"老幼饯送拥塞街衙，追至数十里不忍别"。

古往今来，中国不乏这种人物。康熙帝从政六十余年，夜分而起，未明求衣；彻曙听政，日晡而食；数十年间，极少间断。这是康熙帝勤于政事的突出表现。

康熙帝于每日清晨至乾清门，听部院各衙门官员面奏政事，与大学士等集议处理，这就是衙门听政之制。而康熙帝对自己的要求则是务在精勤，有始有终。在他执政的前几十年间，"夙兴夜寐，有奏即答，或有紧要事，辄秉烛裁决。"即使到了晚年，右手因病不能写字，仍用左手执笔批旨，而决不假手他人。他在临终前留下的遗诏中说："自御极以来，虽不敢自谓能移风易俗，家给人足，上拟三代明圣之主，而欲致海宇升平，人民乐业，孜孜汲汲，小心谨慎，夙夜不遑，未尝少懈，数十年来，殚心竭力，有如一日。"这并非过誉之词。

康熙帝的勤于政务，为"康乾盛世"的出现奠定了重要基础，也为后来的雍正帝、乾隆帝等树立了榜样。

雍正帝从政，日日勤慎，戒备怠惰，坚持不懈。用他自己的话说："隆日孜孜，勤求治理，以为敷政宁人之本。"

第二，有所建树，广纳群智民心。三国时，袁绍兴兵往官渡进发前，田丰上书劝谏袁绍，袁绍大怒，要杀田丰，众将劝阻才罢。大军行至阳武，谋士沮授进言："我军虽众，而勇猛不及彼军；彼军虽精，而粮草不及我军。彼军无粮，利在急战；我军有粮，宜且缓守。若能旷以日月，则彼军不战自败矣。"这番知彼知己，颇有见地的话语，又一次触怒了袁绍。袁曹两军对峙于官渡。

两个月后，曹操军粮告竭，派人到许昌催粮。使者被袁军捉住，谋士许攸从使者身上搜出了曹操的催粮书信，往见袁绍说："曹操屯军官渡，与我相恃已久。许昌必空虚，若分一军星夜掩袭许昌，则许昌可拨，而操可擒也。今操粮已尽，正可乘此机会，两路击之。"袁绍说："曹操诡计极多，此书乃诱敌之计也。"袁绍的暴怒和自以为是的言行，把许攸推向了曹操一边。许攸在无可奈何投奔曹营之后，曾向曹操述及他向袁绍提出的这条建议，曹操大惊说："若袁绍用子言，吾事败矣。"

曹操的做法与袁绍截然不同。袁绍大军杀奔官渡而来，曹操所做的事不是自作主张，而是先与众谋士商议对策，对于不同意见，曹操不仅没有像袁绍那样动辄大怒，反而大喜，令将士效力死守。许攸投奔曹操，曹操喜不自胜，略事寒暄，马上向许攸请教破袁之计，许攸献上乌巢烧粮的奇计之后，曹操立即采纳，并亲率5000兵前往乌巢，一把火烧得袁军上下皆无战心，曹军八路人马直冲袁营，袁军四散奔走溃不成军。官渡之战的胜利，是与势弱的曹操善于集思广益分不开的，而势力强大的袁绍的败北，是其独断专行所致。袁绍处处自以为是，下属提出不同意见，要么斩、要么囚、要么斥，导致了一次又一次的决策错误。曹操处处注意让下属参与决策，一旦下属提出正确的建议，便立刻采纳，保证了决策的正确。

历史上，很多智者都深谙集思广益之道。诸葛亮在《出师表》中谆谆教导后主刘禅，对待郭攸之、费祎、董允等文臣，"宫中之事，事无大小，悉以咨之，然后施行，必得裨补阙漏，有所广益"。对待向宠等武将，"营中之事，事无大小，悉以咨之，必能使行陈和穆，优劣得所也"。诸葛亮"集众思，广忠益"的思想，目的就在于保证决策的正确。事实证明，一个人说了算容易导致决策的失误，调动下属参与决策的积极性，可以保证决策不出或少出偏差。

第三，深入基层，感受真实状况。领导干部深入基层、深入群众、深入实际的意义和价值到底在哪里？就是要去发现群众的难处，为群众排忧解难，缩小心与心的距离，缩小情与情的差距。建设现代化富强文明的国家，就是要使更多的人远离艰难困苦，过上幸福美好的生活。

所以，领导干部要时刻提醒自己还有许多人正在经受着这样那样的难处，饱受着坎坷生活的艰辛。这样，就会时时提醒自己，不要忘记、不要漠视生活在社会底层的人，多听听他们的需求、呼喊、愿望，将心比心，以情换情，帮助需要扶一把的那些人。如果领导干部觉得不同阶层的人距离很远，对那些不高贵、不富有、不体面以及自己用不上的人报以冷漠，总有一天自己会成为受害者。

领导干部掌握一定权力，然而权力不是私物、为私的，而是公器、为公的。公器应在阳光下运行，也就是要被关在制度的笼子里使用。领导干部应去除偏私之心，并习惯于在约束中生活，在监督下行使权力。可以说，领导干部大量的时间是用在处理事务上面。由此，在运用权力过程中，应合情合理，公正公平，可采用多种方法。但无论采用哪种方法，都要做到通情达理，不能失之偏颇。要有"先天下之忧而忧，后天下之乐而乐"的境界和胸怀，绝不能以权谋私、损公肥私。要坚持公私分明、防微杜渐，不义之财不取，不法之物不拿，努力做一个一身正气、两袖清风的领导干部，做一个群众夸赞称道、同事敬佩信服、家人引以为荣的领导干部，做一个回顾一生问心无愧的领导干部。只有这样，才能减少矛盾和内耗，从而使权力最大限度发挥正效应。

（二）绝嗜禁欲，不可心态失衡

古人黄石公云："绝嗜禁欲，所以除累"，这句话的意思是说，戒除不良的嗜好和欲念，就可以避免许多不必要的拖累。人性清净，本无系累；嗜欲所牵，舍己逐物。有一则寓言：有位书生准备进京赶考，路过鱼塘时正巧渔夫钓了一条大鱼。便问渔夫是如何钓到大鱼的。渔夫得意地说，这当然需要一些技巧。"当我发现它时，我就决心要钓到它。但刚开始，因鱼饵太小，它根本不理我。于是，我就把鱼饵换成一只小乳猪，没想到这方法果然奏效，没一会儿，大鱼就上钩了。"

书生听后，感叹地说："鱼啊，鱼啊，塘里小鱼小虾这么多，让你一辈子都吃不完，你却挡不住诱惑，偏要去吃渔夫送上门的大饵，可说是因贪欲而死啊！"

从某种意义上讲，有效地节制欲望，是构建和升华生命、延伸和拓展生命长度的必由之路。这就不得不让我们想起了性情淡泊、道法自然的庄子。

有一天，秋高气爽，太阳已爬在半空，庄子还长卧未醒。忽然，门外车马滚滚，喧嚣非凡，随后有人轻轻叩门。原来是楚威王久仰庄周大名，欲将他招进宫中，辅佐自己完成雄霸天下的事业。

楚威王便派了凡位大夫充当使者，抬着猪羊美酒，携带黄金千两，驾着驷马高车，郑重其事地来请庄周去楚国当卿相。

半个时辰过后，庄子才睡眼惺忪开门出来。使者拱手作揖，说明来意，呈上礼单。

不料庄子连礼单瞟也不瞟一眼，仰天大笑，说了一套令众使者大跌眼镜的话："免了！千金是重利，卿相是尊位，请转告威王，感谢他的厚爱。""诸位难道没有看见过君王祭祀天地时充作祭品的那头牛吗？想当初，它在田野里自由自在；一旦作为祭品被选入宫中，给予很好的照料，生活条件是好多了，可是这牛想不当祭品，还有可能吗？还来得及吗？"

使者见庄子对于世情功名的洞察如此深刻，也不好再说什么，只得告退。其中一位使者如临当头一棒，看破数十年做官迷梦，决定回朝后上奏楚威王告老还乡。[①]

翻开诗仙李白的《襄阳歌》，有一句叫"清风朗月不用一钱买"。醒时的太白可能还想着建功立业，大展一番抱负，可酒后的太白肯定是最能体会人间极乐的，抛开一切，大自然的幽静和美丽给了他无限的享受。

与此遥相呼应的是古希腊哲学家第欧根尼。一次，亚历山大大帝和哲学家邂逅，当时哲学家正躺着晒太阳。大帝说："朕即亚历山大。"哲人答道："我是狗崽子第欧根尼。"再问："我有什么可以为你效劳的？"答："请不要挡住我的太阳。"多么曼妙的回答。第欧根尼和太白一样，也正在享受着不用一钱买的午后和煦的阳光。无怪乎亚历山大大帝当时叹道："我如果不是亚历山大，我便愿意我是第欧根尼。"

明末文人洪应明在他的《菜根谭》中对这种立身处世行云流水般的意念，有一些精妙的表述或形容：风来疏竹，风过而竹不留声；雁度寒潭，雁度而潭不留影。故君子事来而心始现，事去而心随空。领导干部掌握着权力，之所以未善始善终，往往由于出现一些心态失衡情形。由此，领导干部应具体规避哪些心态失衡呢？

第一，规避攀比心态。因犯贪污罪被判处死刑缓期二年执行的吉林省某银行计划科科长李明正这样说的："一次，我去参加一个朋友的生日宴会，见他住室装修豪华，家用电器全是国外进口的。相比之下我却显得土气、寒酸。同学也笑话我死心眼，搂着钱匣子装穷。回来后的这一夜，我失眠了，想了好多好多。面对尘世的喧嚣，面对金钱的诱惑，我心理失去了平衡。"

---

① 黄石公：《素书》，东篱子解译，中国纺织出版社，2016年版，第110至111页。

江西省原副省长胡长清曾交代说："上上下下都接触一些有钱人，看到他们生活得很自在……穿的是名牌，喝的是洋酒，身边还带着陪伴小姐，心里有几分羡慕。"[①]可见，这种攀比心态最终导致领导干部手中的权力偏移了正确轨道，从而使人生也偏离了航道。

第二，规避补偿心态。湖北随州市家乐粮油食品公司总经理沈明星在狱中写道："我在担任总经理的初期，同广大干部、职工一起同甘共苦，锐意改革，把一个濒临倒闭的企业从死亡线上拉了回来，产值由100多万元发展到3800多万元，由一个小厂发展到十个厂的规模……随之而来的是一片赞扬声、喝彩声。在这片赞扬声中，我认为再多的成功和荣誉还是一场空，谋求个人的利益和幸福才是最终目的，自己为企业做了这么大的贡献，得一点也是应该的。"

辽宁省本溪市政府原副秘书长黄占新说得就非常"坦率"："我的人生之路起步还是很好的，不到40岁就成了一名正处级干部。50岁时，组织上又安排我为副市长人选，可不走运的是，我被推荐到人代会上两次选举都落选了。接着，市委又几次把我作为副厅长干部的人选上报，也都被刷下来了。官场的屡屡失意，使我心灰意冷，感到自己上不去了，开始走下坡路了，便有一种破罐子破摔的思想。""为了使自己心理平衡，'堤内损失堤外补'，趁自己还在位上，有捞一把的思想。"[②]可以说，正是这种补偿心态将领导干部拉下了权力腐败的深渊。

第三，规避贪婪心态。某银行行长周某在被判刑前短短的几十天中，先后向有关单位领导写了数封忏悔书，几乎是两三天就写一封，

---

① 李传水：《腐败心声的折射——从落马贪官自白看腐败心态》，《党风与廉政》，2003年，第11期，第40页。

② 李传水：《腐败心声的折射——从落马贪官自白看腐败心态》，《党风与廉政》，2003年，第11期，第42页。

字里行间渗透了悔恨的泪水。她对自己的思想作了这样的反思："我错误地认为，现在改革开放的形势，就是捞金钱的时候，再看社会上一些身居要职的人，都有大把的钞票。"

贵阳市政府原市长助理樊中黔因犯受贿罪、巨额财产来源不明罪被判处死刑，缓期二年执行。检察官在办案过程中，把他的五个保险柜全部查获，里面共计1310万元人民币，以及30余万美元、13万欧元、46万元港币等大量外币。他向检察官说出了他的深刻感悟："哎，这么多的钱，我拿来做什么？平时无用，这回你们拿来给我量刑时可有了大用了！①"

第四，规避特权心态。河南省鹤壁市原市长朱振江因受贿罪被判处有期徒刑十二年。他在"迟到的忏悔"中写道："一开始，我只想在自己工作范围之内，不违反原则，能帮人则帮人，我觉得多帮一个人多一条路，并非想收人家的东西。""我觉得作为地厅级干部，级别比较高，身上有一层保护色，还有'刑不上大夫'的封建残余思想的影响，认为一般抓不到我这一级头上。再者，给我们这一级送礼的都是有一定地位的，和我的关系都非常铁，不会出卖我，保险系数比较大。抱着这种侥幸心理，思想上廉洁自律的防线就打开缺口，从而一发不可收拾。"可见，特权心态危害之大，案例值得领导干部深思。

以上心态失衡的案例告诫领导干部应通过获取权力，使自己拥有更多资源、更大舞台、更好条件为社会服务，把自己想做能做需要做的事情做好。这样，就把获取权力与奉献社会内在地统一起来，并把对国家、社会、人民的责任感、忠诚感、义务感，作为掌握权力、运用权力的道德基础，这就把权力的公有性突出出来，也可避免心态失衡。

---

① 李传水：《腐败心声的折射——从落马贪官自白看腐败心态》，《党风与廉政》，2003年，第11期，第42页。

二、用权怀民于心，常思变革创新

用权思民心、同民意、体民情、惠民生，是领导干部运用领导艺术的出发点和落脚点，是领导干部务权之本，也是最高层面的领导艺术。任何正确的用权艺术都要服务于这一目标。以此为出发点，常思变革创新，把准改革航向，破除改革阻力，因地制宜、抓住机遇和保持定力，则是领导干部奋发有为实现自我价值和社会价值的通途。

（一）薄身厚民，不可特权错位

毛泽东早在1945年发表的《论联合政府》的政治报告中就指出，密切联系群众，全心全意为人民服务，是中国共产党区别于其他政党的一个显著标志，把同最广大人民群众取得密切联系，作为党的三大优良作风之一。他告诫全党："真正的铜墙铁壁是什么？是群众，是千百万真心实意拥护革命的群众。"这使我们党对与群众关系的认识提到了一个新的高度。

第一，用权思民心，关心人民生活。领导干部心里一定要装着群众，想着百姓。尽管经济发展了，社会进步了，老百姓的日子好起来了，但还是要经常想着仍有许多困难群众。虽然他们不再是衣不遮体，食不果腹，可生活还是窘迫的，日子过得紧巴，以致买不起房子，看不起病，上不起学，他们的人生很不体面，他们的生活缺少尊严。这些都是社会生活的现实，都是国情的现实。

领导干部不要认为困难群众的命运跟自己没有关系，普通群众的生活与自己没有关系，其实基层人群的命运跟领导干部是紧密相连的。这是因为社会贫困群众的状况，是检验社会文明程度的重要尺度，也是检验领导干部价值理念和业绩水平的试金石。

"权不在大，为公则灵。斯是公仆，惟吾德馨。"这是第二炮兵某基地原司令员杨业功所作《公仆铭》中的两句话。杨业功在当了将军之后，地位高了，权力大了，但他对自己和家人的要求却更严了。"你们不许干预我的工作，不许享受特权，不许收受任何钱物好处。"这是杨业功对家属和身边工作人员的"约法三章"。

杨业功是一个从不占国家半点便宜的将军，一个从来不为自己牟私利的将军，而他却总是说"我是农民的儿子"。杨业功睡的床还是用4个大箱子拼成的，而这一睡就是30多年。家里的家具都是"老古董"，沙发用了十几年，小方桌上的油漆都已经脱落了。有人劝他换换家具、装修装修房子，他却执意不肯。也有人对杨业功说，你都是将军了，什么权力没有。而杨业功却说："当了将军，我还是农民的儿子；权力是人民赋予我的，我没有任何特权！"[①]在杨业功的心中，不该享受的待遇是绝对不能享受的，否则就是腐败。领导干部应像杨业功一样，时刻不忘记军人的神圣职责和历史使命殚精竭虑，忘我工作，拼搏进取。

第二，用权同民意，感受弱者困苦。有一次，英国著名作家罗琳应邀到哈佛大学毕业典礼上做演讲，出人意料的是，她没有对即将毕业、走向社会的精英们讲怎样报国创业，而是呼吁他们充分调动自己的想象力，看到世界上有那么多的不幸者，生活在各种各样的煎熬折磨之中，以人性的温暖拒绝冷漠，将心比心，力所能及地去理解和帮助他人。罗琳的想象苦难的理念，唤醒了年轻学子们的心灵，也应深

---

① 刘汝林：《廉洁习惯与腐败习惯》，《中国检察官》，2007年，第8期，第73至74页。

深刺痛领导干部的神经，以此净化领导干部的灵魂。

为什么有些领导干部会把人民群众眼里心里天大的事，看作无关痛痒、鸡毛蒜皮的小事？这便是价值理念和内心情感产生的心理偏差。

由于领导干部与老百姓所处的位置和环境不同，不仅想事情看问题的角度与方法不同。那么，如果领导干部把自己摆在局外，认为老百姓的酸甜苦辣与自己的切身利益无关，这样便可能会陷入老百姓需求的事再大也小，自己重视的事再小也大的思维误区。什么是大事？什么是小事？不同地位和身份的人，站在不同的角度，处于不同的时空中，认识会截然不同。并且，用相对性观点来看，大事与小事不是一成不变，常常会相互转化。所以，一个好的领导干部，总是能够从小中见到大，从小中想到大，从小中悟到大。掌握一定权力的领导干部，在看待处理与老百姓息息相关的大事小情时，既不用防范，也不用装饰，人们能够真切地从中看出你的真情与假意，能够品出你的德性与品质。

第三，用权体民情，倾听民众无奈。朱柏庐在《治家格言》中说过："见富贵而生谄容者，最可耻；遇贫穷而作骄态者，贱莫甚。"在现代社会环境条件下，彰显社会文明程度，检验领导干部境界高低，很重要的一个方面就是看以什么样的政策、什么样的姿态对待弱势群体。

在历史上，晏子贵为大夫，但他却极力倡导与民同忧。他虽然是高官，俸禄百万，但一生立身行事无时无刻不在奉行"为人者重，为自者轻""先民而后身""薄于身而厚于民"的为政为人之道。

报纸上曾有这么一条消息：一位记者在某县调查时发现，大量符合"五保"供养条件的困难群众，却迟迟得不到供养指标。记者询问政府有关部门领导时，竟得到这样的解释："五保户"不是什么光彩的事，只能死一个顶一个。农村的"五保户"算是典型的弱者，他们急需获得政府提供的救助保障，使自己能生存下来、生活下去。可是，在"五保户"只能死一个顶一个的冷漠政策下，只有苦熬等待。这个县政府对弱者的强政策、硬措施，是现代社会的污浊，是权力和责任底线的失守。

领导干部，哪怕是职位低些，权力小点，但是，在人群中特别是在那些贫弱者面前，无疑是强者。你是以高大挺拔的派头，对贫弱者不屑一顾，流露出蔑视和冷漠，还是向他们低头，温和地亲近他们，理解他们，体谅他们，予以力所能及的关怀、帮助，展现出领导干部应有的良知与人性？可以说，对待贫弱者的态度，拷问着每一个领导干部的政治伦理和责任底线。

第四，用权惠民生，务实人民期盼。荀子曾说过："上之于下，如保赤子。"执政者对于人民群众来讲，就要像爱护婴儿一样地关爱他们。焦裕禄"心中装着全体人民，唯独没有他自己"。孔繁森三次进藏，把生命献给了雪域高原。谷文昌"人生一粒种，漫山木麻黄"，"不带私心搞革命，一心一意为人民"，在贫瘠荒凉的海岛一干就是14个年头，带领广大干部群众战天斗地，极大改变了东山岛贫穷落后面貌，赢得人民群众的爱戴，被当地群众称为"谷公"。

一个现代寓言故事：暴风雨后的早晨，几个穿着官服巡视海岸安全的人走在海滩上。他们看到前边不远处，一个小男孩不停地抓起浅水湾里的小鱼，用力扔进大海，拯救小鱼们的生命。那几个人不屑地问男孩：哎呀，这浅水湾里有几百上千条小鱼，你救不过来的。

男孩一边不停地抓鱼，一边头也不抬地说："这我知道。"那几个人几乎有点嘲讽地说："既然如此，你为什么还要救它们，谁在乎这点小事呢？"男孩仰起脸不高兴地说："你们不在乎，可这些小鱼在乎。太阳出来就会把浅水湾的水蒸发干，这些小鱼会干死的。"接着，小男孩又一条接一条地把小鱼抓起扔进大海。

鱼儿再小，它们依然渴望生存，危难之际，它们总是盼望人们像小男孩那样伸出援手。老百姓的生活中常常会遇到这样那样的危险或危机，他们同样渴望领导干部给他们安慰和帮助。领导干部要用真情实感证明自己的价值信仰。领导干部需要真正认清，切实把握好与人民群众的关系，多想想民众的期盼。

1933年，在沙坪坝时，有一天，毛泽东在一棵树下与人拉家常，看到老表挑的水很浑浊，便问："这水做什么用呀？"听说这水是吃的，毛泽东立刻皱起眉头，忙问："不能到别的地方挑点干净的水吗？"人们告诉他，沙坪坝这地方就是缺水，很难弄到干净的水。这件事，让毛泽东一夜未眠，他反复思考怎样帮助老百姓解决吃水问题。第二天一大早，他就到村里村外到处找水源，然后，和红军战士一起挖井，沙坪坝人民从此吃上了又清又甜的井水。毛泽东的名字从此刻在了沙坪坝人民的心上。

还有另外一种情形，有些领导干部不仅没有做出让人民难忘的事，反而做了丑事恶事，人民也会把你做的丑事恶事记在心里。据报载，四川雅安前市委书记徐孟加被宣布免职的当天，市中心广场鞭炮声不断，市民们还打出"送瘟神"的大横幅。一个总在电视上露脸的市委书记，被罢官削职，人民群众竟用放鞭炮、打横幅的方式去送这个"瘟神"。可见，领导干部在任期间，是否将权力惠于民生，人民群众感触最深。

（二）变革创新，把握正确航向

任何先进的改革或变革，都不是与过去一刀两断的断然决裂，都不是将原有的东西彻底打碎砸烂而另起炉灶，而是在对以往的规则、秩序、习惯，给予充分维护和尊重的基础上，渐进地实施和推进。这是改革的辩证法，这是社会演进的客观规律。任何有效的改革，任何明智的改革者，都应当抱有积极的、建设性的心态，善于利用过去，善于修补传统。如果改革者能够运用有效的方法和手段，在渐进中使改革充满温和的感觉，成为人们乐于接受的生活习惯，这样的改革容易获得成功。

党的十八届三中全会已经吹响了全面深化改革的"集结号"，领导干部的任务关键在于落实。领导干部作为人民群众的带头人，要运用权力带领一个地区、一条战线、一个单位、一个部门乃至更大范围事业的改革发展。向前迈进、向前发展、向前超越，是权力的使命，也是民众的期待。

第一，坚决听党指挥，不可失去改革航向。习近平总书记在中央全面深化改革领导小组第一次会议上讲到，"对改革进程中已经出现和可能出现的问题，困难要一个一个克服，问题要一个一个解决，既敢于出招又善于应招，做到'蹄疾而步稳'"①。自觉听党指挥，才能坚定正确的改革方向；自觉听党指挥，才能保持改革旺盛的生机。

总结我们党90多年来的成功经验和优良革命传统，集中起来就是听党指挥，服务人民。听党指挥，是党和人民对全体党员特别是党的领导干部的最高政治要求，是领导工作中不可动摇的根本原则。"听党指挥，党叫干啥就干啥"这句话，在强调个性化的今天，也许有人会觉得都什么年代了，还喊这样的口号。其实，对当今的领导干部来说，这句话同样适用，永不过时。

作为一名领导干部，"听党指挥，党叫干啥就干啥"是最基本的要求。作为一名领导干部，就应该像焦裕禄、孔繁森这些人民公仆一

---

① 《习近平主持召开中央全面深化改革领导小组第一次会议》，新华网，2014年1月22日，http://politics.people.com.cn/n/2014/0122/c1024-24199431.html。

样，无条件地坚决听从党的指挥，党要求干啥就干啥，哪里需要就到哪里去，越是艰难越向前。听党指挥，是领导工作生命之所系、力量之所在，是领导干部的管理之本、政德之魂。正是由于广大领导干部高度自觉，听党指挥，党和政府的工作才始终保持了坚定正确的政治方向，始终保持了强大的凝聚力和号召力，始终保持了蓬勃旺盛的生机活力。"听党指挥"，不是一句抽象的口号，而是有着很强的实践性。

革命战争年代，听党指挥，就是党指到哪里，就打到哪里；和平时期，听党指挥，就是按照党的宏观政策，发展改革。领导干部要从只顾速度、不顾长远利益的发展观念中解放出来，增强大局意识。"听党指挥，党叫干啥就干啥"，就是不讲条件，不提要求，不计较个人得失，把自己的一切都投入到为党的工作中去。要成为人民满意的领导干部，就要从担负领导工作的那天起，将"听党指挥"融化在自己的血液里，并毫不犹豫地落实到改革行动和改革工作中去。

第二，容忍改革试错，不可中途变形受阻。马基亚维利说过："你要认识到，没有事情比开创程序还难，不仅成功的可能性微乎其微，而且还因为这个过程十分危险。"这段话所蕴含的思想非常耐人寻味。虽然人类社会始终处于无休止的变革与变化之中，这种变革和变化的宗旨是为了改善人们生活生存的环境、条件及其相关状况，但即使如此，凡是变革，特别是强度大、辐射面广的变革，必定会不同程度地引起人们的不安、焦虑、怨恨、痛苦和骚动，消极的情绪会弥漫在改革的过程中，增加改革的难度和成本。改革本身没有错，错在具体操作过程中容易被一些人走了形、变了味。

历史上有过这样的教训，比如北宋的"王安石变法"。在王安石的主导下，一场关乎国运兴衰、民心顺逆的重大改革运动在全国铺开。但是王安石万万没有想到，这次改革阻力重重。这场改革的最终结果是老百姓增加了负担，地方领导干部增加了收入。而且，他们的寻租又多了一个旗号，可以假借改革之名，行权力腐败之实了。改革帮了腐败的忙，这是王安石始料所未及的。因此，易中天先生说："变法帮了腐败的忙。"

王莽以大司马、安汉公、假皇帝等和平方式易如反掌地取代了西汉政权。王莽登上帝位后，对强化监察机制作了一定的努力，但因大权独揽和过分依赖吏治并进行了错误的官制改革，而以失败告终，这一时期甚至出现了超过西汉末年的腐败恶潮。

何兹全先生在《中国古代社会》一书中指出："王莽的改革，即使本身是好的……但一经官僚机构去推行，好的也就变成坏的了，官僚们的贪污腐败，什么东西在他们手里，一过都变了质"，"好事变成坏事"。可见，王莽新政改革的失败，与官吏们的权力腐败也有极大的关系。

领导干部要从"王安石变法"和王莽新政改革的失败中吸取教训。在改革过程中，领导干部应存有敬畏之心。改革允许尝试、允许犯错、允许失败，但不允许政策变形和受阻，催生新的贪污腐败。

第三，大胆改革创新，不可消极怠慢。领导干部对改革创新的态度，大致有三种类型：勇于开拓创新但有苦有难有伤的成功者；打着改革创新的旗号并不真抓实干的失败者；无争无伤无所事事的平庸者。

那么，从生命哲学的角度看，第二种特别是第三种类型的领导干部，他们浪费权力资源，也浪费自然资源，更浪费生命资源。他们虽然居于领导干部的岗位，面子上挺荣耀，名声挺好听，而人生却是荒芜暗淡的。不能带领人民向前进，权力便失去存在的资格，失去运作的意义。

苏共在改革问题上的态度，便揭示了这个道理。火车因为没有燃料停在半路。这可咋办？勃列日涅夫指示：大家一起摇晃身体，装出火车还在走的样子。赫鲁晓夫和柯西金试探过改革经济，遭到体制内的强烈抵制，草草收兵。勃列日涅夫公开批评说："瞎改什么呀，好好工作就行了。"①

领导干部要有不满足现状的挑战精神。不满足于既得成功，不止步于已达到高度的变革精神，是推动经济发展和社会进步的深层力量，也是构成事物发展变化的内在逻辑。这就要求领导干部应成为走在时代前列的人，敢于向传统挑战，敢于向权威挑战，敢于向既得利益集团挑战，敢于向人性挑战。这种挑战精神，主要不是来自外力的推动，而是内在的意愿和决心，是内心躁动着创造更加美好未来的激情，并且能够保持长盛不衰，哪怕是遇到挫折和阻碍，也决不退缩。

《论语·子罕》中有："子曰：'譬如为山，未成一篑，止，吾止也；譬如平地，虽覆一篑，进，吾往也。'"孔子说，譬如用土堆山，只差一筐土就能完成，这时却停下来，那是我自己要停下来；譬如填平一块洼地，虽然只倒下一筐土，仍然要坚持做下去，那是我自己要往前走。进和退都在自己。这给那些不满足于现状，不断开创新业绩的领导干部一个启示：成功源于坚持和忍耐，有些人的成功，是从逆境、困难、失败中走出来的，靠的是不屈不挠、百折不回的坚强意志。正如海明威所说："人可以被毁灭，但不可以被打倒。"

对领导干部来说，在改革过程中，要有一种魄力，在正确的发展方向上，无所畏惧、义无反顾地追求新的发展目标，实现新的超越。这要求领导干部要有自我牺牲、自我革命的献身精神，在突破旧的体制机制束缚，战胜艰难险阻中实现凤凰涅槃。遇到坎坷、挫折、阻力、障碍时，不要轻易改变行进方向，不要有向后转的念头，不要绝望地停下脚步，而是要坚强地做下去，能在艰难险阻中坚持到底的人，成功和胜利一定属于他。

---

① 习骅：《中国历史的教训》，中国方正出版社，2016年版，第146页。

第四，因地制宜，抓住机遇，保持定力。改革，是中国推进市场经济发展的必然要求，是中国走向现代文明的时代主题。改革的目标不能改变，改革的决心不能动摇。但是，在深化改革的大业中，选择什么样的改革路径，实行什么样的改革策略，采取什么样的改革方法，却有着多样化的选择，不能一刀切，不能运用一个模式，也不能一成不变地遵循一种经验，这其中包含着深刻而丰富的辩证法思想。

同样，领导干部善于选择有利于实现既定目标和蓝图的路径，是一种事半功倍的科学方法。改革总是要在探索中前进，而改革进入深水区、关键期，面临的问题更为复杂，各种矛盾更加尖锐，对于我们的国家和民族来说，改革难，不改革所积聚起来的矛盾会更难。这时，需要领导干部站在改革的潮头，搏击风浪，披荆斩棘，杀出一条改革发展的新路来。

领导干部要有紧紧抓住历史机遇的魄力，能够以超凡的定力和大局观，审时度势，科学预测，把稳舵盘，使前进的列车不颠覆、不出轨，平稳地到达目的地。每一个领导干部都会有许多理想和期许，紧迫感又逼着人加快步伐匆忙往前赶。可是，浮躁会使人的眼光变得混浊，匆忙会使人的步伐发生错乱，或是欲速不达，或是酿成灾难。一个成熟的领导干部，什么时候都不要显得匆匆忙忙，焦急不安，因为这种行事风格和姿态，会泄露自己缺乏控制的能力。

主政一方的领导干部更需要定力，不论在什么情况下，一定要有自己的判断。随着经济社会发展转轨转型力度的加大，所产生的转弯"曲线"也在加大，曲线越大，离心力也越大。领导干部要学会更好地驾驭转折，顺应曲线，化解好、解决好转折路上这样那样可以预判和难以预料的风险与困难。努力提高驾驭转折的能力，对各级领导干部来说，是必须解决好的一个重大课题，特别是转折的方向要明确。

当社会发展处于明显的转型期，各种矛盾问题错综复杂地交织在一起，不论你怎么转，那个方向是偏不得的，如果你一时辨不清方向，宁可放慢脚步，也不要稀里糊涂地乱转，因为方向一错，满盘皆输。

三、掌握工作方法，审势量权务实

我们前面谈到的勤纳群智、规避不当心态，与怀民于心、常思变革创新，可以说都是领导干部在运用领导艺术中的基础性工程。此外，掌握基层工作方法和审时度势用好领导权威则是领导艺术中的两个关键点和制高点。

（一）调研摸真，创果赢实

"知屋漏者在宇下，知政失者在草野。"习近平总书记指出："调查研究是谋事之基、成事之道。没有调查，就没有发言权，更没有决策权。"深入基层"接地气"。领导干部不能走马观花，而要扎扎实实。

第一，形式主义不中用。形式主义是一种复杂的社会现象，它的表现形式是多种多样的。但概括说来，就是"假、大、空"。

所谓"假"，就是行动上不真实，弄虚作假。譬如，有些领导干部在汇报工作时，"只报喜，不报忧"；甚至为了"政绩"而制造假经验，假典型，假数据。

所谓"大"，就是工作中搞大呼隆，譬如，有的地方热衷于搞各种名目的所谓"达标"活动，表面上轰轰烈烈，热热闹闹，实际上是空空洞洞。在项目建设上不顾客观实际需要，盲目"攀大"。如东北某中等城市竟建了42个面积在3万平方米以上的大型或超大型的综合（专营）市场。因为不符合客观需要，所以有的市场整天空空荡荡的。

所谓"空"，就是在学习中摆空架子。形式主义者对马克思主义理论的学习，不是为了解决实际问题，而是为了装潢门面，因此，学习时，只满足于背诵个别词句，而不去掌握它的方法、立场。对党的方针、路线、政策的学习，也是只当"传声筒"，不去具体贯彻落实。

形式主义严重损害了党和政府的形象，也有损领导干部的精神品质，一直是我们事业的大"敌"。

"宋代理学家朱熹任漳州知州时，为创力白云岩书院题写了一副对联：'地位清高，日月每从肩上过；门庭开豁，江山常在掌中看。'此联襟怀宽广，至今对领导干部仍很有启发。走马观花，只报喜不报忧，只唱赞歌，不敢直面问题，反映问题，这是形式主义、官僚主义在调研工作中的具体表现和'常见病'"[①]。形式主义就像一个大花瓶，里面什么也没有。远看似乎有点意思，但只能糊弄很短时间。蜻蜓点水，走马观花。有的领导干部下基层调研，走马观花，坐在车上转，隔着玻璃看，不下车深入民众。走的路线、看的点、见的人、听的话都是事先安排的，根本收不到丝毫效果。

"政者，口言之，身必行之"（战国《墨子·公孟》）。这就是说，为政者必须言行一致、以身作则，用实际行动来影响和带动全社，也就是强调领导干部应该言行如一，表里如一，说到做到，不说空话。例如，墨子怀抱"兴天下之利，除天下之害"的人生理想，并把这一人生理想付诸实施。可以说，古人便深谙形式主义可能带来的不良后果。

---

① 叶双瑜：《晴耕雨读》，福建人民出版社，2016年版，第8页，原载于《切忌"长安归 来马蹄香"——二谈调研工作》，《党的生活》，2014年，第7期。

鲁文公五年，宁地的晋国大夫阳处父出使卫国，归途中路经宁邑。小吏宁赢慕阳处父之名，以为他德才兼备，决计随他当差役，后来发现阳处父徒有虚名，言过其行，就离开了他，走到温地便中途退回来了。并说了"犯而聚怨，不可以定身"。可见，宁赢看到了阳处父华丽不实所产生的后果："怨丽所聚"（《春秋左传·文公五年》）。这也就是说做事虚夸而不实在，是不足取的。做人办事应该表里一致，实实在在。这个阳处父名不副实的故事从反面劝告领导干部要实实在在，摒弃形式主义。

"人民的好公仆焦裕禄同志生前有这样一句名言：'蹲下去才能看到蚂蚁。'他常这样说，更是带头这样做。领导干部也要真正蹲下身子看"蚂蚁"，深入地考察，积极开动脑筋思考，而不是走马观花。唯有如此，才能激励比学赶超的精气神，取得推动工作、促进发展的实效"[1]。

第二，勤于调研摸实情。作家梁晓声讲过一个故事。有一个人看到老妇人摆摊出售一对铜狮的眼睛，里面镶嵌着祖母绿宝石，一番花言巧语、讨价还价，用很便宜的价格买下四颗祖母绿宝石，而放弃了那一对铜狮。这个人得了便宜回来后兴冲冲地到处显摆，说自己慧眼识珠捡了个漏。他的一个朋友听说后，一言未发，立即向那尚未出售的一对铜狮子狂奔而去。经过一番认真观察后，他断然将铜狮子买下。有人问他，花天价买一对铜狮子值吗？他说，能把那么贵重的祖母绿宝石镶嵌在铜狮子上，这对铜狮子怎么会是铜的吗？狮子一定是金子做的，只有金子才能和宝石相匹配。这位朋友把这对铜狮子拉回家一擦，果然露出了金子的本色。[2]

---

① 叶双瑜：《晴耕雨读》，福建人民出版社，2016年版，第518页，原载于《蹲下去看"蚂蚁"》，《福建日报》，2014年6月7日，署笔名"屏山人"。

② 刘长富：《权力的思辨》，解放军出版社，2014年版，第64页。

领导干部应比故事中的老妇人更要有眼力，能够从调查研究得来的看似平凡、平常的素材中，发现对决策有价值、有意义的东西。这需要轻车从简、务实低调。"坚持少一些提前打招呼，多一些微服私访；少一些预定走访，多一些临时停车；少一些领导陪同。一切只求简便易行，不给基层增负担，要向基层群众展示务实的工作态度，维护领导干部的良好形象"①。

毛泽东同志曾经多次向领导干部和身边工作人员，荐读《三国志〈魏书·郭嘉传〉》。郭嘉是曹操的重要谋士，不仅忠心耿耿，而且在重大决策中起到了关键性的谋划作用。曹操欲伐袁绍，郭嘉从道、义、治、度、谋、德、仁、明、文、武十个方面，作了深入调研分析，得出"绍有十败，公有十胜"的正确结论。郭嘉追随曹操达十一年之久，曹操痛惜其英年早逝，作过这样的高度评价："每有大议，临敌制变，臣策未决，嘉辄成之。平定天下，谋功为高。"郭嘉病故，曹操失去了这位得力助手，南征败于赤壁，回师感叹："郭奉孝在，不使孤至此。"以史为鉴，可知兴替。由此可见，识辨事务、善于谋划对于做好调研工作的重要性。②

有一则反例，告诫领导干部切忌不摸实情。在《参考消息》上有一篇关于老布什的报道：老布什的发言人前不久发表了一份声明，对南非反种族隔离英雄曼德拉的去世表示悲痛和哀悼。而此时，95岁的曼德拉不仅没有离世，恰恰还因康复出院，刚返回家中。本来是一件值得高兴的喜事，却被当作悲痛的丧事。后来发言人就此事表示道歉，并称误发"唁电"的原因是看错了《华盛顿邮报》上一则关于曼

---

① 吴黎宏：《好干部是如何炼成的》，北京联合出版公司，2015年版，第125页。

② 叶双瑜：《晴耕雨读》，福建人民出版社，2016年版，第4页，原载于《谈谈调研工作》，《党的生活》，2013年，第8期。

德拉病愈出院的快讯。这一报道，真让人哭笑不得，也引发了一些思考。可以判断，老布什与曼德拉之间应当是至交好友，不然就不会急着发"唁电"。差错出在工作人员粗心，这一点也应该可信，老布什虽然退休，但也不可能事事都亲力亲为。但无论怎样解释，受影响的都是老布什"总统"本人。[①]

俗话说："入深山采好药，临深池钓大鱼。"守在机关搞不好调研；坐在小车里搞不好调研；身在下面却浮在上面的"井中葫芦"，同样搞不好调研。必须到广阔的社会生活中去，深入工厂、农村，深入居民、群众，掌握第一手资料，掌握真实情况。既要"身至"，又要"心至"，走到别人没有到过的地方，深入到走访对象的心里，达到别人没有深入的程度，才能得到别人得不到的调研成果。

第三，注重实效创真果。辽宁省鞍山市立山区环卫处党委书记李友昌，先后在公园、园林所、城建局、环卫处工作过。别看他官职不高，赢得的荣誉不少——"全国环卫系统十大杰出人物"、"辽宁省创先争优优秀共产党员"。2014年，被鞍山市委授予"走群众路线的优秀共产党"荣誉称号。他之所以能获得这么多的荣誉，就是在工作中注重实效，干任何一项事情都出真成果。

李友昌在担任孟泰公园主任期间，认为孟泰公园虽然是立山区最大的自然公园，依山傍水，风景秀美。但他认为，要想吸引人来游玩，不能搞形式主义，要有实实在在可供观赏的实质内容。于是，他组织人员修建了仿古建筑，增添了人文景观。当很多人都认为公园大功告成的时候，李友昌认为，如果公园里没有动物，就很难成为真正对游客有吸引力的旅游景点。李友昌又跑到黑龙江，南下广西，调拨来丹顶鹤、一对大黑熊，还有十几只广西猴。把这些动物往公园一

---

① 叶双瑜：《晴耕雨读》，福建人民出版社，2016年版，第501页，原载于《"总统"粗心切莫学》，《党的生活》，2013年，第10期。

放，公园活了，来公园的人多了。①

第四，真心付出赢尊重。《龙纹鞭影》中有一则典故：汉代郭细侯，为政清廉，任并州牧时曾造福于民，后来他又再次出任并州牧，百姓自发相迎，并有数百儿童骑竹马在路旁踊跃欢迎。这就是史上有名的"细侯竹马"典故，数千年来都被视为执政为民、官民情深的佳话。

郭细侯真心付出，赢得了百姓的尊重，反之，则会让百姓鄙视。史书记载，有个贪官离任时，百姓凑钱给他送万民伞，还额外赠送大匾一块，上写四个大字："五大天地。"贪官大喜，便问其深意。百姓解释说："大人一到任，便是金天银地；在内衙里，大人是花天酒地；坐堂问案时，昏天黑地；老百姓无辜含冤，不由得恨天怨地；如今大人就要卸任，真是谢天谢地。这就叫做五大天地。"②可见，这种贪官在百姓心中那杆秤上，分量自然没法和郭细侯相比。

在现实生活中，真能赢得百姓发自内心敬重的，是能真真切切帮百姓解决问题、能让百姓真正受益的领导干部。

《孟子·离娄章句下》中记载着这样一个故事：春秋时期，子产任郑国宰相，他任劳任怨地为老百姓排忧解难。有一次，郑国遭了水灾，大水把河的两岸隔开。为了过河人的方便，子产把自己的车子放入水中，以体现对老百姓的关心，这一行为被人们所赞扬。孟子听了这件事后，对子产的做法不但不予肯定，还批评指责子产是"惠而不知为政"。意思是说，子产虽为宰相，但只知对老百姓施以小恩小惠，却不明白治国理政的大道。孟子所说的大道是，不能遇到问题和灾害临时抱佛脚，这样只能解决少数人的眼前问题，不能为更多的人

---

① 修晓丽：《"垃圾官儿"李友昌》，《共产党员》，2014年，第10期，第40至41页。

② 王兴宁：《读者说廉》，广东人民出版社，2014年版，第28页。

带来长远实惠。要眼光长远地在农闲的时候，组织老百姓修路架桥，这样就能解决多数人的长远利益。

这是孟子对子产的批评，也是对今天领导干部的警示。过去开展的很多"送温暖"活动，五花八门，别出心裁，一排车、一群人，摄像拍照，前呼后拥，目的就是给困难群众送一袋米、一桶油，外加几百元钱的慰问金，价值大概五六百元吧。可是细算账，完成这些程序的花费加起来比送去的温暖本身还贵。此类的关注民生办实事，除了能给领导干部脸上贴金添彩，对于众多的困难群众、贫弱群体的安居乐业，对于人民群众和社会的长治久安，是没有多大作用和意义的。领导干部不应为做这些讨好上级、敷衍百姓的应景事上耗费精力，而应在制定能把群众引向致富路的政策上多动脑筋。

一袋米一桶油，可给贫弱者一时欢喜，也能解燃眉之急，但改变不了他们的命运，只是杯水车薪。对领导干部来说，做好群众的引路人是一种责任，一种情怀，更是一种智慧。制定一个好政策，就能惠及广大人民群众和整个社会，这种正能量能团结凝聚更多的人，通过自己的奋斗努力改变命运，改变社会。让人民群众特别是困难群众、贫弱群体生活得有尊严，这是各级领导干部最具良知、最难推脱的责任。

（二）审时度势，量权揣情

领导干部要用好权力，需要审时度势，量权揣情。

1941年11月29日，早已破译了日本紫红色密码的美情报机构，截获了发自东京的密电：预定12月7日拂晓进攻珍珠港。这一极其重要的情报，被美国总统罗斯福阅后束之高阁。他没有采取任何防患措施。其实，罗斯福另有打算。日本袭击珍珠港前，美国一直保持中立，未介入战争。透过这安乐的中立生活，连任三届总统的罗斯福则意识到潜在的危机。待德、日，意征服法、英、俄等国后，再来对付美国……那情景使他想象起来不寒而栗。罗斯福知道，美国只有尽早加入战争，与英、法、俄等国结成同盟，才能打赢这场战争。但是，当时的美国民众则没有看到这一点，迫使罗斯福在竞选总统的演讲中保证：我决不派遣你们的孩子去国外作战。

罗斯福在寻找参战的契机。他在希特勒身上打主意，可希特勒这个战争狂人似乎看出了罗斯福的企图，果断地做出决定，要竭尽全力防止把美国拉入战争。他认为只有同美国开战，才无愧于国家的实力和光荣的东条英机，倒使罗斯福看到了希望。事实证明，破译的密电是可靠的，日本在罗斯福的目睹下，偷袭珍珠港获得全胜。至此，罗斯福才得到美国民众的支持，正式宣告美国参战。①

罗斯福为了打赢第二次世界大战，正确运用了自己的权力，选择了一个最有利的参战时机，最大限度地保全了美国人民的利益。东条英机虽然得到了珍珠港，却把绞架上的绳索套在了自己脖子上。作为领导，要因事用权，权衡利弊。做到这一点，才能顺应时势，把握先机，收到良好的预期效果。

由此，领导干部应善于把握看事物的全局的"势"。要树立大局意识，就是要识大体、顾大局，做到讲全局、谋全局。这就要求领导干部既要做到宏观上把握全局，又要做到微观上了解局部，正确处理整体和个体的关系，自觉服从和服务大局。要在思想上始终保持清醒的头脑，行动上坚持整体工作"一盘棋"的思想。此外，养成事先心中有数的习惯，是作为领导干部的一个重要课题，必须高度重视，多做训练。培养战略性的思考能力，如果每天都从事日常的具体工作，考虑事物的范围也往往是狭窄的。因此，领导干部必须在头脑中经常

---

① （美）吉诺威克曼：《掌控力》，张哲译，机械工业出版社，2015年版，第78页。

考虑长期的目标，并设法适应本系统组织结构或人事的变化，考虑问题时不能感情用事，要彻底抛开那种紧张、不满和责备的情绪。

在做到审明形势和洞察时机之后，领导干部应还应明白许多问题光靠职位权力是解决不了的，而必须依靠非权力的影响力，这是一项常常被人们忽视的用权艺术。任何一种权力的作用范围都是有限的，不要夸大了权力的作用，更不要相信权力万能，而一味地追求权力或贪恋权位。相反，如果用权不当（包括滥用权力或用权不足），也会尽不到责任，失职渎职，最终毁了权力本身。在工作中，领导干部要将职位权力与领导权威结合使用。不要处处使用职位权力，而要注意使用非权力影响力，即领导权威。"领导艺术就在于不要让下属感到自己在被领导"①。因此，领导干部要首先使用个人非权力影响力，然后再使用职位权力。

虽然说领导权威是一种软实力，但它归根结底毕竟还是具有权力的属性。领导干部在实践中要掌握兼用"权""威"和"德"三者的那个"适度"。领导干部应因事用权，急则用威，缓则用德。领导干部要善于根据事物的不同的性质与程度，采取不同的处理方法。并在实际用权中，分清轻重缓急，急则用威，缓则用德，把握分寸，注重效果。处事时根据具体情况具体处理，但也不能长期用某一种方法，如果长期用威，部属认为你以权压人，时间长了会产生隔阂。如果长期用德不用"权"和"威"，有些人可能就会认为这个领导软弱无能，时间长了就会失去威信。那么，具体来说，领导干部究竟应该如何把握这个度呢？

一是深摸底。尊重多元，允许差异，深入实际，求同存异。以开放、包容的思想态度广泛获取决策方案，尤其是不要习惯于走老路，

---

① 中石：《领导十诫：给领导干部的10堂警示课》，金城出版社，2010年版，第67页。

要摸清各种方案底细，真正地做到了如指掌，也可以借助智囊团来参与，从各个角度来综合分析，做到底子清、情况明、把握准。

二是精提炼。即对各种方案进行充分比较，加以提炼，从谏如流，多听方方面面的意见，包括反对的意见，把握住方案的本质和核心，公正、客观地分析系列方案的条件及后果，分析比较诸多方案实施的可能性、可行性，优中选优。

三是有预测。预测即超前，适度超前。决策与预测是密不可分的。一般来说，有准确的预测能力，就必然会有卓越的决策能力。预测是决策的基础和前提，决策又是预测的体现和延续。如果没有正确的预测，决策将会成为"马后炮"，甚至导致决策失误。

四是善决断。在各种方案筛选中，能选择正确而满意的方案，需要决策者当机立断，尤其在关键时刻、危机之中和紧要关头，这种能力首先是主要领导进行科学决策的关键能力。要始终坚持民主集中制的决策原则，但有时真理往往在少数人手里。在复杂情况和干扰面前，需要出于公心坚持真理，力排众议，需要每逢大事能静心，事到临头需放胆。

第六章 6
领导权力与科学授权

<<<<<<<<<

科学授权就是在科学决策之后，上级组织或上级领导按照一定的程序授予直接被领导的下级组织或下属一定的权力，以便他们能够相对独立、相对自主地开展有关的工作。

授权既可以提高领导效能，又可以提高被领导积极性。科学授权是领导科学中的一门艺术和方法。领导干部可以通过科学授权"分身"，将更多注意力聚焦于"重要而不紧急"的事项，未雨绸缪，预防规划，尽可能避免任务演化为危机时的"重要而紧急"的事项。

科学授权是以领导活动目标为导向，建立在正确的人才观和权力观基础上，将领导权力和领导责任按照科学的原则进行多种形式的委托，保证领导活动有序和有效地开展。由于人才是领导活动中最重要的资源，优秀的领导干部便要通过科学授权去发现人才、启用人才、培养人才、服务人才、留住人才和成就人才。

>>>>>>>>>

一、科学授权的目标导向

领导主体在运用领导权力履行领导责任的过程中，往往会遇到多头任务，要实现多重目标。但在众多的任务和目标中，只有属于具有"保障人们自由权利和为人们创造福祉"性质的任务和目标，才指向领导责任的内核。

优秀的领导干部在授权过程中，一般善于长期关注"重要而不紧急"的事，做好规划和预防，尽可能避免任务演化为危机时的"重要而紧急"的事项，并通过科学授权将自己从事务性的任务和目标中分身出来。

（一）根据领导角色科学授权

美国社会学家、符号互动论代表人物E.戈夫曼提出拟剧理论，揭示出社会作为一个大舞台，提供每个人扮演各种角色的空间。人们通过界定不同的社会情境来有意识地选择与之相适应的角色状态。人们期望某个人扮演某种角色，是通过他或她与其他人的关系而确认的。这些期望及实现方式可能会多种多样。换言之，每个人都在社会舞台上承担着各种角色，表现剧情中的角色人，即剧情表演者。然而，社会这个大舞台也包含着丰富多彩的剧目，在不同的时空背景下呈现不同的剧情，从而对角色扮演者提出特定要求。为了呈现给观看者良好的角色形象，剧情表演者需要深刻理解特定时空下的剧情，把握特定时代的角色需求。与此同时，特定时代的社会大舞台也培养和造就着可以展现那个时代气息的优秀表演艺术家。

所有的社会体系，包括政治体系，都是由各种角色构成的。"角色的组合就是结构"[①]。不同于职位与机构，"角色和结构指的是每个人的能够观察得到的行为"[②]。政治结构的基本单位是个人角色，也就是政治角色。"一个角色就是一种规则化的行为模式，它是通过人们自己和他人的期望和行动而建立起来的"[③]。描绘一个政治结构也就是说明了各种角色之间的联系；每个人各就其位，在这个位置上，人们期望他经常按一定方式行事。

作为领导干部的领导角色是什么？这是一个领导干部要时刻思考并念念不忘的问题。面对这个简单而直接的问题，领导干部可能一下子难以在短时间内给出答案。正如黎巴嫩作家纪伯伦曾说过："我们已经走得太远，以至于忘了为什么要出发？"忘记目的地的出发，是件很可怕的事情，这说明旅程的线路已经走偏了。这也是习近平总书记在2016年"七一"讲话中提出"不忘初心，继续前进"的原因。

那么，领导干部应秉承哪些领导角色来科学授权呢？

第一，做政治明白人，铭记授权宗旨。"打铁还需自身硬"，领导干部的一言一行、一举一动对于国家治理的影响极其深刻。领导干部担负着重要的政治责任，讲政治便是"本根"。只有扮演好政治角色，强化政治意识、大局意识、核心意识、看齐意识，才能始终保持政治本色。如果不能运用好对党忠诚这一"定海神针"，在各种考验面前很容易败下阵来。"天下至德，莫大乎忠"。由此，领导干部在授

[①] 加布里埃尔·A.阿尔蒙德，小G.宾厄姆·鲍威尔：《比较政治学：体系、过程和政策》，东方出版社，2007年版，第14页。

[②] 加布里埃尔·A.阿尔蒙德，小G.宾厄姆·鲍威尔：《比较政治学：体系、过程和政策》，东方出版社，2007年版，第14页。

[③] 加布里埃尔·A.阿尔蒙德，小G.宾厄姆·鲍威尔：《比较政治学：体系、过程和政策》，东方出版社，2007年版，第62页。

权过程中要明确自身角色，对上下组织同时负责，提升组织意识，忠诚于党的组织。应该自觉把个人愿望融入共产党人的信仰中，忠于党的信仰，做到思想上"不失准"，理论上"不跑偏"，道德上"不失范"，行为上"不脱轨"。

也就是说，公益性和服务性是领导干部科学授权存在的基本理由。如果没有集体行动和公共生活，就没有超越个体的公益性需求，便很难形成对领导干部这一角色的必然需求。

因此，领导干部科学授权的主要依据，便是授权行为能否给集体性的公共生活带来最大公益。为此，领导干部授权过程要保持公益性，便要做到"六个守住"：即守住微，不失小节；守住独，耐住寂寞；守住初，严把关口；守住心，不碰"高压线"；守住友，慎交游焉；守住终，廉洁从政。

第二，做发展开路人，明确授权理念。党的十八届五中全会提出了"五大发展理念"。领导干部扮演发展的开路人角色，便要根据五大发展理念科学授权，将先进的发展理念内化于心、外化于行，并贯彻到谋划发展和推进发展之中，以此来科学授权。

领导干部担当改革与发展的重担，这便要扮演好能挑起"千斤担"的角色，真正做到"有干劲""在状态""敢担当"。也就是，保持对事业的信心、对发展的定力和干事创业的激情，提高履职能力的专劲、转变作风的狠劲和工作一抓到底的韧劲，在大是大非面前不"和稀泥"，困难面前有魄力，危机面前敢于直面。

一方面，紧跟上级"规划图"来布置工作并科学授权。将"上意"与"下情"的有机结合，结合"普通话"与"本地方言"，结合"规定动作"与"自选动作"。

另一方面，协调好各个单位和部门的工作任务，统筹好各方面力量，注重各环节间的有机链接，从而实现科学授权。

第三，做群众贴心人，秉承授权使命。自古以来，民心向背一直是最大的政治。党的群众路线，就是要始终坚持"一切为了群众，一切依靠群众，从群众中来，到群众中去"。领导干部在授权过程中也要时刻铭记做群众贴心人角色。一是抓民生，这便要求领导干部深入基层，扮演好一个合格的倾听者角色，而不是一个蹩脚的布道者。那种讲空话、摆花架子、干脸面活，或者做形象工程、政绩工程等行为，与基层群众对县委书记的角色期待背道而驰。"唯上、不唯书、只唯实"，才是基层群众所真正期待的角色行为。

领导干部在授权过程中，应抓好工作落实到位。习近平同志指出："抓落实是领导工作中一个极为重要的环节，是党的思想路线和群众路线的根本要求。各级领导干部要狠抓落实、善抓落实。"为政之要在于行，抓落实是对科学授权的基本要求。在科学授权之后，最重要的就是提高有效推动工作落到实处的执行力。在抓工作落实过程中，领导干部的角色行为要靠严格的程序来保证。

总之，尽管就公共权威的品质本身而言，"没有一种是难能可贵、稀世罕见的"。事实上，人们都在某种程度上具有这种品质。由此，任何"公共期待"，都不免带有某种理想主义色彩。但是，基层群众对领导干部总是存在着某种"崇高"预期。这种崇高的角色期待作为一种民意、一种公共舆论、一种伦理精神，一种"民间伦理机制"，形塑着领导干部的角色期待与角色行为，规范着领导干部的授权过程。

（二）依据领导内容科学授权

作为领导干部，在牢记目标和角色的基础上，在时间管理中就要培养自己坚持"要事第一"的习惯。美国管理大师史蒂芬·柯维在其风靡世界《高效能人士的七个习惯》中将"要事第一"列为第三个最重要的习惯。要事和琐事相对应，坚持"要事第一"就是不让琐事牵着自己的鼻子走。另外，要事也不一定是紧迫的事，紧迫的事也不一定是要事。正确的逻辑是长期专注于做"重要而不紧迫"的事，做好规划和预防，未雨绸缪，这样不但能保证领导目标如期实现，还能保证不紧急的事不会演化成紧急性的危机。

史蒂芬·柯维在《高效能人士的七个习惯》一书中指出，"紧急"意味着必须立即处理，推脱不得。"重要"与目标、价值和责任直接相关。史蒂芬·柯维按照事项的重要性和处理顺序，将工作中的各类事项分为四类。"第一类事项"紧急而又重要，需要立即处理，通常被称为"问题"和"危机"，这类事情压力大，让人被危机牵着鼻子走，被迫去收拾残局而筋疲力尽。"第三类事项"是紧急而不重要的事情，"第四类事项"是既不重要也不紧急的事情，但它们有个共同的特点是无论紧急与否，都属于"不重要"的事务。柯维从管理的角度，指明"第二类事项"包括规划长期目标、防患未然、撰写使命宣言、建立关系等。①

因为我们都渴望在有限的时间里做出有效的成果，柯维给出的解决办法是："高效能士总是避免'第三类事项'和'第四类事项'，因为不论是否紧急，这些事情都是不重要的。他们还通过花费更多时间在'第二类事项'来减少第一类事项'的数量"②。

的确如此，长期关注"防患未然"的重要而不紧急事项并将此列为重要，就能很好地提前避免危机，而不是时时被迫卷入危机。优秀领导干部的思维模式是预防型的。这不是指，重大危机和问题来了不需要领导干部亲自处理，不是告诉领导干部在危机前推脱责任，而是

---

① ［美］史蒂芬·柯维：《高效能人士的七个习惯》，顾淑馨翻译，《发现》，2003年，第8期，第46页。

② ［美］史蒂芬·柯维：《高效能人士的七个习惯》，北京：中国青年出版社，2015年版，第178页。

说要把工作的重点前置到危机发生之前。通过防患未然，规避掉一些本不该发生的危机和问题之后，领导干部"也有真正意义上的危机和紧急事件要马上处理，但是这类事件的数量相对很少"[1]。

另外，要指出的是柯维在时间管理矩阵里对"第二类事项"的描述，是从企业管理出发，譬如"建立关系"和"明确新的发展机会"是对于一个企业而言去维护好与客户的关系和明确企业转型发展新的产业机会，这里所体现的思维重点，是告诉我们去抓住对我们将来生存发展具有最本质和最重要意义的事项。那对于从事党政工作的领导干部来说，柯维所指出的"第二类事项"中的建立客户关系，我们可以联系到维护好与人民群众的血肉联系，柯维所指出的明确企业转型发展新的发展机会，也可以联系到明确引领改革和发展中的新机遇。维护好与人民群众的血肉联系和把握改革和发展中的新机遇，是从事党政工作领导干部的"第二类事项"，这些事情都是最为重要的事项，同时这类事项容易被日常的紧急琐事任务所替代和侵蚀，在一般状态下，它们不是"燃眉之急"的危机和问题，但却是"当务之急"。如果作为党政领导干部，不去用心提前筹备这些"重要而不紧急"的"当务之急"，它们就随时可能转化为"紧急而重要"的"燃眉之急"。

在厘清了这四类事项之后，领导干部就可以很清晰地知道需要把"第三类事项"和"第四类事项"通过科学授权委托给其他人或机构。而对于"第一类事项"，领导干部是无法推脱的，必须要亲自带领精兵强将去处理重大危机和问题。但是在处理完这类重大危机和问题之后，领导干部应总结经验教训，尽可能避免"第一类事项"的再次发生，并将主要关注点放在"第二类事项"中去，做好使命设定和

---

① ［美］史蒂芬·柯维：《高效能人士的七个习惯》，北京：中国青年出版社，2015年版，第179页。

规划预防，通过做好"第二类事项"来减少"第一类事项"的发生。当然在"第一类事项"下的具体事务中，也是可以通过科学授权来实现更好的效率和效果。

某公司一位年轻主管负责电视地区分公司的工作，开始的半年里，他每天都是"日理万机"，"百忙之中"渐渐感到力不从心，而公司的员工们并没有如他所希望的那样，以他为榜样，勤勉、主动地工作，反而精神更显低迷。

这种情形引起了这位主管的警觉，他感到一定是自己的管理出了什么问题，才造成这样的状况，而这种情形如不及时得到纠正，后果将是难以设想的。

在经过一番思考甚至斗争之后，他开始试着把要做的所有工作按重要性、难易程度排序，把各项工作分派给适合的员工去完成，自己只负责3件事，一是布置工作，告诉员工该如何去做；二是协助员工，当员工遇到自己权力之外的困难时，出面帮助员工解决困难，否则要求员工自己想办法解决；三是工作的验收，并视员工完成工作的状况给予激励或提醒。

在这样做之后，这位主管惊奇地发现，不但自己有了被"解放"的感觉，员工们也开始表现出极强的主动工作的劲头，公司业绩明显攀升。由于自己从大量的事务性工作中解脱出来，所以有充足的时间开始思考公司的发展战略。他描述自己就像一个自动化工厂的工程师，每天只是在优雅的环境里走动，视察自行高效运转的流水线可能出现的问题。

从这个故事可以了解"杀鸡不用宰牛刀，掏耳朵用不着大马勺"。领导干部遇到的事有大事、有小事，领导者要全力以赴抓大事。大事就是全面性、根本性的问题。对于大事，领导者要抓准抓好，一抓到底，绝不半途而废。

二、科学授权的观念基础

科学授权不是一件轻而易举的事情。它首先要求领导干部思想观念先行正确，树立正确的权力观和人才观。否则，科学授权就是一句空话，甚至可能漏洞百出。

（一）科学授权与正确权力观

在现实的政治生活中，我们常常看到一些领导干部"不愿授权、不会授权、不敢授权和不懂授权"的现象。追求其背后，这部分归因于缺乏正确的权力观，也就是模糊授权意义，或者对权力与责任的关系存在误解。

从领导权威角度来理解，我们知道领导权威是一种能将领导权力影响圈在空间上放大，在时间上延长的软实力。而领导干部通过将手中的权力，科学地将权责授出去，这样做会持续地增强领导权威进而增强领导实效。领导干部只有正确理解权力观，真正做到科学授权，领导权力不仅不会被削弱，反而会逐渐增加领导干部的领导权威，将领导活动转化为一种领导艺术。这样，"不愿授权、不会授权、不敢授权和不懂授权"的现象，也就迎刃而解。那么，究竟如何秉承正确的权力观，从而实现科学授权呢？

第一，明确授权意义，避免贪恋权力。可能存在这样的领导干部，时常担心自己手中来之不易的权力少了一块，会影响到自己的名利得失。这种错误的理念是一种贪恋权力的"不愿授权"的极端表现。正反两方面历史案例可以揭示出科学授权的重大意义。

汉高祖刘邦出身于市井，论军事策略和学识才华，他是无法和他的对手项羽相提并论的。但是秦亡之后，获得天下的却是刘邦，而不是项羽。这里的原因是什么？刘邦自己的一段话就给出了答案："夫运筹帷幄之中，决胜于千里之外，吾不如子房。镇国家，抚百姓，给馈饷，不绝粮道，吾不如萧何。连百万之军，战必胜，功必取，吾不如韩信。此三者，皆人杰也，吾能用之，此吾所以取天下也。"刘邦自知自己在某些特定的才能方面是不如子房、萧何和韩信，但就凭一点他能用人杰，于是取天下。

而另外一个反面教训，则是诸葛亮虽然神机妙算，但终因其事无巨细最终劳累而死，而无法实现刘备当年托孤时的宏图大愿。据说五丈原和司马懿对峙时，诸葛亮抱病对军中事务不问大小都一并亲力亲为。他的对手司马懿在了解到这些细节后，就断定"亮将死矣"。诸葛亮一世英明，鞠躬尽瘁，但是因不懂科学授权，而让自己英年早逝，最终空留遗憾。

俗话说："三个臭皮匠，顶个诸葛亮。"臭皮匠也好，人才也好，只要将他们放到一起，就会构成一种"生态反应"，各种思维就会竞相迸发，原来无解的问题，在大家的一起参与中就可能会找到答案。我们每个人的能力都是有限的，但通过科学授权就可以打造出一支队伍，运用团队的力量就可以把蛋糕做大。因此，畏惧授权，只会让自己封闭成一只与世隔绝的井底之蛙，手中的权力也会因为不会科学授权而逐渐消失。

第二，厘清权责关系，不忘授权使命。现实生活中，也可能存在这样的领导干部，谈到授权，便会联想到要承担责任，担心他人做不好事情，无法如期实现领导目标，或者由此进一步负面影响到自己的业绩、名声和前程，因此事事都亲力亲为和事无巨细。这是一种对科学授权缺乏了解，"不会授权""不敢授权"和"不懂授权"的表现。

　　要解决这个问题，就要回到我们在本书最开始提出的几个基础概念：领导权力和领导责任。我们都知道，是先有责任后有权力，责任是形成权力的前提，责任是权力的约束和保障。也正是因为领导干部肩负着沉甸甸的领导责任，领导干部才具有领导权力。反过来说，领导干部若忘记了领导责任，手中的领导权力就会失去合法性。因此，思考领导干部的角色和定位是什么就是思考领导责任是什么，并牢记要通过领导权力的正确行使来完成它。

　　我们都知道，因为领导权力来自人民自由权利的让渡，因此领导干部的领导责任就是要"不与民争利"，保障人们的自由权利不受到侵犯，并在此基础上积极作为，为人们创造福祉。说到底，是人们的自由权利和人民的福祉构成了领导责任的最基本和最核心的内容。人民的自由权利和人民的福祉，是一个领导干部必须要时刻牵挂在心并为之努力的事情，这就是一个领导干部的目标和角色，也是领导干部的终极价值目标和最终责任。

　　那种怕授权之后担责的想法和认为授权不受责的做法都是错误的。我们在前面谈过，权责应该对等的。领导干部授权之后，若出现失误，领导干部应勇于承担领导责任，这样才能鼓舞下属。领导干部科学授权，并不是放弃权力，更不是推脱责任。与此同时，领导干部在科学授权时，也要将责任一并与权力授予下属，让下属也承担一定的压力和责任，这样反而能激发下属积极工作，完成使命。

　　而在现实的政治生活中，很多领导干部往往陷于各种事务性的文山会海的工作中，每天的时间都在忙碌中度过，自己的身体也江河日下，看似"尽责尽力"，但实际上花在"保障人们自由权利和为人们创造福祉"这一事情上的努力少之又少，这样一来就变成了"失责废力"。

当遇到多头任务和多重目标难以兼顾甚至存在冲突时，处在科层体系中的有些领导干部，很可能会不自觉地"将精力放在容易出成绩、收效显著或者是容易量化的工作上，而对那些难以量化、收效慢或难度高甚至是有争议的工作则采取拖延时间、消极应付甚至阳奉阴违的办法"①。这样一来，就导致了目标替换和责任侵蚀，终极价值目标被工具价值目标所替换，最终责任被直接责任所侵蚀。

为了防止这种目标替换和责任侵蚀，这就要求领导干部自觉地把自己的精力放到领导责任上，放到作为一个领导干部的终极价值目标和最终责任上，时时刻刻关注"保障人们自由权利和为人们创造福祉"，用我们党的话语就是"解决好群众最关心最直接最现实的问题"。

那在这个终极价值目标下，具体的事务可能还有很多，领导干部个人精力还是十分有限，那怎么解决这个时间不够的问题？还有除了这个终极目标，在领导活动中，还有很多其他任务和目标，其中有一些任务和目标也是维持一个机构运转所必须要完成的，那怎么解决这个时间不够的问题？这两个问题的答案，就是将终极目标下的具体事务和其他目标的执行，通过科学授权委托给有能力的下属或机构去承担，并作好反馈和控制，保证走向目标的路径不走形。

（二）科学授权与正确人才观

科学授权是一种权力委托。我们在前面一节已经讨论了领导干部的终极目标和时间管理矩阵，在这些确立下来后，通过科学授权来激发人才的作用就成了最重要的事情。"政治路线确定之后，干部就是决定因素"②。权力是具有诱惑力的，领导干部做到自愿且科学地把手中

---

① 麻宝斌、郭蕊：《权责一致与权责背离：在理论与现实之间》，《政治学研究》，2010年，第1期。
② 《毛泽东选集》第二卷，人民出版社，1991年版，第526页。

的权力委托给他人，首先是要有正确的人才观。

科学授权对于一个组织来说到底有重要？科学授权重要性往往在军事战争中最为凸显，我们可以从中领悟到科学授权的真谛。《孙子兵法》中把"道""天""地""将""法"五者，列为战争准备前必须要详细考察的最重要的事项，"经之以五事，校之以计而索其情"。《孙之兵法》认为对于这五者的考察，关系到"国之大事、死生之地、存亡之道"，不可不察。其中对"将"的选用，《孙之兵法》提出"智、信、仁、勇、严"的标准，并认为懂得用兵作战的将帅是民众生死的掌握者，是国家安危的主宰，"知兵之将，生民之司命，国家安危之主也"①。可见，一个优秀的将领的选用，牵系着一个国家的安危和百姓的生死，其重要性不言而喻。我们在谈科学授权之前，就首先要树立这么一种人才观念。领导干部只有懂得珍爱人才、发现人才、启用人才、培养人才、服务人才、留住人才、成就人才这一整套理念，科学授权才有科学的前提。

第一，人才不可用而不任。正所谓"既用不任者疏"，用贤不任，则失士心。此管仲所谓："害霸也。"可见，人才不可用而不任。用人辅国行政，必与赏罚、威权；有职无权，不能立功、行政。用而不任，难以掌法、施行；事不能行，言不能进，自然上下相疏。那么，如何将人才用起来呢？这便需要科学授权。

科学授权首先要求领导干部秉持爱才之心去发现人才和甄别人才。古语有言，"千军易得，一将难求"。这就需要领导干部平时细致观察，经常和下属沟通，通过其行为和态度来甄别。孔子曾说："听其言，观其行"。优秀的人才往往是"先行其言而后从之"。在经过人才甄别之后，就要根据领导活动的目标设定和前面所提到的柯维的四

---

① 吴如嵩：《孙子兵法》，北京：军事科学出版社，2009年版，第20页。

类事项，对人才进行授权和授责，让人才充分参与到领导活动中，成为执行领导活动的一部分。这样一来，不仅能获得人才的更多体验性支持，还能激发人才的活力，给他们用武之地和平台空间。

在科学授权的过程中，领导干部还要不断和人才进行沟通反馈，随时了解人才所需要的各类资源，并给予服务、支持和指导，保证领导活动不偏离当初所设定的目标。如此一来，人才往往会给领导干部以此前意想不到的惊人业绩。人才在逐步科学授权中得到培养后，要不断给他们加担子，所授之权责也越来越大，同时要与人才订立"赏罚分明"的规则，这样人才就会在担子的压力下、责任的约束中、激励的鼓舞下，不断实现自我超越，在协助领导干部完成设定目标的过程中成就人才自己。

第二，不计前嫌用人所长。在帝王专制时代，君臣之间无民主可言，不懂得广开言路的君王无异于自塞两耳蒙蔽双眼。李世民是历史上一位不可多得的明君，正是他的兼听纳用言，开创了贞观时期君臣之间互相依赖、互相信任、互相支持的清明政治之风，在短短一二十年间将大唐推向昌盛繁荣。

李世民即位以后，逐步建立起了以自己为核心的最高决策集团，汇集了当时最杰出的人才，以充满朝气和进取精神的政治面貌，开始励精图治，为开创贞观之治的昌盛局面奠定了良好的基础。

李世民深知：为政之要，唯在得人，用非其才，必难致治。于是李世民首先采取了求贤纳才、知人善任的用人政策，不拘一格地广泛吸纳人才。他把举贤荐能、广招人才视为刻不容缓的事情，对那些推荐人才不积极的大臣，则加以严厉批评。

有很长一段时间，宰相封德彝没有推荐一个人。李世民于是就责问他，封德彝却回答说是天下没有贤才可以推荐。

李世民不禁气愤地批评封德彝说："用人就如同使用器物一样，只要各取所长自然就不乏贤才奇士。你不善知人，怎能说世上没有贤能之才呢？"

李世民不仅让大臣们推荐选拔人才，他自己也处处留心和访求有才之士，一旦发现即破格提拔重用。只要是有才之士，李世民不计较资历地位和亲疏恩怨，都能够兼收并用，充分发挥他们的才能。

三、科学授权的实践过程

科学授权应根据领导活动目标的需要和现有资源形势的状况，视实际情况，进行不同程度和形式的授权，并秉持一系列授权原则，以保证领导活动的有序性和有效性。

（一）科学授权的基本原则

有了前面的叙述和铺垫，我们就不难从中总结出科学授权的一系列原则，作为在领导活动中进行授权委托的依据，来保证领导活动的有序性和有效性。

第一，责任原则。领导干部的权力来源于人们的自由权利让渡，权力的最终用途是保护人们的自由权利，并为人们创造福祉。科学授权必须出于公心公利，而不能出于一己私心和私利。出于名利贪欲的授权，不过是利用下属来达到自己不可告人的目的，将下属卷入自己违法犯罪的同盟当中。这种授权最终的结果可能就是既贻误自己，也残害了下属。

法国国王路易十四晚年宠信"外表文静、内心暴厉"的神父勒泰利埃，竟使他滥用权力，大肆迫害反对他的冉森教徒，监狱里关满了无辜的公民。明朝魏忠贤之所以敢于遍设特务组织锦衣卫，肆无忌惮地杀戮忠臣名将，使恐怖笼罩全国，就是因为皇帝朱由校给了他不合理的授权。每当魏忠贤向他奏事时，这个昏君总是说："你看着办吧，怎么办都行！"

管仲在《七法》中指出"重在下，则令不行"指的是下级的权力过大，超越了合理范围，那么国家的政策法令就不能顺利贯彻执行。韩非的《孤愤》篇也曾指出："万乘之患，大臣太重；千乘之患，左右太信。"也就是，无论大国小国，祸患在于君主过分宠信左右臣子而无限授权。从历史经验来看，那种不合理的"无限授权"的确会造成许多恶果。

传说有一个国王为了解闷，他叫人牵了一只猴子来给自己做伴。因为猴子天性聪明，很快就得到国王的喜爱。这只猴子到王宫后，国王周围的人都很尊重它。国王对这只猴子更是十分相信和宠爱，甚至连自己的宝剑都让猴子拿着。

在王宫的附近，有一片供人游乐的树林。国王被那里的美景所吸引，带着他的正宫娘娘到林子里去。他把所有的随从都留在树林的外边，只留下猴子给自己做伴。

国王在树林里好奇地游了一遍，感到有点疲倦，就对猴子说："我想在这座花房里睡一会儿。如果有什么人想伤害我，你就要竭尽全力来保护我。"说完这几句话，国王就睡着了。

一只蜜蜂飞了来，落在国王头上。猴子一看就火了，心想："这个倒霉的家伙竟敢在我的眼前蜇国王！"于是，它就开始阻挡。这只蜜蜂被赶走了，但是又有一只飞到国王身上。猴子大怒，抽出宝剑就照着蜜蜂砍下去，结果把国王的脑袋给砍了下来。[1]

---

[1] 圣铎：《领导素质与领导艺术全书》，北京：中国华侨出版社，2015年版，第318页。

我们从这则寓言中可以获得深刻的启示。"国王"作为领导者，他的悲剧在于：将保护的权力授予了无法承担保护责任的"猴子"，就连一直尽职尽责保护自己的随从也被支开，正是这种不科学的授权，最终导致了悲剧的发生——国王的脑袋被猴子砍了下来。

第二，合理原则。我们已经谈到了，有些重要而不紧急事项和重要而紧急事项是领导干部不得不处理的，因而不能授权，可以授权的只是重要而不紧急事项下的具体事务、不重要且紧急事项和不重要且不紧急事项。需要再次强调的是，尽管重要而紧急事项，领导干部无法回避，不能授权，但应通过平日把精力放在重要而不紧急事项上来减少危机的发生。

出任香港光大实业公司董事长的王光英，很会用人，他通过授权让一批年轻的"项目经理"放开手脚干。一次，中国远洋公司为加收一笔3万美元的运费打电话，找到北京光大公司一位"项目经理"，这位年轻人当即拍板同意。远洋公司的人大吃一惊，多次询问是否请示一下你们总经理，得到的回答是："在我职权范围内的生意，我说了算！"

第三，因人原则。科学授权过程也应因人而异。如果领导干部能根据每个人的特点及你的战略思路对所有员工都适当授权，不仅可大大提高领导干部的工作效率，克服总是使用"得力"下属所带来的负面影响，还可以化腐朽为神奇，促进组织作风形成，实现事半功倍的效果。

我们从一则寓言可以获得深刻的启示。有一只很富有的蜥蜴，它拥有自己的庄园，手下还有几十名仆人。最近一段时间，蜥蜴心情很不好，原因就是家里有很多的苍蝇和蚊子，吵得它没办法睡觉。严重的睡眠不足导致它白天没精神、头脑混乱，炒股常买错号，一赔再赔，生意越做越差。

这一天，蜥蜴把家里所有的仆人都召集到一起，说："你们中会捉苍蝇和蚊子的站出来，老爷我有重赏。"

话音刚落，蜻蜓、青蛙、壁虎和蜘蛛就陆续地站了出来。蜥蜴一看有这么多仆人都自告奋勇，对"杀蚊蝇计划"充满信心。它马上开始分派任务——蜻蜓和青蛙负责在自己的卧室捉蚊蝇，壁虎和蜘蛛则负责在水塘捉蚊蝇。任务分派完后，蜥蜴高高兴兴回屋准备睡个好觉。

蜻蜓和青蛙来到了主人的卧室，各自分了工，青蛙在地面上捕捉，蜻蜓在空中捕捉。结果蚊蝇看到青蛙就飞到高处，看到蜻蜓就钻进墙缝，结果把蜻蜓和青蛙累得趴在了地上，它们只好无功而返。

这边，壁虎和蜘蛛也来到水塘边，看到很多蚊蝇在水面上空盘旋，可就是够不着。壁虎一看到水就头晕，蜘蛛结的网也都被水融化了，没有办法，它们也只好无功而返。

第二天，蜥蜴暴跳如雷，一气之下把蜻蜓、青蛙、壁虎和蜘蛛全都解雇了。

蜥蜴永远也不会明白：明明四个捕捉蚊蝇的高手，为什么一到它这儿就变得一无是处了呢？原因就在于它并没有真正地了解它们的特长，没有掌握科学授权方法，把适合的人安排到适合的职位。如果让蜻蜓和青蛙负责水塘，让壁虎和蜘蛛负责卧室，情况就会完全不一样了。[①]

由此可知，领导干部在授权过程中要将权力授权给合适的人。将权力授予能够胜任工作的人是非常重要的。领导要对下属进行完整的评价。如果发现有的下属对自己的工作了解很深，并且远远超出原来的预料，这些人就有可能具备担负重要工作任务的才能和智慧。如果对下属的分析正确无误，那么选择能够胜任工作的人这一步就比较容

---

① 圣铎：《领导素质与领导艺术全书》，北京：中国华侨出版社，2015年版，第275页。

易做好。

在组织中，都或多或少地存在着下面这几类人物：一是"孙悟空式"人物。这类人物特点是有能力，但狂妄自大、不太听话。对这种情况，彼得·德鲁克说过："一个有成效的领导者应该懂得，员工得到薪酬是因为他能够完成工作而非能够取悦上级……一个完美无缺的人，实际上不过是个二流人才。才干越高的人，其缺点往往也越显著。"对此，领导干部首先要多多委以重任，经常鼓励并与之沟通；但一旦犯了错误，应该严厉批评，不批则已，一批批透，但同时也要给他留些余地和面子，一般不要当众批评。

二是"猪八戒式"人物。这类人物特点是有一定的业务能力，但"成事不足，败事有余，毫不利人，专门利己"，且经常"嫉贤妒能，煽风点火"。对此，领导干部依然可委以一些较为重要的工作，但必须与之绝对讲明将要进行检查的地方，并加强监督和批评；如有可能，应列出尽可能详细的项目检查要点清单，定期或突袭按项检查；也可考虑派"悟空"类人物从侧面代为监督，但仅限向领导打"小报告"，而不宜他直接介入其事。

三是"沙僧式"人物。沙僧的特点是踏实与令人无奈的平庸，缺乏自信。可将领导干部手中已做熟的"套路"类工作交给他，每完成一项，就大加鼓励，使之逐步树立自信，再逐渐增加工作的难度。

俗话说：一样米养百样人。"领导干部不可能以一付'模子'来套用所有的人；反过来说，如果真的在组织中只有一种类型人的话，那么组织就一定会是一潭死水，毫无生气的。授权要因人而异，重在'物尽其用'上，这样大家才会为着一个共同的目标而各尽其能"[1]。

第四，激励原则。领导干部在授权过程中，应遵循激励原则，懂

---

① 圣铎：《领导素质与领导艺术全书》，北京：中国华侨出版社，2015年版，第297页。

得怎样用有效的态度和方式去激励别人，领导干部在激励他人同时，自己也受到激励，这是互动的成长过程。

我们可以从托马斯·爱迪生和他的母亲那里认识到这一点，当孩子感觉到他完全沉浸在可靠的信任中时，他会干得很出色。下属也是同样，处于信任的氛围中，他不会费尽心机地去保护自己免遭失败的伤害；相反，他将全力地探索成功的可能性。在这一阶段，领导干部扮演着授权者的角色，需要给予被授权者具体的目标并加以指引和指导，协助被授权者一起完成任务。

领导干部还可以通过赋予工作以重要意义，从而增强下属的荣誉感和使命感。

我们可以从一个实例获得深刻启示。一位旅馆经理吩咐一位男服务生去关一间房间的窗户，在这位男服务生可能埋怨只让他做这份本该由女服务员做的简单工作之前，经理就以一种非常慎重的态度告诉他："那间房间的窗帘非常昂贵，你现在必须赶快把窗户关好，否则待会儿刮风下雨，窗帘一旦损坏，就会出现重大损失。"这位男服务员听完之后，立即飞奔去关窗户了。[①]这位饭店经理的高明之处在于，他让那位男服务生认为自己负担的责任不仅仅是关窗户而已，还需要他去保护价值昂贵的窗帘。

因此，领导干部有必要谨记一点：让对方知道他必须如此做的理由；让对方知道他所担负的某项任务的重要性。一个人一旦有了成就，就会产生一种满足感，为了获得更大的满足感，他就会做出更大的成就，这就是一种良性循环。

第五，反馈原则。依照目标导向来实施授权中的反馈和控制。授权不是放弃权力，不是推脱责任，其目的是更好地实现领导目标。在

---

① 圣铎：《领导素质与领导艺术全书》，北京：中国华侨出版社，2015年版，第300页。

各种授权形式中，应建立反馈机制和控制程序。比如要求被授权下属定期或阶段性地汇报任务进展、面临困难、所需支持，以便领导干部及时监控目标体系及资源配置情况，保证领导活动不偏离原先所设定的目标。除此以外，领导干部还应在适当情况下，主动去和被授权下属沟通，关心下属在工作中的成长，并及时纠正一些重大失误。对于授权失当的情况，领导干部应果断收回权力。

科学授权的关键在于监督，监督的目的是保证组织系统的运行始终朝着既定目标。权力授出之后，授权者的具体事务减少，但指导、检查和督促的职能却相对增加了，授权者要密切关注被授权者的工作动向，能及时发现和察觉他们工作中的问题。被授权者有责任和义务向授权者汇报工作情况，不能把授权者必要的指导、检查和督促视为一种干预。

明朝徐达，智勇兼备，是朱元璋手下一员得力大将，几乎每逢较大战役都被任为主帅。每当徐达被派往前线后，朱元璋总是向他明确谕告："将在外，君不御，将军便宜行之。"话虽是这么说，徐达深知这是朱元璋一种有控制的授权，所以，他仍然坚持将军中大事经常汇报给朱元璋。

（二）科学授权的主要方式

基于目标任务的设定、事项的种类、人才的综合素质，根据实际需要，科学授权可以采取的形式包括充分授权、有限授权和灵活授权三种形式。

第一，充分授权。充分授权就是将权力和责任全权委托给下属或机构，由其自行决策和创造条件，达成最终使命，领导干部在一般情况下不干涉被委托者，并要求下属或机构对其活动负责。充分授权的前提条件是基于对任务目标的清晰设定、对事项种类的明确划分、对

163

人才素质的详细考察。也就是说，领导干部在充分调查的基础上，断定下属完全具备完成某项任务的能力时，才可以采用充分授权。

第二，有限授权。有限授权和充分授权不同，它是考虑到他人较难完成某项任务的现实性时，对他人进行部分授权。也就是，授权他人完成其中的一部分工作或在授权中领导干部本身会不断介入的授权。

第三，灵活授权。灵活授权是对充分授权和有限授权的一种折中和结合，在实际情况不明朗时，先采用有限授权，然后待到各种条件都具备时，则使用充分授权。

以上三种形式的授权都需要基于领导干部自身对实际情况和相关条件的翔实考察，否则就可能会出现巨大失误。

具体来说，为了实现科学授权，领导干部要依照人才的综合素质来选择三种授权方式。

我们说珍爱人才、发现人才、启用人才、培养人才、服务人才、留住人才、成就人才这一整套理念，是科学授权的前提。我们不能单个拆分来适用科学授权。比如前述案例中，讲到诸葛亮虽有爱才和育才之心，但是仅凭这一点是不能确定对人才采用何种授权形式。在授权前，最好应综合考察人才的综合素质，通过将人才在实践中不断进行历练，由有限授权，逐步过渡到充分授权。

授权还要注意根据被授权对象的承受能力，决定授什么权，授多少权。正确授权是要讲究适度，防止两种倾向，一种是授权过度，超负荷，使被授权者承担不了职权和责任；另一种是授权不足，不是充分授权。这两种倾向都不利于被授权者能力的发挥，是违背授权规则的。

"1982年，英国和阿根廷发生马岛之战，英国特混舰队在远离本土12800公里地方作战，并且在兵力上处于1∶6的劣势。在这种不利情势下，英国首相撒切尔夫人通过国会向特混舰队司令官授予进攻阿根廷大陆以外的一切委托权，终于赢得了马岛战役的胜利。撒切尔夫人的这次授权，看似冒险，实则是在正确估计司令官的指挥能力和舰队战斗力的基础上的一种量力授权"①。

引发诸葛亮挥泪斩马谡的街亭之战，就是对授权形式采用不当的典型案例。公元228年，诸葛亮北上伐魏进攻祁山，魏国闻讯派张郃前往抵御诸葛亮的出击。在这一战线中，街亭是一个战略要点。诸葛亮在否决起用魏延等老将前往驻守街亭的建议后，大胆起用新人马谡为参军，带兵2万驻守街亭，只派老将王平带领5000人一并协助。马谡心高气傲，为人浮夸，平时喜欢谈论兵家谋略，但也曾为诸葛亮在南征北战中出谋献计，深得诸葛亮的赏识。此人最大的弱点是从未有过亲自领兵指挥作战的经验。在决策由谁领兵前往街亭驻守时，诸葛亮力排众议，最后选择了马谡，并要求其立下军令状。但马谡前脚立下军令状，待到街亭时就全将诸葛亮的嘱托忘得一干二净。马谡死搬兵书，违背诸葛亮的部署，排斥同行大将王平的规谏，孤注一掷，将部队驻扎在南山之上，而不是将部队驻扎在山下城镇平地。马谡一心想着，军队驻守在山上，若遇来攻，则可顺势而下，势如破竹。但是马谡并未考虑到山上远离山下水源，一旦遭到敌军围山、火攻、绝水这些最平常的战术，他的部队就将全军覆没。马谡刚愎自用，最后果然没有逃脱魏军的绝山断水之术，引来大败。马谡在慌乱中舍军逃出，诸葛亮为守护军心，最终挥泪斩马谡。

从这个例子可以看出，授权方式一旦采用不当，对领导干部和下属来说都是个挥之不去的灾难。诸葛亮作为主帅，用人授权不当，无法完成使命，需要承担领导责任，难辞其咎。马谡作为参军，自作主

---

① 朱昌远：《科学授权六原则》，《领导科学》，1987年，第5期，第23至25页。

张，所授之权超过了其实际能力，不但令全军基本覆没，自己最终得到的也是砍头之祸。

（三）科学授权的实践艺术

科学授权，通俗地说，就是在工作中"放风筝"。授权的成功与否，大而化之，决定领导活动目标实现与否；小而化之，影响工作的顺利开展。因此，科学授权必不可少。那么，如何才能真正做到科学授权、如何才能有效地放飞"权力"这个风筝呢？

第一，一手放权，一手监督控制。风筝必须要舍得放才能飞得高，只有舍得放出去，风筝才飞得高、飞得远。授权亦然，好比诸葛亮，总是事必躬亲，总是把权力攥在手里不肯下放，下属又如何为其分担工作、承担责任呢？所以，权力虽好，必须有效下放，才能真正起到尽可能大的作用。

在有限的范围内，风筝自然是放得越高越有趣味，权力是下放得越大越能起到大的作用，只要不是超越了自己能控制的范围，就大胆地放。这样，既可以让下属有足够的权力可用，便于开展工作，又可以最大限度地减轻自己的工作量，让自己抽出时间做更有价值的事情。

例如，一位生产经理，在生产过程中，不仅将每天生产部门内的日常工作交给助手去做，同时将每天的生产计划、多个车间的人员调配等重要事项也放手交给助手去安排，自己只是不时对生产进程、产品质量进行跟进。这样，既有效锻炼了这位助手的能力，也使自己有更多的时间去作总体上的宏观决策。

此外，科学授权固然有利，但是科学授权并不等于放权。科学授权意味着激励下属承担更多的责任，拥有更多自行决策的权力。首先，科学授权必须要有适宜的对象，即成熟而热忱的下属。他有足够的能力和意愿去担当责任，所以科学授权的第一步是授能，是培养激励员工的过程。

在授权过程中，一定要注意不要放松对权力下放后的跟进，不要以为有风筝线控制着，就能高枕无忧，要知道，情况随时都可能发生变化，稍不留神，风筝线就可能断脱，如不注意及时跟进，到时悔之已晚。所以，权力下放后，一定要随时跟进，时时保持拉线的韧度，绝不要使之断脱。

《韩非子》中有这样一个故事：鲁国有个人叫阳虎，因触犯鲁王被驱逐出境，逃到晋国受赵简子任用。赵简子十分赏识他的才能，任他为首辅。近臣向赵简子进谏说："听说阳虎私心颇重，你怎能用这种人打理朝政呢？"赵简子回答道："阳虎或许会寻机谋私，但我一定会小心监视，防止他这样做。只要我拥有不至于被臣子篡权的力量，他阳虎又怎么能轻易地达到目的呢？"这样，阳虎在首辅位上如鱼得水地施展自己的抱负和才能，而赵简予则在一定程度上监督着阳虎，使他不敢也不至于越位，最终使赵简子成为晋国最强大的世卿。

因此，领导在授予权力后，必须对接受授权下属进行监督和控制。没有制约的权力是不可想象的。仅有授权而不实施反馈控制会招致许多麻烦，最可能出现的问题是下属会滥用他获得的权限。因此，在进行任务分派时就应当明确控制机制。首先要对任务完成的具体情况达成一致，而后确定进度日期，在这些时间里，下属要汇报工作的进展情况和遇到的困难。控制机制还可以通过定期抽查得以补充，以确保下属没有滥用权力。但是要注意物极必反，如果控制过度，则等于剥夺了下属的权力，授权所带来的许多激励就会丧失。

总之，领导干部应奉行"用权不单干，主意不独断，放手不旁观"。也就是说，授权流程首先要交给合适的人，然后给他一个计划，充分授权，接着就是过程监控。把事情交给下属后，在这个过程中要给他一些支持，不断跟踪，就如同踢球，不能说只要他把球踢出去后就不管它往哪边走了，还要教他怎么踢更准一点、更快一点，这才是一种有效的授权，所以说要进行支持，要进行过程的监控。

总之，科学授权是必不可少的，但是放权后要监督控制，有效地放权，合理地监督是科学授权成功的保障。

第二，一边授权，一边防止越权。领导干部在授权时，要防止下属越权，对此，领导干部必须进行有效的指导和控制。但如果领导干部控制的范围过大，触角伸得太远，这种控制就难以驾驭。如何做到既授权又不失控制呢？下面是一些在授权过程中做到权力控制的几种做法。

一是评价风险。每次授权前，领导干部都应评价它的风险。如果可能产生的弊害大大超过可能带来的收益，那就不予授权。如果可能产生的问题是由于领导干部本身原因所致，则应主动矫正自己的行为。当然，领导干部不应一味追求平稳保险而畏缩不前。一般来说，任何一项授权的潜在收益和潜在风险并存，且成正比，风险越大，收益也越大。

二是建立彼此信任关系。如果不愿接受领导干部授予的工作，很可能是对领导干部的意图不信任。所以，领导干部在授权前有必要排除下属的疑虑和恐惧，并适当表扬下属取得的成绩。另外，还要着重强调：关心下属的个人发展是单位发展的一项主要职责。

三是进行合理的检查。适时的检查可以起到指导、鼓励和控制的作用。需要检查的程度取决于两方面：首先是授权任务的复杂程度；其次是被授权下属的能力。领导干部可以通过评价下属的成绩，要求下属写进度报告，在关键时刻同下属进行研究讨论等方式来进行控制。

同时，领导干部要减少下属的越权，在授权中还要注意以下两点。一是尽量减少反向授权。发生反向授权的原因一般是：下属不乐意冒风险，怕挨批评，缺乏信心。二是学会分配麻烦的工作。分配那些单调乏味的或人们不愿意干的工作时，领导干部应开诚布公地讲明工作性质，公平地分配繁重的工作，但不要讲好话道歉，要使下属懂得工作就是工作，不是娱乐游戏。

在授权时还要注意，尽量减少下属越权的可能性。同时，在授权后也要实行一定的控制，防止越权。但是，还有些下属会犯错误，在工作中超越了自己的权限。为此，对于这些越权的下属，领导干部要学会对待，要在批评教育的同时，给予鼓励。有些时候下属的越权决定而处理的问题，可能是正确的，甚至干得很好，即使这样，可以维护现状，但领导干部一定要指出下不为例，并给予一定的警告。

第三，一面授权，一面防止误区。领导干部都懂得授权的重要性，但让一些领导干部真正把一些权力下放给下属，确实不是一件容易的事。实际调查表明，大多数领导干部仅仅授权部分工作。诚然，在有着深刻集权思想的环境中，领导干部不能充分授权的原因是多样的。但在实际工作中，领导干部的工作习惯和一些认识的误区则是导致授权丧失效果的主要原因。那么，授权究竟有哪些误区？领导干部应该怎么避免，从而最大限度地发挥下属的潜力和活力呢？

一是避免以自我作为中心的工作习惯。领导干部应鼓励下属做出对自己有影响的决定。因为作为领导干部，必须清楚你不能独立完成所有的工作，而高效地授权能让你的工作和生活更轻松，组织更充满活力。

那些具有较强工作能力的领导干部更容易发生这样的失误。事实上，领导干部即使在很多领域中都具有非凡的能力，也一定要避免事事亲为，因为领导干部的能干不代表下属不能做这些事。而且，这样做之后，一个严重的后果是会导致下属行为的惰性。

二是避免工作目标模糊。领导干部要避免认为是自己举手之劳的工作而忽视授权。实际上一个领导干部的时间就是在这些并不重要的举手之劳的工作中浪费掉了。更重要的是这样会放任下属，使他们的能力更加缺乏。此外，也要避免因为自己喜欢做而不授权给下属。尤其是一些技术型领导，必须授权自己喜欢的工作，让下属代劳。领导干部的任务是集中精力做必须由你做的工作，而无论你是否喜欢。

领导干部要避免对工作要求尽善尽美。也就是，认为所有工作都应该完美地实现，其实这是一个误区，而一旦陷入这个误区，则会对授权产生限制，甚至会导致领导干部对下属的能力产生怀疑，从而在授权工作上止步不前。事实上，有许多时候不需要十全十美。

三是避免放权等于完全放手。许多领导干部常常会将信任与放任混为一谈。放任下属的后果是殃及整体工作。身为领导不可不防！有的领导每次向下属交代任务时总是说："这项工作就全拜托你了，一切都由你做主，不必向我请示，只要在月底前告诉我一声就可以啦。"这种授权法会让下属们感到：无论我怎么处理，领导都无所谓，可见领导对这项工作并不重视，就算是最后做了，也没什么意思，领导把这样的任务交给我，不是小看我吗？不负责任地下放职权，不仅不会激发下属的积极性和创造性，反而会适得其反，引起他们的不满。对放任进行预防的最好办法，就是监督。

四是对授权对象要求苛刻。领导干部应避免认为必须把一项工作授权给能手才是合理的。实际上不同的工作完全可以授权给不同的人，而标准只有一个，那就是能否提高整个团队的绩效。应该针对特定的情形和对象使用最佳授权方式，最终减少团队中资源的冲突和浪费。在此过程中，领导干部要避免因为下属拒绝而对授权没有信心，或者避免因为下属是新手、担心经验不足而不敢授权。当然，领导干部授权方式的不恰当也可能导致下属拒绝。解决这些问题更需要领导干部的丰富经验。一个高效的领导干部，在明白能人重要性的同时也必须看到新手的潜力和价值。授权的过程其实也是一个授权者与被授权者共同进步、共同承担责任、共同学习的过程。

五是授权之后还要避免"反授权"。领导在授权过程中以及授权以后，还要注意防止"反授权"。所谓反授权，就是指下属把自己所拥有的责任和权利授给领导，即把自己职权范围的工作问题、矛盾推给领导，"授权"领导为自己工作。这样，便使理应授权的领导反被下属牵着鼻子走，处理一些本应由下属处理的问题，使领导在某种程度和某些方面"沦落"为下属的下属。

领导者如果对此不提高警惕，不仅使领导工作陷于被动，忙于应付下属请示、汇报，而且还会使下属养成依赖心理，从而使上下级都可能失职。在此，举一个防止"反授权"的例子。

美国山达铁路公司年轻的技术室主任史特莱，虽然自己很努力地工作，但是却不知道怎样去支配别人工作。一次，他被指派主持设计某项建筑工程。他率领3个下属，去一个低洼地方测量水的深浅，以便知道经过多深的水，才可以建筑坚固的石基。

当时史特莱才20岁出头，资历尚浅，虽然也在各铁路测量队或工程队工作了好几年，但独当一面指挥别人工作，还是第一次。

史特莱极想为3个下属做出表率，以增进工作效率，在最短的时间内完成工作，所以开始的3天，他埋头工作并以为别人一定会学他的样子，共同努力。谁知这3个下属世故甚深，狡猾成性。他们看到年轻的领导这么努力，以为他少不更事，便假意恭顺，奉承史特莱的工作做得好，而自己却袖手旁观，几乎什么事也不干。结果工作进展得很不顺利，难以达到史特莱的期望。史特莱虽然困惑但脑子还算清醒，他回去思索了一晚，发觉是自己措施失当，知道自己如果将工作完全揽在身上，他们就会无事可做。第四天工作时，史特莱便改正以前的错

误，专力于指挥监督，不再事必躬亲，工作效率果然大有改观。^①

可见，身为领导，必须注意防止"反授权"，这样才能成为一名成功的领导者。

总之，高效授权是一门艺术，是拥有优异领导才能的表现，也是管好下属的关键。领导干部要想在实际的授权工作中避免这些误区，使每一个成员的责任心达到最大化，需要具有成熟的思想、对下属的信任、良好的沟通技巧和足够的信心。此外，领导干部还需要花费大量的时间不断总结经验，不断克服科学授权过程中出现的难题，用更多的时间和精力关注重点工作，从而成为一个高效的领导干部。

---

① 圣铎：《领导素质与领导艺术全书》，北京：中国华侨出版社，2015年版，第314页。

第七章

7

领导权力与权力监督

<<<<<<<

所谓权力监督，就是督促和监察权力运行过程，其中既包括对领导干部所从事工作的督促，防患未然，也包含对领导干部出现问题后的批评和检举，直至诉诸党纪国法。

权力监督不仅仅是对负面的谴责，更重要的是督促，让领导干部的工作得以日臻完善。本章从家风传承以培养主体权责意识、文化传播以奠定政治精神根基、教育引导以打造优良政治生态、法治规约以打牢权力制度之笼、群众监督以织造权力密封之网、舆论监督以巩固权力治理围墙六个角度来谈权力监督。

>>>>>>>

一、家风传承，培养主体权责意识

　　家庭是廉政建设的第一道防线。能否保持一个良好的家风，对于领导干部廉洁从政至关紧要。家风不慎，亲情就可能绑架公权，不仅贻误自己，而且拖累家人。良好家风的幸福家庭，不仅是领导干部在外辛苦劳累的避风港，也是领导干部手中权力的第一道"安全阀"。

　　在中国传统文化中，"孝悌忠义""百善孝为先""家和万事兴"等是"齐家"的至理名言。"我家两堵墙，前后百米长。德义中间走，礼让站两旁。"歌曲《六尺巷》登上猴年春节晚会的舞台，让桐城六尺巷背后的家风家训，再度进入公众视野。中国有一副著名的对联"忠厚传家久；诗书继世长"，诗礼传家就是传统文化中对家风最凝练的概括。

　　在中国人眼中，家是最小国，国是千万家。没有每个小家的和谐稳定，就没有社会的和谐发展。一个社会的发展，需要诚信、积极、进步、向上的氛围，这种氛围的营造，不仅靠外在强制的约束，还要靠个人良好品行修养来维系。个人良好的品德，就来源于家风的熏陶与培养。

　　周恩来同志曾制定"十条家规"严格要求亲属；刘少奇同志"约法三章"规范家人和身边工作人员的行为；曾主管国家经济工作长达26年的李先念始终不许孩子经商。

　　古语讲得好"修身齐家治国平天下"，这说明树立良好家风的重要性。廉洁的作风，会带出良好的家风；良好的家风，又促进廉洁的作风。

孟子说："天下之本在国，国之本在家"，家是涵育民风、官风的基本单位。古人还说，"求忠臣必于孝子之门"，这正是打通官风与家风的凝练概括。不管是陆游的家风诗、朱柏庐的《治家格言》，还是诸葛亮的《诫子书》、李世民的《帝范》，这些人的家风都成为我们传承良好家风家教的典范。

良好家风是阳光，呵护幼树可参天。刘少奇同志曾专门开家庭会议，规定家人不准借他之名办事。习仲勋同志反复告诫子女，越是干部子女越要"夹着尾巴做人"。也正因为有这样的好家风，才给家庭带来了平安、祥和与幸福，也才使得后人保持崇高理想，致力于党的事业，不断取得成就，实现大作为。先辈的持家之道，仍是今人的学习典范。

家庭作为生活的后院也十分重要，家庭建设得好，不仅家人和个人受益，也为社会起到示范作用。家庭建设得不好，不仅家人和个人受害，也影响党的形象、影响社会风气建设。因此，无论是出于事业的角度，还是对家庭负责的角度，领导干部都要在干好事业的同时，注重管好家庭，营造良好家风。

（一）家风不良祸患无穷

家庭是社会的细胞。"家风好，就能家道兴盛、和顺美满；家风差，难免殃及子孙、贻害社会。"

家风，影响着一个人的品质和行为。对居于领导岗位、握有权力的官员来说，败坏的家风，往往成为牵引其自身及亲属走向牢狱的绳索。

清代的官场上曾经流传过一句谚语，叫作"莫用三爷，废职亡家"。"三爷"，指的是这三种人：子为少爷，婿为姑爷，妻兄弟为舅爷。如果对亲属任意放纵,最终就难免落得个"废职亡家"的结局。

在中纪委六次全会上,习近平毫不留情地指出,不少领导干部"纵容家属在幕后收钱敛财,子女等也利用父母影响经商谋利、大发不义之财"。

纵观已查处的大案要案,很多腐败分子的违纪违法行为中,往往有"家族腐败"因素。家族式腐败现象时有发生,家风败坏已成为领导干部走向严重违纪违法的一个重要原因。父子兵、夫妻档、兄弟帮屡见不鲜,甚至"全家总动员",把公权力变成"私人订制",最终一起走上不归路。

据中央纪委监察部网站统计:从2015年2月13日至12月31日,该网站共发布34份省部级及以上领导干部纪律处分通报,其中21人违纪涉及亲属、家属,比例高达62%。一半以上属于利用职务上的便利为亲属经营活动谋取利益。国家发改委原副主任、国家能源局原局长刘铁男之子,江苏省委原常委、秘书长赵少麟之子,四川省文联原主席郭永祥之子,广西壮族自治区政协原副主席李达球之子等,利用父亲职权或被父亲作为收受贿赂或非法经营的中间人,轻易聚敛巨额财富。

中央纪委发布消息,苏荣因严重违纪违法被开除党籍和公职。苏荣落马后在忏悔录中写道:"正常的同志关系,完全变成了商品交换关系。我家成了'权钱交易所',我就是'所长',老婆是'收款员'。"

在苏荣担任江西省委书记期间,其妻于丽芳频繁插手土地出让、工程建设、招标投标,索取收受巨额财物。其子多次插手土地、工程项目,大肆收取好处费。经查,苏荣共有十余名家庭成员涉案,可谓夫妻联手、父子上阵、兄弟串通、七大姑八大姨共同敛财。

苏荣腐败案是典型的家族式腐败。家里面从老到小、从男到女都有参与。这种"全家腐"发生的原因是多方面的，但其中的一个重要原因不容忽视——家风败坏。

尤需引起重视的是，与苏荣等人自己也大搞权钱交易不同，一些领导干部台前道貌岸然，极力打造"清廉"形象，背后却将自己手中的职权和积累的"人脉"，用在为子女非法牟利上，其行为更加隐蔽，危害不可低估。刘铁男便是其中的典型。

刘铁男在儿子刘德成小时候便告诉他，"做人要学会走捷径，要做人上人"，其子"从小就觉得钱是万能的，有了钱就有了一切"。刘铁男后来利用职务便利为他人谋利，自己很少直接收受好处，绝大多数都是通过儿子收受他人财物的。①

正所谓机关算尽太聪明，刘铁男一手给儿子设计的敛财"捷径"，最终却使自己和儿子双双步入歧途，悔之晚矣。

家风坏，腐败现。"家风败坏往往是领导干部走向严重违纪违法的重要原因。"习近平的这句话，直指要害。

"党员领导干部务必珍惜权力、管好权力、慎用权力。正确行使权力，掌权为公、用权为民则群众喜、个人荣、事业兴；错误行使权力，甚至滥用权力，掌权为己、用权于私，则群众怨、声名败、事业损。"可惜可叹的是，很多领导干部为这段话，做了反面的注脚。

在现实生活中，一些干部在亲情面前没有坚持住原则。譬如国家食品药品监督管理局原局长郑筱萸，一家三口悉数涉贪，涉案企业多与其妻子和儿子发生交易；刘志军与其胞弟刘志祥在铁路系统上演"贪腐亲兄弟"。"一人当官全家贪腐，一人落马牵出全家"的案例不在少数。领导干部亲人在权力面前没有止住私欲，往往会导致一位为民做主的清官止住脚步；领导干部若不能在私欲方面管好自己的亲

---

① 吴若、帅筠：《十八大以来，习近平这样谈"家风"》，新华网，2017年3月30日。

人，反而与亲人开展一场"里应外合"的贪腐行动，那就只会毁了自己，又毁了家庭。①

领导干部坚持清廉从政，不仅要管好自己，还要管好所有亲属，教育亲属子女当好社会的普通一员，提高自立自强的品行能力。这才是对他们最大的关爱，也是造福家庭、有益社会之举。若让亲属子女搞特殊化，甚至为他们谋"官路""财路"，虽能帮他们一时，却不能帮他们一世，如果采用非法手段，将会酿成大祸，不但葬送了自己的政治前途，也将毁了整个家庭的幸福和安宁。这种所谓的"亲情关爱"，其实是地地道道的"亲手加害"。

（二）莫让亲情绑架公权

"无情未必真豪杰，怜子如何不丈夫。"讲感情、重亲情乃人之常情，也是人类这个"大家庭"繁衍生息必不可少的纽带。但是，领导干部要理性面对家庭亲情。

领导干部不是生活在真空中，不是不食人间烟火的神仙，倘若顾及亲情处理不好公与私的关系，因公徇私，则会被亲情"绑架"，被亲情裹挟着触犯党纪国法，留下人生败笔。一些居心不良者往往是从领导干部家庭成员中打开缺口，并通过这些家庭成员再去打通领导干部的"关节"。可见，领导干部能否经得起亲情的考验，是能否保持人生正确航向的关键。

为亲情因私废公，触犯党纪国法，亲情就成了一道"绑架"自己的看不见的绳索，把自身捆了个结结实实却浑然不觉，最终前程尽毁、家庭破碎。无数事实证明，亲情因素对干部从政行为的影响是不容忽视的。领导干部逐渐走向犯罪，并蜕化变质为腐败分子的轨迹，

---

① 吴黎宏：《好干部是如何炼成的？》，北京联合出版公司，2015年版，第208页。

留给人们一个重要的警示：领导干部必须牢固树立正确的亲情观，经受住亲情的考验，注重管好自己的配偶、子女和亲属，清正廉洁过好亲情关。然而，面对亲情，怎样关爱，却值得每一位领导干部深思。

古人云："君子之爱人也以德，小人之爱人也以姑息。"实际上，领导干部的"不近人情"是对家人的关心和爱护。领导干部要在管住自己的同时，管好家人，使自己保持公仆之心，使家庭保持平民之风，时时以人民利益为重，处处严守党纪国法防线，切实过好亲情关。在这个问题上，一个女人给我们上了很好的一课。

后汉孝明帝的皇后是伏波将军马援的小女儿，十四岁入太子宫为太子妃，明帝即位后册封为皇后，儿子章帝即位后，因为年纪小，马皇后临朝称制，处理国家大事，史称明德马后。

章帝和自己的几个舅舅感情很好，便想依照惯例，封自己的几个舅舅为侯，太后却坚决不同意。

一年大旱，有一名投机官员想趁势讨好皇上和后族，便上奏说天灾乃是因为不封国舅为侯之故。

马太后看后大怒，下诏严词斥责："你不过讨好我而已，怎敢妄言天灾与不封侯有关。汉成帝时，一日之间封王家五人为侯，当时大风拔树，黄雾四塞，这才是天灾示警，乃是后族过盛，乾纲不振之故，终于导致王莽篡汉之祸，从没听说后族谦逊守礼而导致天灾的。"大臣们见太后执意坚决，便没人再敢做这种投机生意了。

后汉选择皇后大多是开国功臣之家，主要是邓、马、窦、梁四家，而邓、梁、窦之族因权势过盛而遭灭门之祸，只有马氏一族谨守礼节，不敢稍有逾越，得以保全。①

明德马皇后能深明古今成败大义，她在位期间，始终压制自己娘家

① 黄石公：《素书》，东篱子解译，中国纺织出版社，2016年版，第79页。

的势力，既不是不爱富贵，更不是不愿意娘家与自己同享富贵，而是深知富贵乃祸患之门，稍有闪失便会有不忍言之大祸，真是明理达义。

东汉的思想家王符，曾经有个很精彩的比喻，他说：君主娇宠自己喜爱的贵臣和一般人养育婴儿犯同样的过错，人们喂养婴儿总是担心他吃不饱，尽量多给奶水吃。君主娇宠贵臣也总是嫌给予的权力不够大，财物不够多，所以无限制地赏赐财物，增大权柄，而婴儿因吃得过饱，经常生病甚至夭折，贵臣也因权势过盛，财物过多而积成罪恶，经常会招来祸患甚至灭亡。比喻浅显通俗，可谓一语中的。推古验今，所以不惑，"后人到此宜明鉴"。

可以说，在某种情况下，领导干部的"无情"是对家人最好的爱护。"我认为当党的干部，如何为党多做点工作，关键是处理好工作与家庭的关系，尤其是从区到县到地区，都是担负着领导工作，自己不以身作则，就会影响到全体干部职工。"这是云南保山原地委书记杨善洲退休前写的退休报告。他是这样写的，也是这样做的。

杨慧兰是杨善洲的二女儿，1984年，还是一名代课老师的她报考县公安局，希望父亲能打声招呼，但被杨善洲狠狠地训了一顿。当时她也符合农转非条件，材料递到省里，又被杨善洲要了回来……说起父亲的"狠心"，杨慧兰说："当时不理解父亲，还写信埋怨他对自己不上心，但现在理解了。"

大女儿结婚，杨善洲嘱咐一定要节俭，不能收礼；二女儿结婚，忙得没顾上回家；家人到县城办事，不让搭"顺风车"，他说"配公车是用来干工作，不是用来拉家人"；劝说孙子放弃大城市发展机会，到基层一线接受锻炼……

为官几十年的杨善洲，家人都过着极其普通的生活，他们的生活既没有过喧闹和浮华，也没有过失落和风浪，他的"无情"实际上是对家人最好的爱护。他一生自律，给了家人一个清清白白、平平安安的人生，一个自食其力、受人尊敬的人生。

由于严重的肺部疾病，2010年10月10日，一个被称为"十全十美"的日子，杨善洲静静地走了，并留下遗言，不请客、不接礼、不铺张、不浪费。按照生前意愿，家人把他的骨灰安葬在3个地方：大柳水，陪伴亏欠太多的老伴儿；清平洞，是他最钦佩的爱国将领邓子龙点将的地方；大亮山，是他最牵挂的热土。他的墓碑上有这么一句话："廉胜清溪兮洁超碧玉，情牵百姓兮誉满神州"。①

（三）以身作则管好家人

家庭是子女的"第一所学校"，父母是子女的老师。领导干部是家庭的榜样，首先要严于律己、以身作则，其言行对家人才有说服力和感召力。领导干部如果连自己的配偶子女都管不好，何以服人治事？领导干部要严格自我要求，公事私情，楚河汉界，了了分明，绝不能满不在乎甚至姑息纵容。领导干部要清醒自律，尤其要教育、约束自己的配偶和子女。绝不能听"枕边风"，让"贤内助"成为"贪内助"，"全家福"为"全家腐"。

对于子女，要注重培养他们优秀的人品、涵养和坚忍不拔的意志，一味宠爱、娇纵，只会诱导他们误入歧途，走上歪门邪道。"我爸是李刚"的蛮横无理，"有钱就有一切"的利令智昏，正说明了什么是"子不教，父之过"，什么是用权不当、祸及子孙。对于子女、亲属提出的不合理、不合法要求，要坚决抵制，不能受他们的牵制。这不仅是一个家庭问题，更是一个领导干部应负的重大政治责任。爱子女，是为人父母的天性。但要爱得恰当，寓爱于严。疼爱不是溺爱，宽容不是纵容，手中的重权，更不应成为亲人牟利的工具。

---

① 王昊魁、任维东：《杨善洲：廉胜清溪 情牵百姓》，《光明日报》，2013年9月18日。

南梁时的徐勉，曾官居吏部尚书，权重位显，却甘居贫素，在《诫子书》中告诫儿子传子孙以清白。北周时的赵轨，东面的邻居家种有桑树，桑葚熟了后，有部分落到了赵轨家，其"遣人悉拾还其主"，并和子女说，不是自己劳作所得，不该据为己有。父母之爱子，则为之计深远。这个道理，徐勉、赵轨，都很明白。

不少落马领导干部反思子女问题时表示，"一到高位，手中有了权力，就开始为子女'谋划'，笃定'不能让孩子输在起跑线上'，让手下'帮一帮'，让商人'带一带'。结果，孩子仗着老子的权力，为他人办事，收受好处费，形成一条一条利益链。最终，老子儿子双双锒铛入狱。"与其说是儿子"坑爹"，不如说是爹自己掘了个大坑，既害了自己，也害了孩子。

爱之越深，越需教之有方。明末思想家黄宗羲曾说："爱其子而不教，犹为不爱也；教而不以善，犹为不教也。"没有立足于世的能力与水平，再多良田，也只会坐吃山空；没有为人处世的道德与准则，再大权力，也终会摔跟头。对于领导干部，守好了公与私的分隔线，吃透了严与爱的辩证法，才能让子女结益友、行善事，找准人生的航向，活出自己的精彩。

领导干部应当给家人多留些精神财富，教育家人依靠自身的勤奋劳动实现人生价值。晚清重臣张之洞，官至一品，创办实业无数，但自家穷得入不敷出。他在临终遗言中对家人说："人总有一死，你们无须悲痛，我生平学术治术，所行者，不过十之四五，所幸心术则大中至正。为官四十多年，勤奋做事，不谋私利，到死房不增一间，地不加一亩，可以无愧祖宗。望你们勿忘国恩，勿坠家风，必明君子小人之辨，勿争财产，勿入下流。"领导干部应该用自己的清廉行动，感染家人和亲友，带出良好的家风。

杰出的无产阶级革命家习仲勋家风严谨。他和前妻生有习和平、习乾平、习富平（习正宁）两女一男。女儿乾平毕业于外交学院，学的是法语，分配到《国际商报》工作。一九八三年，王光英筹建光大公司，有意调她去工作。习仲勋闻知后，当面谢绝了王光英的好意，他说："还是不要调她去好。你这个光大公司名气大，众目睽睽，别人的孩子能去，我的孩子不能去！"后来他将此事告诉了乾平，女儿委屈地说：我是学外语的，到光大可以发挥自己的特长，为祖国的改革开放做点事情，有什么不好？习仲勋严肃地说，人只要有才能，在哪里都可以发挥作用，就怕你没有本事。你是习仲勋的女儿，就要"夹着尾巴做人"。

习仲勋经常教育孩子要靠自己的本事吃饭，鼓励子女到艰苦的地方去，到基层去，到祖国建设最需要的地方去。正是由于习仲勋的严格教育以及家庭的耳濡目染，他的子女都自立、自强，无论是在逆境中还是在顺境中，都经受住了考验，成为党和国家的有用之才。①

（四）营造温馨家庭氛围

家庭是人生的幸福港湾。的确，人生在世，为官一任，哪位领导干部不希望既有漂亮政绩，又有暖暖亲情？"一人不廉，全家不圆"。腐败是影响家庭和睦、破坏婚姻稳定，甚至导致家庭破裂的罪魁祸首。家庭和睦、妻贤子孝，对腐败有很好的抵御作用；反之，家庭不和、关系紧张，往往会使家庭防线失守，给腐败以可乘之机。

对领导干部特别是中青年干部来说，上有老下有小，承受的工作压力、生活压力和心理压力都比较大，更需要家庭的理解和支持。这时候，如果家庭和睦，家属配偶就会主动挑起家庭生活的担子，积极营造幸福、和睦的家庭氛围，防止领导干部因缺少家庭温暖而在外面

---

① 《习仲勋批评女儿：要"夹着尾巴做人"》，《中国组织人事报》，2014年5月26日。

追求所谓的"快慰"。因此,一个好领导干部总是能在干好事业的同时,努力把家庭建设好,呵护好家人,处理好事业和家庭的关系,这不仅是尽一个家庭之主的责任,也是给自己提供一个幸福的生活后院,从而以更多的精力投入工作。具体来说,领导干部如何营造温馨的家庭氛围呢?

第一,与家庭成员平等相待。在家庭中,家庭成员不论年龄长幼、辈分高低、能力强弱、收入多少,地位都是平等的。如果总是自觉不自觉地把"官架子"摆进家里,在亲人面前高高在上、颐指气使,一副"领导"派头,甚至无视家人感受、放纵不良情绪、践踏夫妻感情。那么,治理家风就必然成为一句空话。

自觉履行家庭义务。领导干部不仅对父母、子女、伴侣要努力尽到自己应尽的义务,而且还要教育、引导家人正确对待权力、正确看待领导干部家人的身份。只有这样,才能赢得家人的信赖和尊重,才能使家人消除自恃身份特殊的优越感,从而形成健康向上的心态,为家风治理创造条件。

第二,带头培育家庭亲情。沈浩去小岗村工作时,他10岁的女儿送给他一张照片,背后写的临别赠言是:"爸爸我爱你,你别做贪官。"女儿为什么要这样写,我们不得而知。估计,这是他们家里时常谈论的话题。沈浩一直把这张照片摆在办公桌上,一年到头看着它。家庭带给沈浩的是温馨,是激励,是责任。

如果没有家人的无私付出,领导干部很难一心一意干好本职工作。因此,领导干部应该善待家人,关爱家人,以心换心,以情换情,赢得家人的理解和信赖,带动家人建立亲密无间的家庭关系,为治理家风奠定良好的基础。相反,如果领导干部对亲人感情冷漠,对本单位的干部职工和广大群众当然就更谈不上什么亲密无间了。

第三,正人必先正己,治国必先治家。元代的徐元瑞说过,"修身正家，然后可以治人；居家理，然后可以长官"。亲情再深亦应有度，个人利益再高，也不能超越国家和人民的利益，绝不能突破法律与道德的屏障。清廉是最好的亲情关爱。领导干部为了自己和家人的幸福，切实搞好家庭廉政建设，带头树立正确的亲情观和清廉的家风，正确关爱亲人，才能清廉一辈子，幸福一家人。

我国历来就有注重家庭、注重家教、注重家风的优良传统。清朝道光时期大臣、民族英雄林则徐，从为官之日起，就牢记父亲"不妄取一文"的家教，并奉行终生。他曾写过一副有名的对联告诫后代："子孙若如我，留钱做什么？贤而多财，则损其志；子孙不如我，留钱做什么？愚而多财，益增其过。"

这副对联的意思是，如果子孙后代像我这样，我把钱留给他做什么？他贤良能干的话，有太多的钱反而损害了他的斗志；如果子孙不如我，我把钱留给他做什么？他愚蠢无能的话，有太多的钱反而更增加他的过错。

他的玄孙林崇镛在《林则徐传》中这样评价他，"任事而不牟利，尽瘁而不热中。"这既是对林则徐为官品行的概括，也体现了良好家风的传承，正应了那句老话，"忠厚传家久，诗书继世长"。①

二、文化传播，奠定政治精神根基

文化的浸染，润物细无声。要保障领导干部正确用权，还依赖于潜移默化植入廉政文化，并通过领导干部以身作则来传播廉政文化，

---

① 苏咏鸿、肖曼：《林则徐的家风》，中央纪委监察部网，2015年3月9日。

积极打造健康的新官场文化，培植体现政治精神的根基。

文化传播是一种有目的的社会活动，它体现了传播者的价值理想和价值导向。虽然不同性质文化的差别是多方面的，但最根本的区别还在于其所包含的不同价值理想和价值取向。传播者传播什么样的文化，就向社会表明了传播者肯定和主张什么样的文化，就向社会表明了传播者肯定和赞成什么样的价值追求，并试图在社会上宣扬什么样的价值观。

通过廉政文化传播，使崇尚廉洁、反对腐败的思想全社会深入人心，从而形成"廉洁光荣，贪腐可耻"的社会道德评价体系和对腐败分子"疾恶如仇，人人喊打"的舆论氛围。将廉洁从政的文化理念潜移默化地植入党政领导干部、政府公务员的头脑，这种观念是一种软性约束力量。

（一）潜移默化植入廉政文化

近年来，在透明国际清廉指数排行榜上，北欧的一些国家多年来高居榜首。这些国家之所以能不用重典依然非常清廉，其中非常重要的一个原因就在于它们十分重视廉政文化的传播，并形成了以廉为荣、以贪为耻的社会风气。

1986年，新加坡原国家发展部部长郑章远因涉嫌受贿被调查时，他"宁可了结生命，也不愿面对耻辱，遭到社会的唾弃"[①]。甚至"有关调查的报道使他的妻子和女儿面临更大的痛。不久后她们便离开新加坡，从此不再回来"，因为"她们太没有面子了"。

在芬兰，"贪污受贿、侵吞社会财富等行为被人们看成是和偷盗

---

① 李光耀：《李光耀回忆录——经济腾飞路》，外文出版社，2001年版，第159页。

抢劫一样的卑鄙肮脏之举，是遭人唾弃的"。①例如，2002年5月芬兰《晚报》披露，文化部长苏维·林登利用职务之便批准向一家高尔夫公司提供17万欧元的政府赞助，而她和她的丈夫及其数位亲戚都在该公司拥有股份。政府司法总监帕沃·尼库拉闻讯立即责成有关部门进行调查。一周之内，林登便被迫辞职。

新加坡和芬兰的廉政文化氛围对公务员具有很强的约束作用，值得借鉴。

我国也有廉政文化传播的传统。1988年，朱镕基同志到上海工作。上任之初，工作可谓千头万绪，朱镕基选择以廉政建设作为突破口，并非常重视廉政文化传播。他任市委书记后，在一次上海文化艺术节开幕歌会上，率领120名局级以上干部，充满激情地演唱了《干部廉政歌》。在一次听取市纪委工作汇报时，他提出：要振兴上海，把上海工作做得更好，还是要抓廉政、抓党风，要把它当作生命线来抓；并以"两袖清风，一身正气，刚直不阿"12字勉励纪检、监察干部。

（二）率先垂范传播廉政文化

"高层领导人如果以身作则，树立榜样，贪污之风就可以铲除。"朱镕基同志抓廉政建设、廉政文化传播，非常注意言传身教，率先垂范。他来上海后就对自己规定：不受礼、不剪彩、不题词，把"清正廉明"作为座右铭。他下基层调研，坚持一菜一汤。此外，他对家属同样也严格要求。

新加坡领导人也深谙此道，李光耀曾明确指出："政府最高领导人必须树立好榜样。"李光耀执政后，所做的第一件事就是召开家庭会

---

① 李骥志、徐谦：《芬兰"法大于天"腐败成本高昂》，《中国纪检监察报》，2014年12月21日。

议，提醒父母兄弟亲朋好友不要指望依仗其权势得到任何特殊关照。"当上总理，权力是有限的，那是人民的权力。我决不用来谋私。我要做一个正直的人、为公的人。"①

由此可见，领导干部作为廉政文化的传播者，必须率先垂范，以身作则，坚决反对腐败，为政清廉，并自觉维护清正廉洁形象，以自身的廉政行为来传播廉政文化，"身传重于言传"，加强传播廉政文化方面的工作。

（三）积极营造健康官场文化

官场文化对官场人士的影响是不知不觉中进行的。所谓"人在官场，身不由己"，与其说是官者的无奈，毋宁说是官场文化的润物于无声无形。

一种旧的落后的不健康的官场文化的隐遁，一定是在与一种新的先进的健康的官场文化斗争中和纠缠中进行的。前者之所以潜行其道，是因为我们一直未能正视官场文化，一直回避官场文化，未能揭示官场文化的表现形态和负面效应，也就未能大张旗鼓地建立起新的健康的官场文化。

中国共产党代表了先进文化的方向，不仅有志于继承人类一切优秀文化遗产和文化精神，而且有志于创造出世界最先进的文化成果。对每一个身为共产党员的领导干部来说，要身体力行，自觉投身到积极向上的官场文化建设当中。

相对于时下流行的所谓"官场文化"，健康的官场文化应该有哪些特征呢？

第一，为官一任，造福一方。从大处讲，就是要牢记共产党人的

---

① 刘守芬、李淳：《新加坡廉政法律制度研究》，北京大学出版社，2003年版，第2页。

宗旨意识，执政为民，当官为民，掌权为民。从自身讲，就是要珍惜党和人民给予的机会，为人民做点实事，做点好事。

第二，以人为本，以民为本。对共产党的领导干部来讲，坚持以人为本，就是坚持以人民为根本。人民是衣食父母，任何时候人民都是自己最亲近的人，而不是小民，更不是刁民。与人民的利益相比，自己的官位、升迁、名誉都是小事，都是不足挂齿的事。

第三，常于省身，影响他人。身在官场，要常于自省。常于自省才能保持清醒，才能不为权力所陶醉，才能不被奉承所迷惑。身在官场，不仅要洁身自好，还要以自己的人格和品行影响他人，影响班子的人，影响周围的人。

第四，严于律己，宽以待人。身在官场，要坚持操守，要坚守做官的原则和做人的底线，坚持原则不放松，坚守底线不退却；同时对他人，在不违反原则的前提下善待他人，以宽为怀。

第五，一身正气，两袖清风。官场的场是大家共同创造出来的。对每一个场中之人来讲，都可以创造一个特定的场。气正则场净。领导干部，特别是当一把手，能够保持一身正气，周围的场就会得到净化，乱七八糟的东西就很难近身。所谓两袖清风，就是不搞腐败，廉洁从政。

第六，生活健康，情趣高尚。领导干部要追求健康的生活方式，要为家人留一片绿地，要在心中留一片蓝天。工作之余要多读书、多看报、多健身，怀古论今，不与一切不健康的东西结缘，不向一切有可能藏污纳垢的地方涉足。创造健康的官场文化，对净化官场风气、加强廉政建设、密切党群关系、创建和谐社会，具有重大意义。

总之，领导干部要为官场文化正名，要正视官场文化，研究官场文化，揭示官场文化，批判和扬弃落后的官场文化。同时，赋予官场文化以新的内涵，要重新认识官场文化的作用，推进官场文化建设，把官场文化建设纳入宣传思想工作的范畴，并把官场文化建设与官德教育、廉政勤政教育等结合起来。

三、教育引导，打造优良政治生态

加强权力监督，教育引导是前置重点工作，教育的形式多种多样。我们可以从中国历史中找到很多管用的方式，比如普及民谣教育，让廉政理念深耕人心。此外，针对权力观教育，我们也可以尽量做到科学合理，倡导权力负担价值理念，科学区分教育对象，进行立体化的权力观教育，在这个过程中尤其要突出"一把手"廉政教育。

广西玉林市委原书记李乘龙说："我的权太大，稍不注意，权力就会转化成金钱，监督机构对我形同虚设。"

山东泰安市委原书记胡建学说："官当到我这一级，就无人监督了。"黑龙江省绥化市委原书记马德说："我是一把手，权力是至高无上的，我要定什么事，没有定不下来的。"

沈阳市中级人民法院原院长贾永祥说："当上一把手就像进了保险箱，想干什么就干什么，就能干成什么……"如此等等，无不表明监督难，监督一把手更难，也说明领导干部自觉接受监督的意识是何其淡漠！

由此，通过教育引导来打造优良政治生态，可以引领领导干部提升自身权力监督意识，自觉接受监督。对领导干部来说，这不仅是一种胸襟气度，更是一种必备的政治修养，是领导干部正确行使权力的重要保证，也是领导干部健康政治生命的必要条件。那么，如何通过教育引导来打造优良的政治生态呢？

（一）加强道德教育，培养领导干部对廉洁操守的信仰

2014年5月4日，习近平总书记在与北京大学师生座谈会上的讲话中指出："道德之于个人、之于社会，都具有基础性意义，做人做事第一位的是崇德修身。""我们的用人标准为什么是德才兼备、以德为先，因为德是首要、是方向，一个人只有明大德、守公德、严私德，其才方能用得其所。"

习近平总书记2014年5月10日在河南考察时又指出：建设一支德才兼备的高素质执政骨干队伍，是我们事业成功的根本保证。面对纷繁复杂的社会现实，党员干部特别是领导干部务必把加强道德修养作为十分重要的人生必修课。从习总书记的讲话中我们可以清晰地看到，加强领导干部道德修养的重要性。

以往可能存在一种错误认识，认为私德主要关乎个人修为，不影响旁人就行。对于领导干部的惩处，只要没有触犯法律，其他问题或许值得警告，需要教育，但不至于惩处。风气的变质，也许正是由此而始。

十八大以来，中纪委监察部官网公开通报了一批被查处的官员案情，被通报的包括海南省原副省长冀文林、中央政法委办公室原副主任余刚等7人的违法违纪情况，其中有5人查处的原因是私生活作风问题。可见，不少官员纯粹因为生活作风落马。中纪委官网还专门发文解释，指出他们的行为虽然不构成违法，但属于违反社会主义道德，并称"由此可见党纪与国法的关系，党纪严于国法，党员违法意味着首先违纪"。

在十八大以后的反腐行动中，曝光的越来越多落马官员的"劣迹"可谓是触目惊心，不仅有严重的贪赃枉法，也有骄奢淫逸的丑陋形象与作风。而挥霍无度、包养情妇、性关系混乱等这些背离社会道

德的行为，不再仅仅是贪污案件的副产品，更多成为直接的查处原因。从查处的一些案例来看，官员"无私德"，等同为违法乱纪，"私德"败坏相当于"公德"败坏，两者不是切割开来对待。

领导干部只有对自己倡导的道德能够身体力行，树立榜样和模范力量，才在群众中有魅力，有威望，才能引导群众进行学习和追随，形成高尚的道德氛围。反之，如果领导干部不能以身作则，言行不一，不以高道德来严格要求自己，就不能做人民群众道德的表率。正如邓小平同志在1978年《全军政治工作会议的讲话》中特别强调了领导干部以身作则的问题。"领导干部，特别是高级干部以身作则非常重要。群众对干部总是要听其言、观其行的。""高级干部能不能以身作则，影响是很大的。现在，不正之风很突出，要先从领导干部纠正起。群众的眼睛盯着他们，他们改了，下面就好办了。"

可以说，一个人的道德品行修养不是与生俱来的，是需要通过本人不断加强自身修养和广泛参加社会实践活动而获得的。领导干部的道德品行修养也不例外，领导干部的道德品行修养应与自身的政治修养、业务素质和工作作风融合起来，才不会空洞，才不会虚无缥缈。

（二）强化法纪教育，提升领导干部对党纪国法的敬畏

国有国法，党有党规。对领导干部来说，党纪国法是从政做人的底线，是不可逾越的红线，也是触碰不得的高压线。周永康被立案审查，充分体现了党纪国法面前人人平等的原则，也再次警示党员干部：党纪国法不容违逆。反腐败斗争的实践警示我们，必须严明党的纪律。遵纪守法是无条件的，要说到做到、有纪必执、有法必依、有违必查。

古人说："凡善怕者，必身有所正、言有所规、行有所止。"一个人只有敬畏法纪，才能慎初、慎微、慎行。反之，如果目无法纪，

必然迷心智、乱言行、丢操守。纵观一些落马的贪官，无不是让贪欲蒙蔽了理智，让权势淹没了敬畏，一步步失守法纪的防线，最终走向蜕变腐化、违法犯罪的深渊。这警示每一个党员干部，在党纪国法面前，要心存敬畏，不要心存侥幸。心怀敬畏，才能慎始敬终；警钟长鸣，才能警笛不响。

敬畏党纪国法，体现的是一种坚定的政治信仰、一种高尚的道德情操。敬畏党纪国法，遵守党纪国法，是一个领导干部基本的政治素质，也是对自己最好的一种保护。试想，如果这些被调查的官员能够懂规矩、讲规矩，把党纪国法作为悬在头顶的"达摩克利斯之剑"，真正对党纪国法深怀敬畏之心，时时事事从党性原则出发，自觉把敬畏党纪国法融入到学习、工作、生活之中，增强政治敏锐性和政治鉴别力，始终保持如履薄冰、如临深渊之感，坚决抵制诱惑，狠刹歪风邪气，自觉提高免疫力，恐怕就不会走到今天这种地步。

由此观之，对党纪国法心存敬畏，就会得到党纪国法的保护；对党纪国法置若罔闻，就会受到党纪国法的严惩。党纪国法面前人人平等、遵守党纪国法没有特权、执行党纪国法没有例外。

作为党的领导干部，倘若视党的纪律而不顾，游离于党纪国法约束之外，把个人凌驾于党纪国法之上，甚至发展到与党离心离德而违法违纪，不仅给党的事业造成损失，最终自己也会被党所抛弃，被人民和历史审判，留下终身悔恨和千古骂名。

由此，要大力加强对领导干部的法纪教育，提升领导干部对党纪国法的敬畏。严密的组织性和铁的纪律，是我们党的一个重要优势。党要管党、从严治党，靠什么管，凭什么治？就要靠严明纪律。任何领导干部，不论党龄长短、职务高低，都必须严守党的纪律，既不能因为是普通党员而放松对自己的要求，更不能因为位高权重而无视纪律约束。党纪不能违，法律更不能犯。对领导干部而言，遵守党的纪律是本分，遵守国家法律是义务，党纪国法面前不能搞特殊、有例外。党内决不允许有不受法纪约束、甚至凌驾于党纪国法之上的特殊党员；相反，党员干部职位越高，越要模范遵守党纪国法、带头维护法纪尊严——这才是党的规矩、党的传统。

强化法纪教育过程中，应着重教育领导干部做到"三个必须"：必须学习党纪国法，必须遵守党纪国法，必须敬畏党纪国法。领导干部不仅要以身作则、带头遵纪守法，而且要严格约束亲属和身边工作人员，坚决反对和克服特权思想、特权现象。党内决不能搞封妻荫子、封建依附那一套，搞那种东西总有一天要出事。此外，还要教育广大领导干部守法纪、守规矩、守本分，真正做到清清白白为官、堂堂正正做人、干干净净干事，这是对党和国家的事业负责，也是对自己和家人负责。

（三）建设廉政文化，增强领导干部对伦理规范的尊重

思想是行动的先导。如何打牢领导干部廉洁从政的思想基础，形成"不想腐"的思想绝缘体，廉政文化建设至关重要。

廉政文化建设是拒腐防变的基础工程。习近平总书记强调，要积极借鉴我国历史上优秀廉政文化，大力加强反腐倡廉教育和廉政文化建设。

中华民族是崇尚道德教化的民族。在道德教化的瑰宝中就蕴含了丰富的廉政文化。儒家倡导的"礼、义、廉、耻"，历史上留下的一些书籍和典籍，老百姓民间流传至今的"包青天"等，都为倡导廉政文化提供了丰富的素材和奠定了广泛的群众基础。

经过近些年的努力，我国已设立了多个廉政教育基地和廉政文化示范联系点，创作了一批廉政主题精品力作，全国各地也均结合实际开展了形式多样、内容丰富、题材新颖的廉政文化创建活动，对进一步提升领导干部廉洁自律意识和拒腐防变能力起到了十分重要的

作用。

加强廉政文化建设，需要特别注意避免"三化"：

第一，避免被动化。廉政文化建设要变被动为主动，党委和政府相关部门就要主动担负起对廉政文化建设进行科学规划的职责。从实践来看，廉政文化建设是一项复杂的系统工程，需要人力、物力和财力支持，需要科学统筹，决不能纸上谈兵。避免被动化，有必要建立量化考核机制，把廉政文化建设作为党委和政府相关部门党风廉政建设的重要内容，列入地方党政领导班子、领导干部考核体系，做到年初有布置、年中有检查、年终有考核，保障廉政文化建设有序开展。

第二，避免庸俗化。廉政文化需要多样化的呈现形式，可以通过书籍、讲座、动漫、短信和公益广告等展示出来。这些形式应具有时代性和通俗性，但也应防止过于追求形式而导致的庸俗化。为此，廉政文化建设应与弘扬中华优秀传统文化相结合。中华优秀传统文化蕴含着丰富的廉政文化资源，诸如"公则民不敢慢，廉则吏不敢欺""公生明，廉生威""廉者必知耻，而知耻则能廉"等，都是廉政文化建设的重要资源。大力推进廉政文化建设，应充分挖掘中华优秀传统文化中廉政思想的当代价值，进行创造性转化和创新性发展。同时，廉政文化建设应坚持以社会主义核心价值观为引领，承载中华民族的精神追求，体现当今时代评判是非曲直的价值标准。坚持以德养廉，正确运用情景体验、影视艺术、文学作品和网络动漫等手段，全方位建设和弘扬廉政文化，达到教育、警示效果。

第三，避免孤立化。廉政文化建设不仅仅是纪检部门的事，也不能仅仅定位为一项教育宣传工作，而要动员各种力量、统筹各种资源去做，这样才能取得良好效果。

廉政文化建设应确立党委领导、政府主导、市场运作、社会参与的模式，充分发挥政府在价值导向、政策支持、资金保障、运营监管等方面的主导作用；有效激发市场在资源配置、日常运营、资金筹措等方面的重要作用；全面调动社会组织及个人在志愿服务、社会公益等方面的参与热情。"在实践中，将政府、市场和社会的作用充分发挥出来，将廉政文化、地域文化、民俗文化、自然文化、生态文化和休闲文化融为一体，延伸相关产业链，既可以为廉政文化建设带来活力，也可以为廉政文化建设提供充足的物质支持"①。

四、法治规约，打牢权力制度之笼

权力天生具有蹂躏制度的欲望，责任感很容易被趋利的人性侵蚀。如何把权力关进制度的铁笼.如何有效约束人性.如何保证制度的权威性和长期性，也许是历代有志君主最头疼的事。

教育是预防，法治是规约。要把权力关进法纪的笼子里，就需要弘扬法治精神，增强领导干部依法办事的意识，形成良政善治的法治氛围，保证各种法律制度不但"上墙"出台，还要"下墙"落地。

习近平总书记在2013年1月22日中纪委全会上强调，要把权力关进制度的笼子里。这是对纪检干部行使监督的目的要求，也是对领导干部提出的自律要求。领导干部自觉地把权力关进制度抑或法纪的笼子，从一定意义上讲，这是一种自我革命。"法律是人民意志的体现，党纪是全体党员共同意志的体现。守法就是遵循人民的利益，守纪就是遵循全体党员的意志。要把权力关进法纪的笼子里，就需要广大领导干部自我革命，自觉守法守纪，自觉维护法纪权威，自觉接受法纪

① 马华：《建设廉政文化，营造廉洁环境》，《人民日报》，2015年3月7日，第7版。

的监督"①。

（一）弘扬法治精神，增强依法办事意识

改革开放30多年以来，我们在大力推进经济体制改革的同时，大力发展社会主义民主，积极推进依法治国进程，取得了举世瞩目的成就。然而，在过去的30年里，很多地方政府为了政绩不择手段，以至于出现了这样一种现象：不管这个领导干部水平高不高，也不管个人的操守如何，只要能抓经济就行。

"人情大于王法""法不责众""一俊遮百丑""灵活变通"等甚至成为一些领导干部的潜意识。一些领导干部依法办事观念不强、能力不足、知法犯法、以言代法、以权压法、徇私枉法等现象。

安徽省定远县原县委书记陈兆丰抓权敛财的所作所为，可谓众多腐败的县委书记中的一个缩影。陈兆丰深谙"要想富，动干部"之道，通过死死抓住权柄不放，达到聚敛钱财的目的。县委组织部将乡镇换届干部调整方案交给陈兆丰审阅时，陈把方案扔到一边说："都是你组织部说了算，还要我这个书记干什么？"于是他自己鼓捣出一份长达5页纸、写有几百人名字的"名单"，交组织部门去"按程序"考核。结果，全县37个乡镇，无一不向陈兆丰行贿。法院最终以受贿罪、巨额财产来源不明罪，数罪并罚判处陈兆丰无期徒刑，并处没收个人全部资产。陈兆丰被投入监狱，开始了漫长的刑期。

通过以上案例了解到，由于权力的失控，致使一些地方出现了官场乱象。由此，有效防止权力滥用，领导干部必须增强法治精神。

法治是一种制度，也是一种理念和精神。法治制度的良好运行，有赖于法治精神的张扬，而这种法治精神需要经过领导干部带头不断

---

① 袁准：《与领导干部谈党性修养》，国家行政学院出版社，2014年版，第67页。

实践方能得以树立。法治首先意味着对权力的限制，是对国家权力的驯服。只有在民主参与、民主监督的重重压力下，掌握权力的领导干部才可能做到"以民为本"，才能如履薄冰地在法律规定的权限范围内履职尽责，全心全意地为人民服务。

同时，法治意味着权利与权利间的调适与平衡，领导干部，作为社会的一员，必须对他人的生命和健康心存敬畏，对他人的权利给予基本的尊重。对于当前中国政治经济社会等领域出现的种种严重，触犯法律突破道德底线的行为，必须进行强制纠正和惩罚，维护法治的权威，否则领导干部也将因为自身的失责而接受法律的惩罚。换言之，只有在国家和社会不断的良性互动中，法治精神才能得以树立，法治才能最终实现。

（二）打造良政善治，提升依法治权能力

十八大以来查处的大量案例揭示出腐败源于权力不受约束、权力失控。尽管长期工作在公安司法战线的领导干部，由于其长期担任高官，权力难以受到有效制约，慢慢地把国家法律看作是"自家规矩"，缺乏对法律最起码的敬畏之心，所以产生了无论实施何种犯罪行为都有可能逃脱法律制裁的错觉，并在此种错误认知的驱使之下，做出如此让人惊诧的违法犯罪行为。为此，中央坚持"老虎""苍蝇"一起打，形成了对腐败的高压态势。

2016年，反腐行动在规模、密集程度、深入性以及制度探索方面，一样呈现出前所未有的高强态势。但不管怎样，"打虎上无禁区，拍蝇下无死角"，让百姓备受鼓舞、充满期待。全世界都关注到，中国政府正以"壮士断腕"的勇气和"零容忍"的态度，坚决惩治腐败分子，同时，反腐行动亦加速走上法治化轨道。

2014年10月，在党的十八届四中全会公报中，有大量关于规范权

力和制约权力的表述。例如，"健全依法决策机制，把公众参与、专家论证、风险评估、合法性审查、集体讨论决定确定为重大行政决策法定程序，建立行政机关内部重大决策合法性审查机制，建立重大决策终身责任追究制度及责任倒查机制"、"提高领导干部法治思维和依法办事能力，把法治建设成效作为衡量各级领导班子和领导干部工作实绩重要内容、纳入政绩考核指标体系，把能不能遵守法律、法办事作为考察干部重要内容"等。

在十八届四中全会审议通过的《中共中央关于全面推进依法治国若干重大问题的决定》，是贯穿和蕴含着"依法治权"的内容和精神。例如，《决定》明确提出，面对新形势新任务，中国要实现自己的战略发展目标，"必须更好发挥法治的引领和规范作用"；必须"以规范和约束公权力为重点，加大监督力度"。

对于法律法规来说，领导干部本来是接触最多的人，应坚持严格要求自己，坚持法律面前人人平等，不为面子所为难，不为压力所动摇，不为人情所走样，做到坚持原则不动摇、履行程序不变通、遵守规矩不放松，使法纪如影随形，"高压线"真正通上"高压电"，这样才能把权力真正关进制度的笼子里。

那么如何依法治权、依法行政？可以用以上两个"为"概括。也就是，"法无授权不可为，法令职责必须为"。法无授权不可为，这是对领导干部而言，当要做出对公民和企业不利或消极的影响时，必须有法律的授权，实际上说领导干部行为要规范，做到依法办事，不得随意而为，依法行政需要"不任性"。而法令职责必须为，是说法律法规规定领导干部权力的，特别是公共服务、社会管理的，更要加强，不能懈怠。切实做到了这两点，领导干部便可以做到依法治国、依法执政、依法行政。

为此，领导干部必须厉行法治，真正把思想和行动统一到中央关于全面深化改革、全面推进依法治国重大决策部署上来，带头落实十八届四中全会《决定》提出的各项改革措施和要求，模范遵守宪法和法律，自觉运用法治思维和法治方式来推动发展、推进工作，主动把权力关进法律制度的笼子里，真正做到依法执政、依法用权。这是因为，依法治国的关键在于执政党首先做到严格依法执政，依法治国的核心在于能够有效地规范和制约权力，做到依法治权、依法治官。

每个领导干部务必增强依法依纪办事意识，时刻用法律党纪约束自己，管好自己的"生活圈""娱乐圈""交际圈"，做到心不贪、眼不斜、嘴不馋、手不伸，时时处处自重、自醒、自警、自励。只有过好了"法纪关"，擦亮了"法眼"，守住了"法则"，才能在任何情况下经得起诱惑、守得住清贫、耐得住寂寞，才能把握住政治方向，才能代表人民利益。

（三）自觉守法守纪，强化主动监督自觉

每位领导干部都必须清晰地意识到，自己是被监督的对象，解决问题是领导干部的分内事，出了问题，当然首先要问责领导干部。

可以说，领导干部自觉守法守纪的故事很多，并广为传颂。列宁有一次去克里姆林宫理发室理发。当时，这个理发室只有两个理发师，忙不过来，很多人都坐着排队，等候理发。列宁进去后，大家连忙让座，并请列宁先理，可是列宁却微笑着对大家说："谢谢同志们的好意。不过这样做要不得，每个人都应该遵守公共秩序，按照先后次序理发。"他说完后，就随手搬了一把椅子，坐在最后一个位置上。

刘少奇同志有次去散步，走到某炮兵阵地，想进去看看。站岗的战士不让进。随行人员上前对战士说："少奇同志想去看看阵地。"战士认真地说："上级有规定，要有上级指示才能看。"随行人员很生气，刘少奇同志却没有生气。反而笑着说："回去吧！"说着就往回

走。一边走一边告诉随行人员："回去告诉那个战士的领导，不要批评他，他做得很对。"后来部队领导知道了，要批评那个战士，刘少奇同志再次让工作人员转告部队领导："这个战士认真执行规定制度，不但不应批评，还应该表扬。"

周恩来同志有一次去北戴河，需要查看世界地图和一些书籍。工作人员给北戴河文化馆打电话，说有位领导要查看世界地图和其他一些书籍。接电话的小黄回答："我们有规定，图书不外借，要看请自己来。"周恩来便冒雨到图书馆借书。小黄一见是周恩来同志，心里很懊悔，周恩来同志和蔼地说："无论谁都要遵守制度。"这里说的虽然是小故事，但体现出领导人对法纪的自觉。

正面例子能说明这个问题，反面例子也能说明这个问题。据说斯大林喜欢深夜工作，上午睡觉，而他又喜欢在工作时给各中央部门、各加盟共和国的领导打电话。因此，这些中央领导、各加盟共和国领导为了适应斯大林的工作习惯，也改为深夜工作，上午休息。这么一来，在些机关，往往上午找不到主要负责人。直到赫鲁晓夫上台后才宣布结束这种"有害的"工作制度，各机关都实行上午九时上班、下午六时下班的正常工作制度。

以上选取的是时间近一点的故事，久远一点的故事也不少。1608年的一天，英国国王詹姆斯一世在宫中闲坐无聊，忽然想起很久没有去皇家法院了。何不去一趟，审一桩小民案件，解解闷儿，也顺便体察一下民情。国王一行来到法院，遇到普通诉讼法院首席大法官柯克。令国王颇感意外的是，他要审理案件的要求在柯克大法官这儿碰上了钉子。

"国王不能审案，这倒是桩新鲜事。我的大法官阁下，你别给朕来这套抽象肯定，具体否定的花样。朕知道，吾国法律以理性为依归。你不让朕审案，显然是认为朕天生愚笨，不及你和你的同僚们有理性。"

柯克并不退让，一板一眼地说："不错，上帝的确赋予陛下极其丰富的知识和无与伦比的天赋，但是，陛下对于英格兰王国的法律并不精通。法官要处理的案件动辄涉及臣民的生命、继承、动产或不动产，只有自然理性是不可能处理好的，更需要人工理性。法律是门艺术，在一个人能够获得对它的认识之前，需要长期的学习和实践。"

正是缘于柯克法官对法律权威的维护，才使得英国走上了法律专业化之路。此后的英国，司法便成了职业法律家的垄断领域，英国的司法才向公正迈出了一大步。

（四）健全制度体系，加强制度执行力度

毛泽东同志在《实践论》中指出："认识从实践始，经过实践得到了理论的认识，还须再回到实践去。"作为基于客观规律的提炼和归纳，表现为对具体工作实践的能动指导，其着眼点和落脚点最终要反映到对规则的严格执行上来。再好的规矩，如果不执行，还不如没有。春秋时期的政治家管仲说："令则行，禁则止，宪之所及，俗之所被，如百体之从心，政之所期也。"这就是后人所说的"令行禁止"的出典。制度的生命在于执行，有了好规矩，还要强化执行力。

在落实规章制度方面，常有一种说法，叫"制度上墙"。有些单位还把这种做法作为经验介绍。比如，在一些公共服务单位，也常常可以看到这种景象：办公场所的墙上挂着一溜明亮的玻璃镜框，里面是分门别类的规章制度，很是整齐漂亮。但是，细细考虑考虑，这些规章制度究竟落实在实际行动里没有？不合规范的行为还是相当普遍。

所以，"'制度上墙'固然是重视规章制度的一种表现，但更重要的是，还要在'制度下墙'上多下功夫，要让制度、规则落实到人的

行动中，这才是制定规章制度的真正意义所在"①。只有对规矩严格落实，做到令行禁止，方能炼就强大的组织性和纪律性，锻造有力的凝聚力和战斗力，为工作的顺利开展提供坚实的秩序保障。

习近平总书记曾提出要将权力关进制度笼子里，可如何关、需要什么人去关、关得牢固与否，这是应该思考的问题。"应继续加快推行权力清单、责任清单和负面清单制度，严禁行政机关法外设定权力，坚决消除权力设租寻租空间，减少对企业生产经营活动的直接干预。由此，企业自主经营的能力也会逐渐增强，减少了对权力的依赖，也便不会想着法子给当官的送礼。要把权力关进法纪的笼子里，就需要广大领导干部自我革命，自觉守法守纪，自觉维护法纪权威，自觉接受法纪的监督"②。

西方国家这方面事例很多。美国独立检察官斯塔尔不惧强权，敢于调查克林顿系列案件，为世人所称赞。克林顿1992年竞选上美国总统。1995年曾指控与白水案件有关。独立检察官斯塔尔展开调查，当时的美国第一夫人希拉里被传讯到法庭宣誓。事后证明克林顿夫妇与白水案件无关。1995年，阿肯色州的一名黑人女子琼斯状告克林顿做州长时曾对她有过性骚扰。紧接着，独立检察官斯塔尔又展开调查，法庭还传讯克林顿宣誓做证。③1998年，克林顿卷入莱温斯基一案。紧接着是一年半载的调查弹劾。在这一系列的调查弹劾过程中，斯塔尔没有惧怕过，没有动摇过。

---

① 李秀红：《直面新常态下公务员怎么当》，人民日报出版社，2015年版，第117页。

② 袁准：《与领导干部谈党性修养》，国家行政学院出版社，2014年版，第67页。

③ 赵轶峰：《克林顿总统弹劾案与美国政治文化》，吉林文史出版社，2003年版，第35页。

五、群众监督，织造权力密封之网

领导干部手中的权力是来自人民群众手中权力的让渡。群众监督既是合情合理，也是对领导干部正确用权的一种保护和督促。正确对待群众的监督，引导人民增强监督意识，并拓宽群众监督途径，是避免领导干部不犯错和少犯错的有效形式。

一般来说，群众监督是一种自下而上的监督，是权力主人对受让权力行使者的监督，在实践中表现为"无职无权"的人民群众对"有职有权"的政府机关及其工作人员的监督。

身为手中掌握了一定权力的领导干部，他们的违法乱纪远比普通人的危害要大得多。民众对他们进行监督，他们受监督，已经被历史所证明，是少犯过错、维护党和人民利益的最有效形式。

在中国共产党的历史上，凡是领导干部失去人民监督、缺少人民监督之时，就是党的事业遭受挫折之日。人民监督是权力监督的最根本途径。这是因为人民监督最确切、最直接地反映了广大人民群众对管理国家事务的意见，从而保证国家机器按人民的意志和利益运行。那么，如何运用群众监督来织造权力密封之网呢？

（一）正视群众监督，培育人民监督意识

如何使人民监督发挥最大作用呢？这便需要增强人民监督意识，可以通过报纸、广播、电视、网络等增强群众权利意识，在全社会营造敢于监督、善于监督的良好氛围，增强群众监督的政治责任感，解

决"不愿监督"的问题。

营造健康的良好的群众监督的社会环境，是形成增强群众监督意识的重要条件。没有良好的社会监督环境，群众监督很难实现，更谈不上监督意识的提升。营造良好的群众监督社会环境，需要三个条件。

第一，领导干部必须有应该接受和自觉接受群众监督的意识。也就是，必须牢固树立公仆观念，深刻认识和把握群众监督的理论、目的和意义，切实摆正自己的位置。领导干部应当树立这样的观念：归根到底，是人民群众养活了干部，而不是干部养活了群众，群众是我们的衣食父母。

少数领导干部的那种"是我在为你（群众）谋利益，离开我，一事无成"的观念，某些厂长、经理的那种"是我给你提供了就业机会，是我在养活工人"的想法，是完全颠倒而十分错误的。那种"劳心者治人，劳力者治于人"的观念，也是极其错误的。

只有真正确立起人民群众是国家的主人的观念，人民群众是我们的衣食父母的观念，才可能自觉接受和欢迎群众的监督。所有领导干部才能将接受群众监督的正确观念入心入脑。

第二，领导干部要正确对待群众的监督。当群众通过各种方式监督我们时，不能计较群众的方法和态度，更不能拒绝群众的监督。由于种种原因，群众有时可能采取比较极端的方式，如"上访"、告状等，对干部进行监督，大都是被迫无奈的选择。其实，群众的上访实质上是他们在"用脚监督"，"用脚投票"表达他们的意见。这对那些长期蹲在机关和不了解下情的干部来说，是送上门来的宝贵礼物，是他们平时想听而听不到的声音。

对此，不能采取厌恶的、反对的态度，更不能采取打击的态度；只能采取欢迎的态度。"防民之口，甚于防川"，堵和防的态度和办法，只能使问题和矛盾更加复杂，甚至可能更加尖锐化。正确的态度是积极疏导和引导，虚心听取群众的意见。欢迎群众的监督和批评，真诚地为群众解决问题。这样，才能确保群众对领导干部的批评和监督长期坚持下去，才能赢得群众更多拥护。

第三，领导干部要引导和教育群众提高和强化自己的监督意识。人民群众是国家的主人，人民群众监督自己的领导干部，不仅是宪法赋予的权利，也是一种责任和义务。为此，群众对领导干部不必诚惶诚恐。正如列宁讲的那样："如果这些少数人（指领导干部）不适应群众，群众有时就会对他们不太客气。"

由此，增强群众权利意识，提高维护和行使自身权利的能力。加强宣传教育，引导广大人民学法、懂法、信法、用法，使人民能够自发自觉地按照法律规定，通过合法途径维护和行使民主权利，提高其依法行使知情权、参与权、表达权和监督权的能力，解决"不会监督"的问题。

（二）拓宽监督途径，保障人民监督权利

只有让更多的人通过更宽的途径，更广泛、更深入地参与国家事务的管理，并对国家权力的行使进行多方位、多方式的监督，权力便可以在正确轨道上运行。由此，群众监督的实现不像国家权力性监督那样具有固定的程序和方式，且具有一定强制性的法律后果，而是可以由监督者自由决定采取适当的监督手段。群众监督可以是多途径的，可以涉及社会生活的各个方面。

例如，群众可以通过信访渠道的举报或检举揭发。通过在国家机关或行政监督机关、司法机关建立专门处理人民群众来信来访机构；使国家机关保持与人民群众的密切联系，并认真处理好自下而上的群众信访监督，以便把人民群众的信访监督与国家权力监督有效地结合起来，是我国在建立社会主义制度实践中形成的一条重要途径和一项

非常重要的经验。

　　我国的社团组织是按一定目标或为某种共同利益或共同交往的需要，依法登记、批准成立的社会群众组织。一般包括，人民团体和群众自治组织，以及各种专业、行业性群众组织。在我国，人民团体主要有工会、共产主义青年团、妇女联合会。群众性组织包括城市居民委员会、农村村民委员会、企业的职工代表大会等。各种专业性行业性群众组织包括法学研究会、记者协会、律师协会、学生联合会、个体劳动者协会，保护消费者利益协会等。

　　上述各种社团组织都不同程度地联系了某方面的人民群众，并能在一定程度上代表和反映它们所代表的那部分群众的特殊利益和要求。因此，它们能对国家制定、执行不同方面的法律和政策，以及政府机关或工作人员的违法乱纪行为对它们各自联系的群众所造成的侵害等方面起到积极有效的监督作用。

　　我国的各级工会组织，对有关国家机关，也包括国有企业的领导层执行宪法规定的工人在社会、经济方面的权利享有广泛的监督权，包括对国家机关和企业在制定或执行劳动工资制度，社会福利、保障制度，工人的劳动权和休息权的具体制度等方面行使监督权。

　　还有一些专业性、行业性的社会群众组织。如律师协会可以就律师执行职务过程中，对国家司法人员侵犯律师权利的行为，向有关机关反映、检举、控告，并要求纠正。

　　发挥社团组织及群众性组织的监督作用，在我国社会主义民主政治建设中有着十分重要的意义。群众通过自愿结合组成各种形式的组织来保护自己的权利，是人民群众在国家生活中当家作主的主人翁地位的生动体现，充分反映了社会主义民主的广泛性和深刻性。这些组织通过与政府的对话和联系沟通，参与国家管理和行使监督权利，有利于克服和纠正领导干部滥用权力的现象。所以，充分发挥我国社团组织及群众组织对领导干部的监督作用，应是我国政治体制改革的一项重要内容。

为了保障群众监督权力最大效果实现，领导干部应依法保障人民群众对党和国家机关及其工作人员批评、建议、控告、检举等权利；充分发挥工会、共青团、妇联等人民团体的监督作用，扩大群众有序的政治参与，拓宽对施政行为的监督渠道，增强涉及群众切身利益的重大政策和工作的透明度。可以设立专用举报电话，提倡实名举报。此外，也可以健全受理群众举报违纪违法行为的工作机制，及时处理群众反映的问题，从而充分发挥群众监督作用。

六、舆论监督，巩固权力治理围墙

所谓舆论监督，指相当数量的公民对某一政策、事件等的看法或意见的汇聚。舆论监督主要表现为记者、网民等监督主体对权力运行的规范的考证，其背后是公共舆论的力量对公共权力的制约。领导干部能否自觉地接受舆论，特别是网络舆论的监督，是对自身素质与官德修养的直接检验。

舆论媒体作为人民群众的传声筒，其力量是不可忽视的。舆论媒体有其自身的规律，善用这种规律，进而主动培育呵护舆论监督环境和正确引导舆论监督方向，既是对领导干部引导舆论能力的一种考验，也是促进领导工作不断改善的一种监督力量。

（一）认识舆论监督力量

2012年8月26日，陕西省安全监督管理局原局长杨达才在延安交通事故现场，因面含微笑被人拍照上网，引发争议。随后网友通过人肉搜索指出杨达才有多块名表。随着事件不断扩大，杨达才又被曝出拥有价值十万多元的眼镜和名贵腰带，再次引起众多网友的谴责与质疑。2012年9月陕西省政府介入调查，杨达才被撤职。[①]这是一起典型的互联网舆论监督事件。在千千万万网民的监督之下，领导干部必须谨言慎行，依法规范自身行为。

舆论扮演着公共利益的"看门人"角色，对权力的运行有着较大的影响力。一方面新闻媒体报道的公正性以及公开性可以震慑公职人员不贪污受贿；另一方面还可以增强公众对本国廉政文化建设的信任支持，弘扬正气，打击腐败。因此，在西方，人们将舆论视为行政、立法、司法之外的"第四种权力"。

例如，瑞典实行新闻自由，电视、报刊等大众传媒都可报道领导干部腐败、社会内幕等情况，报道不泄露国家机密，情况内容属实，即为合法。瑞典政府支持和鼓励传播媒介参与，积极利用传播媒介来对公职人员进行监督。

在美国，新闻传媒通过行使宪法赋予公民的言论自由表达权、批评建议权，揭露和批评各种社会失范现象，如贫富差距过大、某些权力部门对公众利益的侵害、资本肆意扩张对公众利益的忽视和侵犯等，促进社会问题的解决或向良性方向发展，从而实现社会公平正义。

"新闻舆论监督通过有效的方式把公众的态度和意见转化为社会舆论，将权力的越界以及社会不公平、不正义现象置于巨大的舆论压力中，督促相关责任方加以解决，由此而程度不等地推进社会公平正

---

① 《被网举"拉下马"的部分官员》，《人民日报》（海外版），2013年9月6日。

义"①。媒体的自身特点和规律也决定了舆论监督的公开性和开放性，这也是舆论监督的力量源泉。

舆论监督也是中国特色社会主义监督体系的重要组成部分，它通过新闻媒体直接参与实现，具有传播速度快、开放程度高、社会影响大的特点。报纸可以让事件隔日面世，一夜间全民皆知；广播、电视、网络可以将事件现场直播，顷刻间世人皆闻。媒体传播之迅速，其他监管形式无法比拟。

此外，媒体借助特殊介质和工具，可以客观、形象地再现人物的言行举止、事件的真实情景，形成"铁证"，具有强大的威慑力，所谓"不怕通报，就怕见报"。正常的舆论监督，可以让领导干部更多地听到来自人民群众的愿望和呼声，有助于发现工作中存在的问题。

所以，正确对待、自觉接受舆论监督，不仅是党性的体现，也是自信心的展示，更是善政之举。只听表扬而不听批评，就会使人飘飘然，事业就会止步不前，矛盾就会越积越多。

（二）培育舆论监督环境

近年来，党和国家不断推进民主进程，广开言论渠道，特别是对媒体和公众舆论监督政府和领导干部，始终持肯定和保护的态度。但是，在现实生活中，还有一些领导干部在对待舆论监督上却缺乏一种"雅量"，动不动就给行使舆论监督的媒体和记者找岔子、扣帽子、打板子。

能不能自觉接受舆论监督，是对领导干部是否出于公心、从善如流的检验。那种将舆论监督视为"洪水猛兽"，利用公权来横加干预、封杀的行为，给党和人民的事业带来更大的损失。

---

① 王勇：《廉政文化传播概论》，中国政法大学出版社，2015年版，第75页。

不可否认，被媒体批评可能会比较难受，但是舆论监督是一种宝贵社会资源。领导干部事情做得不对时，老百姓会有怎样的想法、希望如何改进，媒体把这些东西反映出来并且积极为领导干部出主意，可以使领导干部不至于盲目、不至于懈怠、不至于失职。即便某些批评报道略有瑕疵，或有所偏激，也没有必要纠缠不放，这至少为领导干部发现问题和解决问题提供了契机；即便在个别报道上领导干部完全被误解或冤枉，也不要暴跳如雷，因为这至少给了领导干部向群众充分解释的机会。只有珍惜和呵护舆论监督，培育和健全舆论监督环境，闻过则喜，有则改之，无则加勉，才能变"丑事"为好事，为百姓谋利，促事业发展。

（三）引导舆论监督方向

舆论监督对领导干部来讲，既是一种约束，也是一种促进和保护。随着民主政治的健全和发展，各地各部门都要适应形势的发展，树立正确的舆论监督观，积极支持舆论监督，自觉接受舆论监督。在此基础上，使舆论监督工作走上规范化、制度化、法治化轨道，为推进社会主义民主、健全社会主义法制和维护人民群众的根本利益发挥更加积极的作用。

互联网的普及大大增强了舆论监督的力量。这不仅是因为监督主体数量的扩大，还因为在互联网上，网民可以实时发表意见，相互讨论，分散的个体看法，可以在网络上凝聚成强大的公共舆论力量。

当然，现在新媒体的发展，要避免或防止造谣和无中生有，因为那不是真正的监督。真正的舆论监督是客观的、实事求是的，这种监督会对"有权任性"形成比较有效的制约。舆论监督必须坚持正确的导向，必须坚持实事求是，必须坚持主观动机和社会效果的高度统一，这样才能有利于党的方针政策落实，有利于帮助党和政府改进工作，有利于增强群众的信心，有利于实现社会的稳定。

领导干部如何理性面对舆论监督，是必将迈过去的一道门槛。为使媒体真正发挥监督权力的作用，并持续发力，领导干部应该采取一些具体措施。

第一，扩大新闻媒体依法监督的自主权。为了确保舆论监督的真实性、公开性和权威性，在坚持正确舆论导向和维护稳定大局的前提下，通过新闻立法保证新闻媒体对重大腐败案件有采访、报道、评论的权利，任何部门和个人不得干涉和阻挠。在舆论监督中，新闻媒体要以事实为依据，以法律为准绳，客观、公开揭露腐败案件的真相和本来面目。同时，要加强对调查腐败现象的记者的保护，以免在报道腐败现象之后遭到骚扰、报复和打压。

第二，确实保障信息畅通，通过立法规定处理获取信息要求的时间期限、能够公开的信息种类等，保障新闻媒体和公众的知情权，监督公共权力的运作，发挥新闻媒体的舆论监督功能，造成一种"老鼠过街、人人喊打"的环境。

第三，加强媒体的责任心和自我约束规则，对新闻工作者进行相关方面的培训，使其既有无畏的胆识和细致的工作作风，又有智慧、懂谋略，讲究监督艺术，更要学会用政策和法律保障新闻舆论监督的生命力，提高新闻媒体的舆论引导和监督腐败的能力。

第八章
8
领导权力与领导素养

<<<<<<<<

　　领导素养是领导干部在对领导权力清醒认知的基础上所形成的自觉意识和自我修养。领导干部个人素养如何，上关乎国家兴衰，下关乎个人荣辱。领导干部能否出色地履行好领导职责，取决于其是否具有较高的领导素养。

　　当领导干部的领导素养逐渐弱化，便会对权力缺乏清醒认知。领导干部的领导权力是谁给的？毛泽东同志曾说："是工人阶级给的，是贫下中农给的，是占人口百分之十以上的广大劳动群众给的"。领导干部只有对领导权力保持这种清醒的认识，才能自觉加强领导素养。

>>>>>>>>

一、凸显公仆身份，坚定理想信念

每个人都有多重身份，领导干部第一身份是"公仆身份"。从领导素养的角度来看，"公仆意识"就成为领导干部的第一意识。那如何将这种身份意识外化于行呢？

理想信念是领导干部的重要精神支柱。在日常工作中，不难发现有的领导干部在权力运用中不时出现有"软骨病""错位病""冷漠病""任性病""漂浮病""腐化病""慵懒病""虚假病"。这说到底是一种权力的异化现象，是使命意识缺乏的种种表现。这便需要领导干部保持较高的领导素养。

（一）发扬优良作风，凝心聚力显身份，规避权力错位

身份是区别社群中个体成员的标识和称谓。简言之，就是"是谁，是什么样的人"。作为处于社会网络中的人，每个人都有多重身份。对领导干部而言，无论其他身份如何显赫，更不能做出有违公仆身份的事。把公仆身份强化起来，就在政治上解决了"我是谁"的问题。知道"我是谁"，才有可能解决"为了谁、依靠谁"的问题。领导干部具有这种特殊政治观念的身份，便应凝心聚力显身份。

第一，自我要求标杆高。《史纲评要·唐纪》里有一个故事：唐朝丞相魏徵与唐太宗议论前朝兴衰时，曾说："昔鲁哀公谓孔子曰：'人有好忘者，徙宅而忘其妻。'孔子曰：'又有甚者，桀、纣乃忘其身'。"唐太宗听后颇有感触地说："是啊，我和诸位应当合力互助，

别忘了国家和自身，免得也被人讥笑啊！"

这个故事讲的意思是：鲁国国君鲁哀公不相信世界上真有这么糊涂的人。有一次他问孔子："徙宅忘妻，您说真有这样的人吗？"孔子说："怎么没有，不算稀奇，还有连自身都遗忘的人呢！"鲁哀公更加惊奇了，怎么会有这种事儿呢？孔子说："这种事儿也不算稀奇。譬如夏桀、商纣等暴君，荒淫无度，穷奢极欲，不理国事，不顾民生。结果，国家亡了，暴君们的命也完了。他们不但忘掉了国家，遗忘了人民，连自身都完全忘记了！"[①]

古语云，不忘初心，方得始终。初心是起点时心怀的承诺与信念，领导干部的初心就是党旗下庄严许下的铮铮誓言。党员意识的淡化或丧失，是我党精神上的"贫血症"，思想上的"水土流失"，长此下去，会导致极为严重的后果。从十八大以来反腐案件来看，有些领导干部身居要职，无视党纪国法，贪赃枉法而铸成大错者，便是忘记了自身的权力身份。这种"善忘"可比起"徙宅忘妻"的古人要严重得多，让人唏嘘不已。

"权力身份"要求领导干部唤醒沉睡的身份意识，不负重托知身份，蓬勃热忱亮身份。吃苦耐劳争第一，模范带头争一流。真正做到"平时能看得出来，困难时能站得出来，危险时能豁得出来"。

领导干部在思想上、作风上、行动上，要对自身有更高标准、更严要求。主动放弃一部分普通公民享有的权利和自由。有些言论，群众可以说，领导干部不能说；有些事情，群众可以做，领导干部不能做。正是在这些特殊的高标准中，体现出领导干部的模范和带头作用。

第二，一身正气树形象。领导干部应摒除名利的迷恋诱惑。《大

---

① （明）李贽评：《中华经典史评——史纲评要》，中华书局，2008年版，第35页。

学》说："定而后能静，静而后能安，安而后能虑，虑而后能得。"在诱惑与欲望面前保持淡定沉着，在挫折与困难面前矢志不渝，才会不断取得事业的发展和个人的成功。有一句民谚说的好，"一个人的快乐，不是因为他拥有的多，而是在于他计较的少。"这便启示领导干部要有"名利于我如浮云"的人生态度和精神境界，对名利要有平常之心，在诱惑面前学会放弃，在原则面前学会坚守，切实做到不为名所缚，不为利所驱，不为钱所惑，不为物所累，真正做到一身正气、一尘不染。

领导干部手中的权力是一份沉甸甸的责任。"天下为公"，意味着摒弃一己之利、一己之私，而要胸怀国家、心系天下；意味着不计一己之亏、一己之憾，而要为了党和人民的事业殚精竭虑、锲而不舍；意味着不以一己之荣辱、一己之得失定取舍，而要以国家和人民长远利益为重。

晚清重臣曾国藩的成功，并非在于他有多大的才能，而是得益于他宽广的胸襟。他常常说："富贵功名皆人世浮荣，惟胸次浩大是真正受用。"胸次，就是胸怀，是胸襟，是一个人的心胸气度、精神境界。可见，领导干部的心胸有多大，他的舞台就有多大。

领导干部不被名誉物欲所诱，思想上就没有负担，就能会更从容、更理性、更大度、更自信，在平平淡淡中感受人生的价值和意义。在我们身边，那些全心全意为人民服务的领导干部，无不是默默无闻、淡泊名利的坚守者。

焦裕禄鞠躬尽瘁、无私奉献，从不考虑个人名利，活着受人敬仰、死后令人怀念；袁隆平面对如潮水般涌来的各类荣誉和奖励，淡然处之，他说："人生不是为了追名求利，应该要更崇高一点，要让思想境界高一点，这样你就会取得更多的成就。"

第三，彰显身份行之笃。领导干部应将身份意识内修于心，外化于行。社会主义建设年代，领导干部身份意识集中体现在吃苦在前、享乐在后，充分发挥先锋模范作用，始终保持共产党人的蓬勃朝气、浩然正气，锲而不舍，积极奋斗。周恩来、焦裕禄、杨善洲就是无数优秀领导干部的杰出代表。

焦裕禄40岁接受党的委派来到兰考，面对黄沙、灾荒和白茫茫的盐碱地，他提出："感谢党把我派到最困难的地方，越是困难的地方，越能锻炼人。"焦裕禄经常开襟解怀，卷起裤腿和群众一起干活，翻地、封沙丘、种泡桐、挖河渠……他病危时用尽全身力气说，"我……没有……完成党交给我的……任务……没有实现兰考人民的要求……"[1]他对党的工作念念不忘，表现了一位领导干部对人民忠诚的特殊身份。

《湖北日报》曾经报道，湖北省某市一个镇政府的王某等8名领导干部为了出入境方便，隐瞒真实情况，将政治面貌填为"非党员"，工作单位填的是"个体户"或"无业"，并将旅游费用在镇财政报销。[2]可以看出，王某变身是没有真正把领导干部身份的标准和规范内化于心、外化于行。

领导干部特殊的权力身份，意味着一言一行、一举一动，直接影响到党在人民群众中的形象。这必然要求领导干部接受组织的约束，即便在处理私生活上也不可漠视"干部身份"的影响，置身组织之外，成为所谓的"自由人"。

---

① 资料来源：《焦裕禄生平事迹》，中国经济网，2008年8月27日，http://politics.people.com.cn/GB/8198/41975/41981/7734670.htm。

② 资料来源：《有大学生应聘时羞于提党员身份》，中国纪检监察网，2016年3月24日，http://yn.people.com.cn/news/n2/2016/0324/c337264-28001550.html。

（二）坚定理想信念，心清如水保名节，警惕权力异化

习近平总书记指出："要炼就金刚不坏之身，必须用科学理论武装头脑，不断培植我们的精神家园。"理想信念是领导干部的重要精神支柱。正如梁启超所说的，"信仰是神圣的，在一个人为一个人的元气，在一个社会为一个社会的元气"。

美国诗人惠特曼也认为，"没有信仰，就没有名副其实的品行和生命；没有信仰，就没有名副其实的国土"。领导干部如果没有理想信念，就可能胸无大志、萎靡不振、随波逐流、碌碌无为。领导干部应当具有坚定而崇高的理想信念。有了坚定的理想信念，站位就高了，眼界就宽了，心胸就开阔了，权力便能得到有效利用了。

第一，求真务实，警惕权力"软骨病"。权力"软骨病"主要表现为党性不强，贪图享受，道德失范。例如，是非观念淡薄，正义感退化，对社会上的不良风气、不道德行为不愿、不敢挺身抵制；或者被封建迷信、腐朽思想占据头脑，不信马列信鬼神，不信科学信风水；等等。这主要归根为领导干部缺乏使命意识。

发展转型的关键"窗口期"，领导干部应深刻领悟党中央治国理政的新理念、新思想、新战略，担当使命，看到自身价值和意义，持续激发内在动力，在平凡岗位上取得不平凡业绩。

《中国周刊》杂志的一位记者采访央视原副台长洪民生。洪民生说到，有个细节强烈冲击了他的视觉。几年前，央视组织干部去五台山旅游，到了庙里无论老少扑通跪倒一片，虔诚地叩拜，嘴里还念念有词。只有洪民生成了唯一站着的一个人，一时间他愣住了！"跪在佛前的都是党员，节目里歌颂完伟大的祖国，然后发现自己根本没有信仰"。洪民生的揭示极为深刻到位。信仰的背离，最鲜明的意象就是跪拜，而且是"集中"跪拜，不仅跪拜在庙宇里，更是跪拜在权力之

下、金钱之前。

丢了理想信念，封建迷信便会浮上水面。如今一些党员甚至少数领导干部"不信马列信鬼神"，热衷于算命、相面、测风水，求仙拜佛，进香还愿……试想，一个大搞封建迷信活动的领导干部，怎会顾及百姓的心声、群众的利益？一个寄希望于"风水大师"的领导干部，其执政水平如何能让人民群众心服口服？

"理想信念是中国共产党人安身立命的根本。有理想信念的人，才是有耐力、有毅力的人。朱德同志为领导干部树立了信念坚定的榜样。1922年，担任滇军高级将领的朱德历尽千辛万苦在上海找到了党组织并要求入党，由于他的身份和经历，被陈独秀拒绝。但他没有放弃，毅然远赴法国寻找党组织，后又辗转到德国柏林找到了周恩来，最终加入中国共产党，从此走上革命道路，直到生命的最后一刻还留下了'革命到底'的嘱托"[1]。

还有一个真实故事也彰显了共产党人的理想信念的力量。项南同志的父亲项与年是当年中央特科的一名重要干部，他当年从白区送到中央苏区的一个重要情报，直接和红军的命运有关。情报说的是当年蒋介石不甘心第四次"围剿"中央苏区的失败，组织召开了一次有外国军事专家顾问参加的会议，制定了"铁桶"战术。在这种战术之下，军事力量上处于明显弱势的中央红军很难生存。我们地下党获得这个情报后，觉得事关重大，必须派一位得力的同志将情报立即送往中央苏区，这位送情报的同志就是项南的父亲。他闯过一道又一道关卡，快到苏区时，国民党封锁异常严密。为了能顺利闯关，他装扮成叫花子，拿起一块石头，对着自己的嘴巴猛砸，砸掉了4颗门牙，顿时血流不止。几天后，关卡的白军士兵看到一个脸色苍白、嘴腮脓肿、

---

① 叶双瑜：《晴耕雨读》，福建人民出版社，2016年版，第531页，原载于《对党忠办事实、读书勤、待人和》，《党的生活》，2015年，第6期。

面部变形、蓬头垢面、衣衫褴褛、浑身臭气的"叫花子",立即掩鼻呵斥,让他通过。就这样,项与年终于将情报送达。中央红军收到情报后,果断决定实施战略大转移即长征。如果这个情报没有或迟几天送到,一旦蒋介石的"铁桶"战术部署到位,红军就难以跳出重兵围困,甚至可能全军覆灭。①

第二,艰苦奋斗,警惕权力"错位病"。权力"错位病"主要表现为政绩观念出现偏差,急功近利,只顾眼前不顾长远。例如,热衷于形象工程、面子工程、路边工程,造声势、搞样板;或者盲目铺大摊子、上大项目,不计成本、违反规律追求速度规模,甚至"打肿脸充胖子";或者弄虚作假,制造假情况、假数字,虚报工作业绩,回避问题,报喜不报忧;更有缺乏"功成不必在我"的境界,拍脑袋决策,拍胸脯表态,拍屁股走人,留下一堆欠账等。领导干部应警惕这个权力"错位病"。这方面,有很多可以值得学习的好榜样。

尖山村,距西安市70多公里,三面临沟,素有"方圆百里烂尖山"之称。作为一名市民政局干部,刘志泉到一个如此偏远的山村挂职扶贫,工作环境的落差可想而知。既然是扶贫,就得摸清贫困的症结。从挂职的那一天起,刘志泉自带被褥和锅碗瓢盆,来到村里吃住,挨家挨户走访,实地考察调研。当看到一些村民衣服破旧时,他自掏腰包购买了500元衣物,并动员家属把80件较新的衣服和30双鞋子,全部赠送给困难村民,赢得了群众的信任。

刘志泉还带领村干部和部分群众,多次实际考察养兔项目,往返600公里,坚定了村民发展养殖业的信心。②刘志泉的事迹鼓励领导干

---

① 叶双瑜:《晴耕雨读》,福建人民出版社,2016年版,第532页,原载于《对党忠办事实、读书勤、待人和》,《党的生活》,2015年,第6期。

② 《记西安市民政局驻临潼尖山村扶贫干部刘志泉》,《陕西日报》,2014年12月11日。

部只有真抓实干，运用手中权力尽可能为百姓谋利益，才能真正赢得百姓信任。

第三，敬畏百姓，警惕权力"冷漠病"。权力"冷漠病"表现为群众观念不牢固，服务群众不积极、不主动。摆不正位置、搞不清身份，门好进了、脸好看了，但事情还是难办，不收礼却找出种种借口磨磨蹭蹭不给办事；执法不公，以情代法，办关系案、人情案等。

这些年来，党中央始终不懈地在全党、在各级领导干部中倡导实践人民群众至高无上的价值理念，反复要求在为人民服务这个唯一宗旨的指引下，把一切为了群众，一切依靠群众，实现好、维护好、发展好最广大人民群众的根本利益，作为一切工作的出发点和落脚点。

领导干部树立人民至上的价值理念，打牢与人民群众密切联系的价值基础，就要从感情价值和认知作用上，真心实意地把人民群众作为上帝、作为靠山、作为根本，就要用最真实、最切实、最扎实的具体行动去实践，任何空洞的口号、空泛的理念都无济于事，都一文不值。

正如毛泽东所说："共产党就是要奋斗，就是要全心全意为人民服务，不要半心半意或者三分之二的心三分之二的意为人民服务"[1]，"群众生产，群众利益，群众经验，群众情绪，这些都是领导干部们应时刻注意的"[2]。

第四，约束权力，警惕权力"任性病"。有个流行语叫"任性"，领导干部绝不可"任性"，普通群众"任性"，损害的是个人形象，公众舆论会谴责；领导干部"任性"，抹黑的是党的组织，败坏的是党的风气。

---

① 《毛泽东选集》（第9卷），人民出版社，1999年版，第285页。
② 《毛泽东著作专题摘编》（下），中央文献出版社，2003年版，第273页。

权力"任性病"主要表现为滥用职权，以权谋私，因私废公。妄自尊大，行使权力不受约束，无所顾忌，为所欲为；利用职务上的便利，插手项目、工程，搞权钱交易，为配偶、子女及亲友谋取不正当利益；办事无原则，不给好处不办事，给了好处乱办事；对上级政策执行打折扣、搞变通，合意的就执行，不合意的就不执行等。

毛泽东曾经告诫领导干部力量的来源就是人民群众。不反映人民群众的要求，哪一个人也不行。要在人民群众那里学得知识，制定政策，然后再去教育人民群众。所以，"要当先生，就得先当学生，没有一个教师不是先当过学生的。而且就是当了教师之后，也还要向人民群众学习，了解自己学生的情况"①，"我们的责任，是向人民负责。每句话，每个行动，每项政策，都要适合人民的利益，如果有了错误，定要改正，这就叫向人民负责。我们的方向就是人民的方向，这是载于宪法的"②。

然而，纵观很多违纪违法问题，无一例外都是一些人把公权当成了"私器"，用权十分强势，表现出一股霸气、霸道。傲气逼人，逞强好胜，自负蛮横，不论什么事，都喜欢自己说了算，听不进不同的意见和声音。从媒体上可以看到和听到"替党说话，还是替老百姓说话"的蛮横、"你知道我是谁吗？我是局长！"的狂妄、"我就是王法"的嚣张。现实中，少数领导干部错误地认为，自己手中的权力是上级封的、领导给的，跟群众没关系。

鉴于此，领导干部应增强自律意识，自觉加强党性锻炼和道德修养，坚持自重、自省、自警、自励，在思想上切实筑牢权力"任性病"的牢固防线。

第五，志坚如钢，警惕权力"漂浮病"。权力"漂浮病"表现为

---

① 《毛泽东文集》（第8卷），人民出版社，1999年版，第324页。
② 《毛泽东文集》（第6卷），人民出版社，1999年版，第358页。

做表面文章、工作浮而不入。不比贡献比待遇，工作多做一点就觉得吃亏，干一点事就要求回报，达不到目的就满腹牢骚；以己之长比人之短，看别人处处有问题，看自己全身是优点；言行不一、见风使舵，不想干事、只会来事，为人圆滑、八面玲珑，做事只是花拳绣腿、表面光鲜；有的明哲保身，不求有功，但求无过，平平安安占位子、庸庸碌碌混日子，"脚踩西瓜皮，滑到哪里算哪里"等。

林肯有言：你可以愚弄所有人一时，愚弄有些人一世，但你不可能愚弄所有人到永远。这句话特别适合形容官场"两面人"的下场。这些戴着假面具，一边大唱反腐倡廉高调，一边大肆敛财的言行不一的领导干部，纵能够蒙混一时，终不能骗过一世。

明代钱琦在《钱子语测·法语篇》道："人心能静，虽万变纷纭，亦澄然无事；不静，则燕居闲暇，亦冲然靡宁。"人心如果能静下来，即使世界千变万化，纷纭复杂，自己也能纯正安然，如果心浮气躁，即使安居无事，也会心乱如麻，精神清静，就心无干扰；心善恬静，就牵挂必少；心地宁静，就烦恼不找；心中清朗，境界自高。

领导干部"为官一任，造福一方"，不应追求华而不实的政绩。领导干部要自觉克服"东张西望"的攀比心和"上蹿下跳"的浮躁心，保持一种恬淡宁静的内心状态。狠抓落实，谋实招，出主意要切实可行。

第六，保持名节，警惕权力"腐化病"。"爵禄易得，名节难保。爵禄或失，有时而再来；名节一亏，终身不复矣"[①]。对一个人来说，名节是非常重要的。但是，"爵禄易得，名节难保"。

南京市原市长季建业在"悔过书"中写道："随着职务的提升，权

---

① 　（元）张养浩：《权力忠告》，中国盲文出版社，2004年版，第46页。

力的变化，地位的提高，自己的党性修养、人生境界没有同步提升，相反私心杂念在灵魂深处滋生膨胀"。"私念像精神鸦片，麻痹了我，使我灵魂出窍，闯下大祸；私念像脱缰的野马拉着我奔向深渊，私念、私欲成了毁掉我人生的导火线，成了万恶之源"①。

领导干部要避免作风散漫，顶风违纪。权力"腐化病"主要表现为纪律观念淡薄，工作该请示的不请示，该汇报的不汇报，我行我素；把自己等同于一般群众，不该说的乱说，不该去的地方乱去；不守纪律，无视党纪，心存侥幸，公款吃喝、公车私用等现象仍有发生；玩物丧志，上班时间玩游戏、逛淘宝，下班后风花雪月，玩心不退，情趣低俗，躲着藏着、变着法子吃喝玩乐等。

第七，立志有恒，警惕权力"慵懒病"。有这样一个故事，开学第一天，大哲学家苏格拉底对学生们说："今天，我们只做一件最简单也是最容易做的事儿：每个人把胳膊尽量都往前甩，然后再尽量往后甩。"说着，苏格拉底示范了一遍，"从今天开始，每天做300下，大家能做到吗？"学生们都笑了，这么简单的事情，有什么做不到的？

过了一个月，苏格拉底问学生们："每天甩手300下，哪些同学坚持了？"有90%的同学骄傲地举起了手。又过了一个月，苏格拉底再问，这回坚持下来的同学只剩下了八成。

一年过后，苏格拉底再一次问大家："请大家告诉我，最简单的甩手运动，还有哪几位同学坚持了？"这时候，整个教室里，只有一个人举起了手。这个学生就是后来成为古希腊另一位大哲学家的柏拉图。

常言道，"立志容易守志难"。曾国藩说："盖士人读书，第一要

---

① 王晓东：《南京原市长季建业被公诉落马后写万字"悔过书"》，《21世纪经济报道》，2014年12月18日，http://news.china.com/domestic/945/20141218/19121524.html。

有志，第二要有识，第三要有恒"。"学问之道无穷，而总以有恒为主。"曾国藩特别看重"恒"。他教导儿子曾纪泽"年无分老少，事无分难易，但行之有恒，自如种树蓄养，日见其大而不觉耳"，"人生唯有常是第一美德"。

权力"慵懒病"便表现为守恒不足，落实不力。遇事"难"字当头，遇难"退"字当先，碰到矛盾和问题要么东闪西躲，要么"击鼓传花"，只想当官，不愿干事；工作标准不高，缺乏竞争意识，只求过得去，不求过得硬，拿不出实招硬招，创不出特色亮点；对部署的工作不是马上办、立即办，而是拖拖拉拉，推推动动，甚至推而不动；"光打雷不下雨"，一些重点工作、重点项目长时间停留在规划中、停留在报告中等。

《易》云："不恒其德，或承之羞。"王安石曾说，"世之奇伟、瑰怪、非常之观，常在于险远，而人之所罕至焉，故非有志者不能至也"。新东方教育科技集团总裁俞敏洪说："所有获得大成就的人都经过了一条必经之路，那就是从自愿自觉走向坚忍不拔艰苦卓绝的努力，最后才能够达到一个极高的境界和成就。"[1]正如习近平总书记所说："再高的山、再长的路，只要我们锲而不舍前进，就有达到目的的那一天。"

第八，真心诚恳，警惕权力"虚假病"。权力"虚假病"主要表现为做人不实，口是心非，不坦荡、不真诚。谋人不谋事，工于心计，一门心思"往上爬"，热衷于"找门路、拉关系、接天线"；阳奉阴违，表态时头头是道，平日里另搞一套；见风使舵、巧言令色，遮遮掩掩，喜欢戴着假面具做人等。

领导干部要时刻牢记，自己手中之权是人民赋予的，因此要坚持

---

① 盛道洪：《得"非常之观"在于志》，《中国记者》，1997年，第6期。

为民用权，始终将是否符合群众利益与意愿作为衡量用权的最高标准，把人民赋予的权力真正地用到人民身上，为人民做一些实事。在用权的过程中，领导干部应时刻警惕，千万不要因为私利或者为了某一小部分人的利益，而损害了广大人民群众的利益，更不要为他人谋私充当工具和保护伞；领导干部要做到不乱用权力，就要能够顶得住来自各方面的干扰、请托，在权力面前没有"面子"、没有"人情"。人民群众的利益才是最大的人情，国家的利益才是最大的面子。

二、坚定本色初心，克服权力诱惑

我们常常听到"高标准、严要求"这样的话语，其实这句话里蕴含了大道理，一个是"高线意识"，一个是"底线意识"，这是领导干部素养中的两道边际线，领导干部在这中间行走，才能做到用权不越位，面对权力诱惑时才能抵挡。

（一）把好人生关口，坚定本色镌初心，防止权力越位

习近平总书记与北大师生座谈时指出，"如果第一粒扣子扣错了，剩余的扣子都会扣错。人生的扣子从一开始就要扣好"[①]。其实这里讲的就是世界观和价值观的问题。

世界观不是一成不变的，而正确的世界观又是一个不断改造、不

---

① 《青年要自觉践行社会主义核心价值观——在北京大学师生座谈会上的讲话》，新华网，2014年5月4日，http：//news.nen.com.cn/system/2014/05/05/012207660.shtml。

断修正的过程。所以，只有不断加强思想改造和修养，才能强化心中"善"的一面，抵制"恶"的一面。

意大利著名艺术家达·芬奇历时7年绘制了《最后的晚餐》这幅世界美术宝库中堪称最完美的典范杰作。画中耶稣和十二门徒的形象均来自现实中的人。达·芬奇创作这幅作品时，曾仔细观察过无数的年轻人，想寻找一张神圣的、慈爱的、能表现耶稣品格的面孔，费力搜寻了几星期之后，一个19岁的年轻人被选定为耶稣画像的模特。

后来他又逐个找到适合11位门徒的模特并完成了画像。这幅画的中间留下了犹大的位置，这是完成这幅作品最后的一步。这个门徒，就是为了30枚银币而背叛耶稣的人。达·芬奇要寻找一张贪婪、奸诈、伪善、冷酷、无情的面孔，一张能描绘出出卖朋友特征的面孔。

在现实生活中寻找能体现犹大特征的模特确实很难，费尽了周折，终于有人带话给达·芬奇，说在罗马土牢里发现了一个因谋杀罪而被判处死刑的犯人，完全符合达·芬奇的要求。

达·芬奇马上赶到罗马。站在达·芬奇面前的是一个皮肤黝黑的人，肮脏蓬乱的长发懒散地遮在脸上，阴郁的面孔透着一股邪恶的、堕落的神情。达·芬奇终于找到了他想要的能表现犹大特征的人。就在这时，死刑犯突然摆脱了卫兵的控制冲向达·芬奇，他哭着喊道："噢，达·芬奇，你看看我，你认不出我是谁吗？"达·芬奇仔细端详着死囚犯，然后对这个凝视了几个月的面孔说："不，在士兵把你从罗马土牢里带出来之前，我从未见过你。"

听了达·芬奇的话，死刑犯抬头望着天空叹道："噢，上帝，我真的那么堕落吗？"然后他转向画哭泣："达·芬奇，你再看看我，我就是7年前给你做耶稣画像模特的那个人啊。"①

---

① 李孟：《是耶稣还是犹大完全取决于你自己》，《思维与智慧》，2010年，第3期，第13页。

"一念可以为善，一念可以为恶。"你是耶稣还是犹大，完全取决于你自己。人是会变的，从最完美的耶稣堕落到最卑鄙的犹大，这个过程只用了短短7年的时间。

很多领导干部犯罪绝不是一朝一夕造成的，"苦难的童年、奋斗的青年、辉煌的中年、悲惨的晚年"是绝大多数贪官的真实写照。这些领导干部在入党、从政之初，都是任劳任怨、踏踏实实、兢兢业业，从最基层一步一步走上领导岗位的，但是在领导岗位上，随着地位的上升，忘记了初心，放松了自我修养，放纵了自己的欲望，在金钱和美色的诱惑面前败下阵来，成了人民的罪人。

那么，领导干部如何做到不忘初心，正确运用手中权力呢？

第一，坚定政治本色，做"一个高尚的人"。某日，无德禅师正在院子里锄草，迎面走过来三位信徒，向他施礼，说道："人们都说佛教能够解除人生的痛苦，但我们信佛多年，却并不觉得快乐，这是怎么回事呢？"无德禅师放下锄头，安详地看着他们说："想快乐并不难，首先要弄明白为什么活着。"三位信徒你看看我，我看看你，都没料到无德禅师会向他们提出问题。

过了片刻后，甲说："人总不能死吧！死亡太可怕了，所以人要活着。"乙说："我现在拼命地劳动，就是为了老的时候能够享受到粮食满仓、子孙满堂的生活。"丙说："我可没你那么高的奢望。我必须活着，否则一家老小靠谁养活呢？"无德禅师笑着说："怪不得你们得不到快乐，你们想到的只是死亡、年老、被迫劳动，而不是理想、信念和责任。没有理想、信念和责任的生活当然是很累的了。"①

"革命理想高于天"，有崇高的理想，才有高尚的人格，才能正确使用权力。坚定共产党人的政治本色，站位就高了，心胸就开阔

---

① 圣严法师：《真正的快乐》，东方出版社，2014年版，第68页。

了，就能坚持正确的政治方向，在胜利和顺境时不骄傲不急躁，在困难和逆境时不消沉不动摇。

反之，缺乏理想信念，则很难经受住各种风险和困难的考验，自觉抵制各种腐朽思想的侵蚀。

被判处死刑的北京电子动力公司原经理兼党委书记陈铭就曾说过一番"肺腑之言"，也就是，"在地球爆炸之前，不可能实现共产主义。"山东泰安原市委书记胡建学说过："走社会主义道路没有出路。"胡长清便曾经对移居国外的儿子说："中国总有一天会不行的……你有两个国籍，将来就有活动的余地了。"为此，他们全家都办了化名身份证和因私出国护照。他们因此大贪特贪。最后，胡建学被判了死刑，缓期二年执行，胡长清、陈铭丢了性命。可见，忘记权力之责，权力腐败现象就会粉墨登场。

河北省国税局原局长李真，受贿、非法敛财814.8万元，2003年11月13日被执行死刑，死时才41岁。他在反省自己走向毁灭的根源时说："人可以没有金钱，但不能没有信念，丧失信念，就会毁灭一生。""人一旦丧失信念，就像一头疯狂的野兽，不是掉进深谷自取灭亡，就是被猎人开枪打死。"①可见，忘记权力之责，无法无天就会自取灭亡。

第二，担当权力之责，做"一个纯粹的人"。"顺境逆境看襟度，大事难事看担当"。领导干部应坚持原则，面对大是大非敢于亮剑，面对矛盾敢于迎难而上，面对危机敢于挺身而出，面对失误敢于承担责任，面对歪风邪气敢于坚决斗争。只有夙夜在公、心无旁骛的人，才能在关键时刻豁得出来、顶得上去，成为带领人民群众战风险、渡难关的主心骨。

① 赵伟：《加强党员教育管理的几点思考》，《黑龙江科技信息》，2010年，第32期，第142页。

1955年全军评定军衔时，总干部部领导向毛泽东呈送授衔报告。当毛泽东看到皮定均按资历拟申报少将衔时，当即表示："皮旅有功，由少晋中。"此后在审阅全军将帅授衔名单时，毛泽东又在皮定均的名下注了6个字："皮有功，少晋中。"不久，皮定均被破格授予中将军衔，时年41岁。

1976年7月7日，福州军区司令员皮定均从漳州乘直升机去东山岛三军演习现场视察。不幸的是，直升机撞毁在漳浦县灶山上，皮定均以身殉职。在其追悼会上，毛泽东送了他一生中最后一个悼亡花圈。

解放军开国将帅千余人，毛泽东为何对皮定均青眼有加？这是因为在解放战争期间的中原突围中，皮定均任旅长的中原军区第一纵队第一旅立下了奇功，让党中央和毛泽东刮目相看。

第一旅旅长皮定均，安徽省金寨县人，14岁参加红军，在鄂豫皖苏区四次反"围剿"斗争和创建川陕根据地的斗争中，作战勇敢，不怕牺牲，后随红四方面军长征到达陕北。抗日战争时期，皮定均率豫西抗日先遣支队跨过黄河天险，在日、伪、顽的层层包围下，创建了豫西抗日根据地。抗战胜利后，率部南下桐柏山，后编为中原军区第一纵队第一旅。

一旅下辖3个团，6000余人，驻扎在光山县泼陂河地区的白雀园，位于中原部队驻区的最东面，守卫着中原解放区的东大门。他们在国民党军壁垒森严的合围中声东击西，出奇制胜，化险为夷，又历经三次突围转向，打了三场恶仗，分别是：大牛山之战、青枫岭之战、潢河之战。

在东山坡，皮定均进行了突围中最为艰苦的行军动员：争取在5天内飞越皖中平原，突围到华中根据地。一旅进入皖中平原与新四军会合，又遇到了三大险关。攻占毛坦厂是第一关，奇袭吴山庙是第二关，突破津浦线是第三关。

当年《新华日报》刊载此胜利突围消息时，以《谨向皮定均将军所部致敬》为题发表社论："我中原军区皮定均将军所部，突破蒋军重围，历尽千辛万苦，于七月二十日胜利到达苏皖解放区某地。证明了共产党军队是消灭不了的，人民的军队是不可战胜的力量。"①

第三，清正廉洁用权，做"一个有道德的人"。"名节如碧不可污"，心中无名节操守，下手就失了法度。清正廉洁是一种道德行为，是一种道德情操，也是一种道德觉悟。"领导干部不论在什么岗位，都只有为人民服务的义务，都要把人民群众利益放在行使权力的最高位置，把人民群众满意作为行使权力的根本标准，做到公道用人、公正处事"②。领导干部应守住自己的政治生命，保持拒腐蚀、永不沾的政治本色。恪守老老实实做人、清清白白用权的道德信条，以一身正气、两袖清风的浩然之气，以上率下，营造清明的政治生态。

第四，提高品位，做"一个脱离低级趣味的人"。"不受虚言，不听浮术，不采华名，不兴伪事"。实干是一种作风，是一种态度，也是一种品位境界。对领导干部来说，最高品位、最大趣味就是要追求如何做好工作，更好地为人民服务。心中装着党和人民的事业，脚踏实地开展工作的人，其格调自高、情趣自雅。作为党的领导干部，必须把"真干"作为本分，"实干"作为责任，"苦干"作为追求，勤勉敬业，自觉抵制低俗、庸俗、媚俗之风，追求积极向上健康的生活情趣，真正做到不辱使命、不负重托。

---

① 焦予玲、杨凤霞：《"皮旅有功，由少晋中"——中原突围死亡之路生还的第一旅》，人民网，2017年3月15日，http：//dangshi.people.com.cn/n1/2017/0315/c85037-29145689.html。

② 《习近平同志在中央党校2010年秋季学期开学典礼上的讲话》，新华网，2010年9月1日，http：//www.gov.cn/ldhd/2010-09/01/content_1693698.htm。

第五，用权惠众，做"一个有益于人民的人"。"百代兴盛依清正，千秋基业仗民心"。坚持立党为公、执政为民，全心全意为人民服务，是我们党的立身之本、成事之基。党的领导干部无论职务高低，都是人民的公仆。这不仅是一种称谓，更是一种责任和要求。做人民公仆，就要时刻牢记"为政不移公仆之心"，把公仆意识渗透到权力观中，保持一颗公仆心、一份公仆情，以公仆之心鞠躬尽瘁，以赤子之心执政为民，把权力看作是为人民服务的责任，而不是享受；把职位看作是为人民服务的岗位，而不是一种待遇。乐民之乐者，民亦乐其乐；忧民之忧者，民亦忧其忧。每一位领导干部都牢固树立群众观点，扎实践行群众路线，我们就能获得人民群众的拥护和支持。

（二）克服官场贪欲，思想规范重领先，拒绝权力诱惑

底线不可触碰，这只是对党员的起码要求。领导干部理应比一般党员做得更好。应具有高线意识，不能仅仅坚守底线，或认为高线束缚了自己的手脚，得过且过、消极无为。领导干部仍需"断舍离"的境界和牺牲奉献的情怀。

第一，面对权力诱惑，深知贪欲之害。唐代文学家柳宗元在《蝜蝂传》中写了一种奇怪的小虫蝜蝂，它的行为发人深思。故事是这样的，蝜蝂是一种"贪心"的小虫，爬行时遇到东西，总要捡起来，抬起头来使劲背上，背的东西越来越重，即使疲劳到了极点，还是不停地往背上加东西。蝜蝂背部非常粗糙，东西堆积在上面散落不了。这样，终于被压倒在地爬不起来。有人很同情它，便替它去掉背上的东西。但是，只要能爬行，它仍要背上许多东西。这家伙还喜欢登高，用尽了最大力气也不停止，因为身上的东西太多，从高处掉下来摔得粉身碎骨。

小小的蝜蝂属于自然界中的一种低级物种，它为了生存，不善择

取，本能地负重，见了东西就背，乃天性与造化使然，情有可原。但作为万物之灵的人类，应当比蝜蝂聪明得多，应该懂得什么叫放弃，怎样放弃。然而总会有人面对种种诱惑，私欲膨胀，贪心不足，甚至跟蝜蝂一样，不管这个东西自己需不需要，不管这个东西好不好拿，都一股脑儿地往身上背，以致背上的东西越来越多，压得连气都喘不过来也不肯罢休，直至摔得粉身碎骨，实在可悲可叹。

《读懂一生》一书中列举了托尔斯泰讲的一个故事：有一个人想得到一块土地。地主对他说：清早，你从这里往外跑，跑一段就插个旗杆，只要你在太阳落山前赶回来，插上旗杆的土地全都归你。那人就开始不要命地跑，太阳偏西了还不知足，在太阳落山前，他跑了回来，但已精疲力竭，摔个跟头趴在地上就再没起来。于是有人挖了个坑，就地埋了他。牧师在给这个人做祷告的时候说：一个人要多少土地呢？就这么大。

领导干部要正确对待权力的诱惑，要有一种如临深渊、如履薄冰的危机感，不忘党和人民的培养，常怀感恩之心，不要把权力当作一种"风光"、一种"享受"，要正确对待和行使好手中的权力，做到心有所畏、行有所止。领导干部无论担任何种职务，都把为人民做实事、做好事放在第一，做到在其位谋其政、负其责、惠其民。

第二，面对权力诱惑，坚守清廉之心。有一则寓言：一只猴子从仙人那里学到一手高超的棋艺，所向披靡，无人能敌。国王召集专门会议研究战胜猴子的办法。一位大臣很有把握地提出挑战，条件是在桌上要放一盘水蜜桃。猴子虽有高超的棋艺，却因为总是盯着那盘鲜美诱人的水蜜桃，最终因抗拒不住水蜜桃的诱惑，分了心神，影响了棋艺，大败而走。寓言简短却振聋发聩，耐人寻味。

在日常生活中，像故事中贪婪成性的"猴子"并不鲜见，他们之所以在人生的博弈中败下阵来，并不是因为他们"棋艺"太差，而是他们在一盘盘"水蜜桃"的诱惑之下乱了手脚，失了分寸，最终毁了事业，败了前程，甚至送了性命。

领导干部身上套着两个大圆圈，一个是知识的圆圈，一个是欲望的圆圈。知识圆圈的内涵是：做官的人职务越高，权力越大，担负的责任就越大。因此，需要学习的知识就越多，需要掌握的本领就越大，社会对他的要求也越高，如果不努力学习、实践，用知识来提高自己，武装自己，丰富自己，这个官是很难做好的。

再一个就是欲望的圆圈，做官的人职务越高，权力越大，所支配的各种资源就越多，带来的欲望诱惑也越大，可以说是形形色色、五花八门，这些欲望会使他头晕目眩，眼花缭乱，从而在物欲的大千世界中迷失方向。为了使欲望这个圆圈沿着正确轨道转动，领导干部必须心明眼亮地把握好、驾驭好欲望滚动的速度和走向，不在迷茫中丧失了自我，毁灭了自我。

第三，面对权力诱惑，学会拒绝之道。拒绝，尤其是聪明的拒绝，往往可以成就人的一生。陶渊明辞官归田，拒绝了污浊的官场，故有"采菊东篱下，悠然见南山"的独立人格；周敦颐独善其身，才有了"出淤泥而不染，濯清涟而不妖"的清廉；王冕淡泊名利，留下"不要人夸好颜色，只留清气满乾坤"的佳话。

大科学家富兰克林整天埋头于科学研究，没有时间去游玩逛商店。有一次，家人感到他太累了，硬是拉着他逛了一次商店。商店里琳琅满目的东西让他眼花缭乱，他感慨地说，原来商店里有那么多我用不着的东西呀！

在富兰克林看来，不必为不需要的东西而分心或奔波。根据一项调查，生活中70%的东西是多余的，人却一生都在为多余的70%而忙碌、奔波。许多领导干部为了追求那些用不着的东西，让自己背上因违法乱纪得来不义之财这个沉重背囊，使自己处于担惊受怕的不安之中，这是何苦呢？

春秋时，司城子罕清正廉洁，受人爱戴。有人得到一块宝玉，请人鉴定后拿去献给子罕，子罕拒不接受，"您以宝石为宝，而我以不贪为宝。如果我接受了您的玉，那我们俩就都失去了自己的宝物。倒不如我们各有其宝呢？"①

权力诱惑有很多种，包括金钱诱惑、物质诱惑、美色诱惑等。领导干部在对待金钱的诱惑上，谨记取之有道、求之有度、用之有节，对非法收入、不义之财，切莫伸手。在对待物质诱惑方面，应坚决抵制享乐主义和奢靡之风，不追求感官刺激，讲排场、比阔气、挥霍浪费，耐得住清贫和寂寞。

此外，在对待美色的诱惑方面，党员干部要自觉抵挡美色的诱惑，不为声色犬马、灯红酒绿的生活所动，过好享乐关、金钱关和美色关，做到自尊自重，洁身自好。

第四，面对权力诱惑，警惕侥幸心理。有这样一个故事，人们都了解大猩猩的智商仅次于人类，想活捉大猩猩不是一件容易的事，但是聪明的猎人总是有办法。通过长时间的观察，猎人了解到大猩猩最喜欢喝酒和穿着草鞋学人走路。于是猎人们就在大猩猩经常出没的空地上放几坛美酒和一些大大小小的酒杯，一旁再放上许多互相连接在木板上的草鞋。猩猩们一看便知，这是猎人设的圈套，便讥笑起来：诱我也，我才不上当呢。可是，那飘来的酒香却使它们馋涎欲滴，难以自控，于是大猩猩就派几个小猩猩去附近侦察，确定周围没有猎人。

过了一会，一只猩猩提议："盍（何不）少尝之？慎毋多饮矣！"于是，众猩猩从树上一哄而下。酒是那么的醇香、诱人，一旦喝开

① 刘安平：《领导干部应以廉为宝》，《决策与信息》，1996年，第12期，第32页。

了，谁还记得住"慎毋多饮"？它们丢掉小杯换大杯，大杯扔了抢酒坛，醉了之后，把草鞋套到脚上，踉踉跄跄地学人走路。埋伏的猎人见时机已到，便扑了过去。由于草鞋是互相连接着的，所以猩猩们"相蹈藉（践踏）而就縶（被捕），无一得免焉"[1]。

这个故事说明一个道理，"识得破"还需"忍得过"，领导干部千万不要有任何侥幸心理。

明朝人张瀚在他所撰写的《松窗梦雨》中，讲过这样一个故事：张瀚初任右副都御史时，前去参见左都御史王廷相。王廷相给他讲了一则"乘轿见闻"：

我昨天乘轿进城，途中遇雨。有个轿夫穿着一双新鞋。开始时，他"择地而蹈"，害怕泥水弄脏了新鞋。后来，他不小心踏进了泥坑，于是，就"不复顾惜"了。

讲完这段见闻之后，王廷相感慨地说："居身之道，亦犹是耳，倘一失足，将无所不至矣！"

张瀚说，他"退而佩服公言，终身不敢忘"。

很显然，王廷相是想用这个故事告诉张瀚，要"慎初"，否则，一失足就会滑向罪恶的深渊。

面对各种诱惑，领导干部要站得直、坐得正、行得端、不变色，要有"老牛自知夕阳短，不用扬鞭自奋蹄"的老老实实、"零落成泥碾作尘，只有香如故"的刚直不阿、"千击万磨还坚劲，任尔东西南北风"的义无反顾，做思想干净、干事干净的干部。

---

① 刘佳辉：《让青少年受益一生的寓言故事》，中国长安出版社，2010年版，第56页。

三、锤炼务实品格，提升法治意识

前面已经谈到身份意识、使命意识、高线意识和底线意识，但光有意识上的自觉还不行，还得务实地将上述领导素养付诸行动，肯吃苦、肯付出、肯担当、这就有了行动意识。在今天的法治中国，领导活动都应该在宪法和法律范围内进行，法律是行动的"红线"，法治意识因此成为领导素养的必修课。

（一）锤炼务实品格，攻坚克难肯吃苦，防范权力庸俗

学而不行，等于没学；言行不一，不如不言。领导干部应增强行动意识。领导干部要时刻牢记手中的权力是人民给的，是为人民谋利益的，一言一行、一举一动，都要以党的事业为重，以人民的利益为重，自觉地把工作岗位当考场，把行使权力当考试，是考场就要遵守考场纪律，是考试自当谨慎作答，要始终清醒警醒，不断强化自觉，交出优异答卷。

第一，肯吃苦，履行权力职责。孟子曰："天将降大任于斯人也，必先苦其心志，劳其筋骨，饿其体肤，空乏其身。"领导干部比一般的人承担更多的使命与重任，更应该肯吃苦。

湖南衡南县相市乡原纪委书记谭顺华，工作中只追求群众需要，从不考虑吃亏与否。2013年夏，相市乡连续3个多月没有下雨，遭遇50年一遇的旱灾。干等是绝对不行的。谭顺华每天头顶烈日，在田间地头寻找救灾办法。他发现可以挖渠引水。于是把所有村组织起来，

挖了一条长1.7公里的临时应急灌溉水渠。作为抗旱工作指挥长的谭顺华，连续好几天冒着40摄氏度的高温，日夜驻守艳山村施工一线，与村民并肩作战，直至水渠修好，旱情得到缓解。①

2010年7月14日，云南省保山市施甸县大亮山林场，一位年过八旬的老人，深情地用手抚摸一棵棵松树，口中喃喃自语："孩子们，以后我不能照顾你们了……"3个月后，老人带着对祖国与人民的眷恋，永远地离开了这片热爱的土地。

这位老人叫杨善洲，云南保山原地委书记。他，为官几十年，一心为民、保持本色、艰苦奋斗、清正廉洁，将为人民服务作为毕生追求，深受当地群众爱戴。退休后，他带领群众绿化荒山，并将价值3亿多元的林场经营管理权无偿交给国家。

1927年1月4日生于云南保山的杨善洲，当过农民，参加过滇西抗战担架队，学石匠、做石工，搞过土改。26岁，担任县级干部；39岁，担任地委副书记；50岁，担任地委书记。1988年3月退休。

令黄炳生印象最深的是杨善洲一辈子一心为民的理想信念，"工作相当务实，从来不做表面文章，任何事情讲求实实在在"。

杨善洲常说，一天讲得磨破嘴，不如自己流汗水。他常教育部下，带领群众干，做给群众看，不高高在上瞎指挥，群众才会服你。保山人多地少，粉碎"四人帮"后，如何解决群众的吃饭问题，变得异常重要。杨善洲就在隆阳区板桥镇的北汉庄搞水稻样板田，推广水田小麦高产复种，在坝区、山区实行科学种田。在他的带动下，保山成为著名的"滇西粮仓"。

杨善洲用脚丈量着保山的每一寸土地，他的调查从不走马观花、蜻蜓点水。曾担任保山地委调研科科长的杨兆华回忆说，除了开地

① 《用生命践诺——追记湖南衡南县相市乡原纪委书记谭顺华》，《湖南日报》，2014年10月30日。

委会，杨善洲一般就往农村走，搞调查研究。他走遍了保山的98个公社、903个大队。保山地区的自然条件，适宜栽种的农作物品种，他了然于心。当年调研的尼诺茶、怒江小粒咖啡，如今已经闻名全国。

为官32年，杨善洲大部分时间在基层，在生产一线，在田间地头。他下乡时，都要带上草鞋、蓑衣、竹叶帽、镰刀、锄头，见到农民整地理墒，就下地理上几垄；看到插秧的群众，就下田栽上几株。他的裤腿总是卷着的，因此被群众亲切地称为"草鞋书记""农民书记""草帽书记"。

"老百姓干了几天活，都要记好，要踏实、细心。"1976年，在北汉庄搞样板田的杨善洲，这样叮嘱记分员高建芝。现在已是村党支部书记的高建芝回想起当年的情景，不禁热泪盈眶："老书记带头干，生活上也不搞特殊，老百姓吃什么，自己就吃什么，他还经常把自己的工资拿给老百姓用，是百姓的贴心人。"

杨善洲的钱用到哪里了？他下乡调研，将钱送给生活困难或病重无钱医治的群众；有的生产队买不起牛，犁地困难，他就掏钱为生产队买牛；他常说，工资是人民给的，自己够用，剩下的就要给人民……

退休后，杨善洲放弃到昆明安享晚年的机会，卷起铺盖，一头扎进深山，带领当地群众植树造林。据善洲林场副场长自学洪介绍，他为了帮家乡办一两件像样的事，可谓殚精竭虑、倾其所有：20多年来，杨善洲跑项目争取资金900多万元，他本可按一定比例提取经费，但他分文未取；施甸县奖励10万元，他婉言拒绝；保山市奖励他20万元，他捐献了16万元发展教育、绿化荒山，仅留下4万元给了亏欠太多的老伴儿。

海拔2400米的林场到处是绵延不绝的林海。施甸县酒房乡摆田村村民李兴寿说，过去老书记吃了苦，现在我们享了福，不仅每年领国家公益林补偿金，最重要的是涵养了水源，有效解决了附近3个乡，78个村民小组，2428户居民的饮水问题。有了水，通了路，有的村发展绿色蔬菜，家庭年收入提高了四五千元。[①]

领导干部应该能吃苦，能吃苦自然就有权威；领导干部应该常吃苦，常吃苦才能有所作为；领导干应该多吃苦，多吃苦才能有人跟随。

第二，肯付出，铸就无私权力。哈佛大学一位教授曾经给学生讲过关于加利利海和死海的故事。中东地区有一条世界上海拔最低的河——约旦河。该河有两个分支，一是死海，一是加利利海。死海没有潮起潮落，波澜不惊，水里也没有水草浮动，连小鱼小虾也看不到；岸边，没有惊鸿照影，沙鸥翔集，群鸟嬉戏。加利利海则全然不同，不仅岸边老树枝叶茂密，树上百鸟云集，啼声悦耳，而且水里面含有很多生物。

同为约旦河的分支，为何有如此差别？死海只知"收获"，不懂得"付出"。每一滴水，到了死海之后，都要被占有。死海把所有的东西都据为己有，只知进而不知退，因此它才会有一片死气沉沉的景象。加利利海并非这样，约旦河的水流入加利利海后，又流了出来。既有"收获"，也有"付出"。领导干部真心为民付出，必定换来真情回报。

第三，肯担当，锻造过硬本领。敢于担当就要迎难而上。领导干部要解决问题必然要触及各种矛盾，甚至会得罪一些人，受到阻挠和责难。如果没有敢于碰硬的精神，没有一身正气和坚定信念，是难以做到迎难而上的，也是解决不了问题的。特别是那些久拖不决、积重难返的问题，解决起来难度很大。在那些各种利益盘根错节、消极腐败现象严重的地方，影响问题解决的因素很多。倘若领导干部不敢碰

---

① 王昊魁、任维东：《杨善洲：廉胜清溪，情牵百姓》，《光明日报》，2013年9月18日。

硬、听任问题发展下去，问题就会越积越多，遗患无穷。其实，越是回避问题，就越是陷入被动；如果真正敢于攻坚克难，反而能够攻克它、解决它。

古语有云："当断不断，反受其乱。"顾虑重重，往往会贻误时机，后悔莫及。领导干部敢于担当就要果断决策。

2008年贵州发生的"瓮安事件"、2009年湖北发生的"石首事件"，最初都源于一件普通刑事案件，但由于当地领导议而不决，没有及时采取应对措施，结果酿成震惊全国的群体性事件。可见，疑虑拖延是决断的大敌。有些决策，特别是一些非常规性的决策，本身就包含着一定的风险，何况有些事情来得急，需要当机立断，否则稍纵即逝，就会错过良机。这就要求领导干部要有决断的魄力，勇于承担责任，果断定下决心。切不可畏首畏尾，议而不决。

敢于担当还要勇于承担工作失误的责任。领导工作的实践证明：官德品质高、敬业精神强的领导干部，之所以能取得出色业绩，原因是多方面的，重要的一点就是作为党和人民的代言人在这一重大的历史任务面前要表现出大无畏的担当精神。领导干部对自己工作中出现的问题和失误，必须实事求是地弄清其产生的原因，主动自觉地查找自己在主观意识和工作方式、方法上的责任，不推不拖，不遮不掩，诚心诚意地接受群众的监督，不断总结经验教训，改进工作，这才是责任意识强的表现，才有助于达到改进和推动工作的目的。

（二）提升法治意识，恪尽职守强敬业，避免权力失控

所谓法治意识，主要是指学法、知法和懂法并严格遵照法律办事的自觉意识。对领导干部来说，主要是守住法律、党纪和道德底线，依法秉公和廉洁用权。少数领导干部背离党的性质和宗旨，成为阶下

因，根本原因在于突破了党纪国法的红线。

第一，学习党纪国法，保持戒惧之心。某女会计一共贪污、挪用了190多万元，家属积极退赔。当她知道家属已经将她贪污、挪用的钱全部退赔以后，她和检察官说："你们什么时候放我回去上班啊？"这位会计简直是法盲。她竟然不知道贪污挪用是犯罪，是要判刑的，她竟然幼稚地认为只要把贪污挪用的钱全部还上就一点事情都没有了，还天真地幻想着继续去上班。

这个案例告诉我们什么？领导干部一定要多学习法律法规和党纪条规，一定要知道违纪违法的后果，一定要坚持不犯错误。

河南省平顶山市原政法委书记李长河说："我怎么知道什么是犯罪，什么不是犯罪，我又不懂法。"[①]堂堂的政法委书记竟然不懂法。的确，如果领导干部不学法，就不懂法，更不会去守法。

"从十八大以来查处严重违纪违法'活'的案例看，有的领导干部根本不学党规党纪，不知法律法规，无视规矩、不讲廉耻，根本不把党纪国法当回事，毫无戒惧之心。"在十八届中央纪委四次全会上，中央纪委书记王岐山谆谆告诫，职位越高、权力越大，越应心存敬畏，战战兢兢、如履薄冰，决不能无法无天、胆大妄为。

"天下从事者，不可以无法仪；无法仪而其事能成者，无有也"（《墨子·法仪》）。制定纪律，更要遵守纪律、执行纪律。毛泽东同志说过：增强纪律性，革命无不胜。下面我以两个同一时期的案件来阐述遵守纪律的重要性。

1937年10月5日，抗日军政大学第六队队长黄克功，对一位陕北女学生刘茜逼婚不成，开枪将其打死。黄克功，一位身经百战并且经过长征的青年红军将领，作战勇敢屡立战功。当时的情况是，红军经过

---

① 海剑：《贪官忏悔录》，《中国作家》（纪实），2008年，第19期，第36至64页。

千难万险，损失了百分之九十的官兵，才到达陕北，此时正是用人之际。发生这一恶性事件后，有不少人替他说情，要求不判他死刑，但最后毛泽东坚决同意法庭判他死刑立即执行！

在一年前的1936年大年三十，张灵甫误信谣言，怀疑妻子吴海兰不忠，用手枪打死了自己的妻子！当时张灵甫在国军里不过是个多如牛毛的小团长，两者相较而言，黄克功在共产党军队中的重要性远远超过了张灵甫在国民党军队中的重要性，但在胡宗南、王耀武所谓爱将惜才的恳请下，蒋介石不顾全国人民的义愤，秘密释放了罪不容赦的张灵甫，允许他"戴罪立功"。

退守台湾后，蒋介石总结失败教训，其中一条就是共产党有纪律，国民党没纪律。蒋介石对国民党组织的"涣散松懈之弊"曾作过如下一番痛彻的检讨：共产党"以数量言，当不逮本党同志二十分之一，然彼常能以少胜多，操纵如意者，其组织之严密胜于我，其党员之尊重纪律也过于我也"。

河北国税局原局长李真在狱中时，新华社记者曾经问他："现在什么对你还有诱惑？"李真一字一顿地说："生命和自由。"李真多次感慨："自由，真是别时容易见时难呀！"他还对记者说："我现在什么都可以不要，只要自由，哪怕是一个月的自由，甚至是一天的自由。"

从李真的话语中，我们可以看到他对自由的渴望，对生命的渴望。要想自由快乐地生活，享受生命的阳光，必须遵纪守法。法律和纪律是我们拥有自由快乐的"圣经"。有人说："自由之屋必须盖在限制的围墙里。"这句话形象地说明了自由快乐与法律纪律的关系。

从八项规定到六条禁令，从治理"舌尖上的浪费"到严禁公车、办公用房超标，从不断完善党内法规到全面推进依法治国，制度的笼子越编越紧，法治的篱笆越扎越密，为的就是给各级党员领导干部立规矩、定规则，使其守住底线、不越"红线"。

第二，秉公用权，增强依法办事能力。唐贞元年间，著名诗人白居易考中进士后，被派往陕西周至当县令。他刚上任，城西的赵乡绅和李财主就为争夺一块地跑到县衙打官司。为了能打赢官司，赵乡绅差人买了一条大鲤鱼，在鱼肚中塞满银子送到县衙。而李财主则命长工从田里挑了个大西瓜，掏出瓜瓤，也塞满银子送了来。收到两份"重礼"后，白居易吩咐明天公开审案。

第二天，县衙门外挤满了看热闹的百姓。白居易升堂后问道："你们哪个先讲？"赵乡绅抢着说："大人，我的理（鲤）长，我先讲。"李财主也不甘示弱地说："我的理（瓜）大，该我先讲。"

白居易沉下脸说："什么理长理大？成何体统！"赵乡绅以为县太爷忘了自己送的礼，连忙说："大人息怒，小人是个愚（鱼）民啊！"

白居易微微一笑说："本官耳聪目明，用不着你们旁敲侧击，更不喜欢有人暗通关节。来人，把贿赂之物取来示众。"

衙役取来鲤鱼和西瓜，当众抖出银子，听审者一片哗然。白居易厉声喝道："大胆刁民，胆敢公然贿赂本官，按大唐律法各打40大板！"众百姓无不拍手称快。至于这些行贿的银子，白居易就用来救济贫苦百姓了。[①]

秉公用权要求领导干部能够做到阳光用权。不想接受监督的人，不能自觉接受监督的人，认为接受党和人民监督很不舒服的人，不具备当领导干部的起码素质。在权力的行使过程中，领导干部一定要按照正规程序和途径，进行决策和实施。凡是涉及群众切身利益的决策都必须充分听取人民群众的意见和建议，了解人民群众的想法，聆听人民群众的心声，始终将自己置于党组织和广大人民群众的监督之

---

① 王科：《白居易怒打行贿人》，《军队党的生活》，2014年，第7期，第59页。

下，让人民群众看得清权力的实施过程。

秉公用权更要求领导干部能够做到坚持廉洁用权。每一位领导干部都要清楚公与私的"警戒线"，权力只能对公、不对私，做到为了国家和人民用权，而不是为了个人和亲朋好友而用权。权力虽然被握在领导干部手中，却属于人民，它不属于高官，更不属于某个人。因此，领导干部只有做到为公、为民、为国用权，才能够成为一名合格的中国共产党党员。

第三，保持清醒，正确行使人民赋予的权力。"大贤秉高鉴，公烛无私光。"每一名领导干部应始终保持一份清醒、一份理智，正确行使党和人民赋予的权力。全国"三八红旗手"、人民满意的好法官北京市海淀区人民法院知识产权庭庭长宋鱼水，把当一名品格高尚、公平正直的法官，作为自己的人生追求。可是，法官也是人，也有亲情关系网，宋鱼水也不例外。她有感情，但她决不办人情案。

一年冬天，山东老家突然来人。宋鱼水小时候家境不富裕，上学的钱都是亲戚们帮着凑的。望着老乡，宋鱼水喜出望外。可是，老乡无事不登门。乡里企业委托海淀一家广告公司播广告，不仅没有按约定时间播，连次数也打了折扣。老家人说话直率，"妹妹，你不能不帮这个忙。"这可让身为海淀法院经济庭副庭长的宋鱼水犯难了，老乡情面难却，可自己是位法官，不能被亲情所左右，看到她的沉默，亲戚委屈地走了。

后来，家乡的企业输了官司，因为许多口头约定并没有落在纸上。对老家人如此，对待老师和同学宋鱼水也一样不徇私情。在她审过的案件中，不少当事人是她的老师或者同学。每当遇到人情与法的冲突时，她唯一能帮忙的，就是鼓励他们收集最有力的证据，"相信法院，相信法官"，争取最有利的判决。办案10余年，宋鱼水没有一件裁判不公，也没有一件被投诉或举报。她没有收过当事人一件礼品，更没有办过一件人情案。[1]

　　以上故事启示领导干部用权应清醒，知道什么该做，什么不该做，只有这样才不会陷入两难困境。对手中的权力，领导干部要心有所畏、言有所戒、行有所止，要立明规则、硬规则，破潜规则、陋规则，做到秉公用权、依法用权、廉洁用权。只有把党和人民赋予的权力用来为党分忧、为民造福，解决好关系人民群众切身利益问题，才能防止权力商品化、庸俗化，避免把权力变成以权谋私、假公济私的工具。

---

　　① 高方恋：《清正廉洁宋鱼水》，《成才与就业》，2006年，第11期，第20页。